大夏书系·教育艺术

少年江湖

校园欺凌的预防和应对

宗春山 著

图书在版编目（CIP）数据

少年江湖：校园欺凌的预防和应对/宗春山著.—上海：华东师范大学出版社，2017
ISBN 978-7-5675-6991-1

Ⅰ.①少… Ⅱ.①宗… Ⅲ.①校园—暴力行为—预防—中小学—课外读物

Ⅳ.① G634.203

中国版本图书馆 CIP 数据核字（2017）第 249306 号

大夏书系·教育艺术

少年江湖
——校园欺凌的预防和应对

著　　者　宗春山
策划编辑　李永梅
审读编辑　万丽丽
装帧设计　奇文云海·设计顾问

出版发行　华东师范大学出版社
社　　址　上海市中山北路 3663 号　邮编　200062
网　　址　www.ecnupress.com.cn
电　　话　021-60821666　行政传真　021-62572105
客服电话　021-62865537
邮购电话　021-62869887　地址　上海市中山北路 3663 号华东师范大学校内先锋路口
网　　店　http://hdsdcbs.tmall.com

印 刷 者　北京密兴印刷有限公司
开　　本　700×1000　16 开
插　　页　1
印　　张　17.5
字　　数　250 千字
版　　次　2018 年 2 月第一版
印　　次　2020 年 3 月第三次
印　　数　9 101-12 100
书　　号　ISBN 978-7-5675-6991-1/G·10665
定　　价　55.00 元

出 版 人　王　焰

（如发现本版图书有印订质量问题，请寄回本社市场部调换或电话 021-62865537 联系）

自 序

挥不去的少年，冲不出的江湖

从小，我就是个被同伴欺凌的对象。至今，我仍然很难走出那片江湖。

纵然有缘和心理学相遇，甚至成长为一个有点身份的青少年教育工作者，然而，那些被同伴奚落为"娘娘腔"和"小姑娘"的孤独岁月却从未在我心头逝去过。为了跟那份难言的屈辱告别，童年的我曾经铤而走险，当着众男生的面大踏步走向初冬的冰河，大半身掉进了冰窟窿里……少年的我早早学会了察言观色，为自己找了个"大哥"，处处保护自己免遭欺凌。青年的我凭借勤奋和聪慧，从一名手表厂的小青工一跃成为团市委的干部，此后一步步走向心理学和青少年问题研究，拥有了那个"娘娘腔"和"小姑娘"从来不敢想象的成就和尊严。然而，我知道，在突遇不安和凶险的时候，在面临压力和挑战的时候，在夜深人静的时候，我还是那个"娘娘腔"，那个"小姑娘"，是那个掉进了冰窟窿里也未能得到小伙伴们击掌称赞、前呼后拥的"弱者"，而非英雄。

有人说，经历是最好的财富。只不过这"最好"却不见得是一种幸运。不敢想象，在小时候遭遇各种欺凌的成年人中，有多少能成功地与那段经历握手言和，不再被它们羁绊？而一个丝毫不用想象的事实就是，他们中的许多人早已在被欺辱的狂怒中摇身一变，成了向弱者挥着铁拳的欺凌者，制造着一出出欺凌和暴力事件。另一些人则仍旧低头含胸，游荡在这个世界上，生怕被别人欺负，生怕遭遇凶险，却又偏偏常常被欺、时时凶险、处处不安……

在童年被欺凌的人群中，我应该算是个幸运者。那些难言的痛苦没有让我学会以暴制暴，也没有让我就此沉沦，而是促使我开始关注自己的内心，关心生命中所有给儿童带来不安和危险的事情，成年后逐步走上了一条为青少年的心理健康和生命安全服务的人生道路。这一走，就是将近三十年。

1990年亚运会前，我受命调研北京市中小学周边校园的安全情况。从那个时候开始，校园欺凌第一次从我童年的个人经历中走出来，来到了我的专业研究视线中。此后至今，围绕着这个问题，我先后发起了"儿童自护教育"的呼声，探索了"星光青春自护行动"的理论体系和训练模式，号召儿童、青少年学会自护，从而在根本上遏制校园欺凌和暴力。为了减少网络欺凌和暴力对青少年生活的冲击，我还在2004年组建了"网络妈妈评审团"这样一个民间团体，教会妈妈们联手防御和对抗网络中那些不利于孩子健康成长的因素。

为了保护儿童的生命安全，我不断发出"把见义勇为从中小学教育中剔除掉"的呼吁，但始终很难被接受。比如说，2008年汶川大地震之后，有关部门要评选抗震小英雄，我站出来说："英雄不是孩子们的义务和责任，我们不应该把孩子当成人，用成人的标准来评价他们的行为。鼓励孩子们当英雄，无异于让孩子拱手送上自己的生命。"这番言论在当时所引发的激烈争论甚至批判，可想而知。欣慰的是，现在，鼓励儿童见义勇为的条款终于被删除了，而少年英雄也不再被人们无条件地肆意提倡。

2008—2010年，我和联合国儿童基金会、全国妇联签订了一个"大灾之后预防儿童暴力"的合作项目，在四川灾区待了三年。遗憾的是，这个项目起初一直很难落地。校长们普遍认为"我们这儿闹灾，地震了，你们给我们点儿钱就行了，给我们点儿吃的就行了，搞什么暴力预防？地震已经是最大的暴力，怎么可能在这种时候还出现欺凌和暴力问题呢？"直到某天晚上，当地一所中学的学生们突然毫无缘由地打了起来，校长们这才意识到：自然界的地震过去了，但是孩子们的心灵的地震却悄悄来临。它会导致强烈的情绪波动，进而让情绪彻底失控，从而在任何一个角落、任何一个瞬间，爆发出校园欺凌和暴力事件。

读到这里，您可能会发现，在我近三十年对青少年生命和心理安全的研究中，校园欺凌并不是一个主要的方向。其实，即使专门研究校园欺凌，我也很少就欺凌来谈欺凌，就暴力来论暴力，更多的是从揭示青少年生命和心理安全的规律和需要出发，找出导致校园欺凌和暴力的观念、态度、社会、家庭、法律、教育等多方面的深层原因，并予以充满人文和心理关怀的全面破解。

而您打开的这本关于"校园欺凌的预防和应对"的书，恰是我近三十年研究的一脉之作。

合上书后，如果您能透过欺凌和被欺凌这几个冰冷的字，看到孩子们被成人忽视后的默然，触摸到他们被家庭和社会扭曲后的心灵，听到他们渴望平等、渴望受人尊重的声声呐喊，我将深感释然！为了那些欺负了别人也不觉得快乐的孩子，也为了那些被欺负了却忘记了悲伤的孩子，更是为了那如影随形般伴我一生的"娘娘腔"，还有"小姑娘"。

当青少年离开家庭，离开父母的视线和监护来到学校，和一群同龄人生活学习在一起的时候，必然会发生各种各样的冲突和摩擦。导致这些冲突和摩擦升级为校园欺凌甚至暴力的，绝不仅仅是当事人的道德水准与品行教养，更是一颗童心的安与不安，一个社会对儿童的懂与不懂！

由此说来，校园欺凌更像是一个需要利用心理学来充分研究并用心药来医治的问题，而这，便是本书独特的理论研究视角和解决问题的万法之根！

是为序。

宗春山

目 录

Part1
基础认知篇

第1章　被忽视的大问题——校园欺凌　3
一份被锁在档案柜里的报告　4
校园欺凌为什么总得不到重视？　5
校园欺凌究竟该如何界定？　6
5种常见的校园欺凌方式　8

第2章　被忽视的大群体——儿童　10
什么叫儿童利益最大化？　10
儿童不是父母的私有财产　12
儿童需要学会自我保护　13

第3章　正视女性欺凌者　16
乖巧的女孩子如何成了欺凌者？　16
女性欺凌者为什么喜欢组团施虐？　18
施暴手段一点儿也不亚于男性欺凌者　19
女性欺凌多为琐事，值得吗？　21

第4章　校园欺凌后果有多严重？　23
一旦被欺凌，三观受影响　23
两个孩子的冲突演变为两群人的对立　25
从欺凌到犯罪只有一米的距离　26

第5章　校园欺凌如何演变为校园暴力？　28
期望受挫引发攻击行为　28
暴力成为发泄敌意的方式　30
校外人员"助纣为虐"　32
青少年暴力背后的脆弱内心　33

第6章　究竟是谁在助长校园欺凌？　36
谁在怂恿孩子尚武？　36
谁在把孩子变为"失意人群"？　38
暴力——青少年的"成人礼"　40

Part2
受欺凌者父母篇

第 7 章　隐蔽的被欺凌者　43
校园欺凌行为本身具有隐蔽性　43
家长对校园欺凌的认识不够　45
受欺凌者不会向大人求助　46

第 8 章　孩子受欺凌为什么瞒着父母？　48
"听话，别给我惹事"　48
"我都忙死了，你别添乱了"　50
"人家咋就不欺负别人呢？"　52
"走，咱们找校长去"　54
"别搭理他，离他远点儿"　55

第 9 章　识别孩子被欺凌的 8 条线索　57
突然闹起厌学　57
突然要求父母接送　58
突然不和朋友玩了　59
放学回家衣物有污损　60
偷拿家里的钱和物　61
学习成绩断崖式下滑　62
开始有攻击行为　63
经常夜里做噩梦　64

第 10 章　找出孩子被欺凌真相的 4 个步骤　65
先给承诺和保证　65
纠正孩子的观念　67
引导孩子说细节　69
3 句话安慰孩子　70

第 11 章　你应该知道的重要观念和原则　73
孩子受欺凌的根源在父母身上　73
校园欺凌对孩子的伤害是终生的　75
坚决不要把自己的感受强加给孩子　76

第 12 章　如何与学校联合解决被欺凌问题？　78
该不该找欺凌者的家长算账？　78
记住：家长和学校是合作关系　80
配合学校采取行动的注意事项　81

第 13 章　非常情况下的破釜沉舟法　83
留存每次沟通记录　83
向教委汇报情况　84
求助当地的派出所　85
借助媒体的力量　85
让孩子休学在家　86
孩子的意见是一切行动的核心　87

第 14 章　用好角色扮演法训练孩子　　88

游戏是孩子最好的学习方式　　88
角色扮演的 3 大要素　　90
"旁观者效应"与求助能力训练　　92

第 15 章　父母如何做才能避免孩子被欺凌？　　94

帮助孩子建立良好的自我观感　　94
为孩子建立清楚的行为规范　　97
帮助孩子结交新朋友　　98
帮助孩子培养兴趣和专长　　100
读得懂孩子的情绪阴雨表　　101
给孩子全方位的安全感　　102
养成和孩子平等沟通的习惯　　104

Part3
欺凌者父母篇

第 16 章　父母如何预防孩子欺凌别人？　109
护犊子 or 严惩孩子？　109
父母如何早期介入？　110
教育孩子远离暴力节目和游戏　114
孩子就是父母的一面镜子　115
停止简单粗暴的教养方式　118
溺爱会造就以自我为中心的孩子　119

第 17 章　处理欺凌问题的 7 个应急步骤　122
直面问题，耐心倾听　122
立即警告，绝不姑息纵容　124
理性描述，让孩子知道后果　126
放低身段，去感受孩子的情绪　128
不要体罚，避免恶性循环　129
配合老师，做好善后处理　130
抓住关键，解决孩子适应不良的问题　131

第 18 章　避免孩子欺凌别人的同理心训练　133
共情教育，尝试去理解　133
尊重每一个人的差异性　134
以别人的角度看问题，设身处地　136

第 19 章　避免孩子欺凌别人的情绪管理训练　138
训练以思考取代直觉的能力　138
训练对欲望的控制能力　140
减少孩子对他人的控制欲　141

第 20 章　避免孩子欺凌别人的有效沟通训练　143
训练孩子的语言表达能力　143
"楼梯效应"与肢体沟通　146
"刺猬效应"与安全距离　147
训练孩子如何去倾听　149

Part4
学生应对篇

第 21 章　正确认识欺凌这件事　155
对方是在欺凌你吗？　155
没有人应该受欺凌　156
不做欺凌事件的围观者　157

第 22 章　做好自己，让欺凌者不敢靠近　159
远离校园"死角盲区"　159
利用资源，武装自己　161
挺胸抬头做个自信的孩子　162
别做让人盯上你的事情　163

第 23 章　防止被欺凌：朋友多了路好走　165
训练"好印象"　165
加入某个小团体　167
不要总谈论自己　168
学会示弱的技巧　169
说话算数不吹牛　170
替朋友保守秘密　172
关键时刻要仗义　173
不参与八卦谣言　174
学会沟通，学会协商　175
勇于道歉和原谅真心朋友　176

第 24 章　如何化解欺凌行为？　178
三十六计，走为上计　178
保护好要害部位　179
"大喊大叫"策略　180
平时敢于说"不"　181
幽默化解法　182
暂时置之不理法　183
及时打报告　184
阻止自己还手或者报复的 12 个方法　185

第 25 章　给欺凌者的忠告　189
测一测你是不是潜在的欺凌者　189
尊重别人做事情的方法　191
别把不安全感投射到别人身上　192
你的欺凌行为早晚会出事　193
合理释放自己的荷尔蒙　193
换种方式证明你的强大　194

Part5
教师应对篇

第26章　教师如何发现班级欺凌？　199	**第27章　紧急处理欺凌的步骤与原则**　205
教师要克服的5个观念误区　199	不可不知的被害学三段论　205
学生可能被欺凌的7个信号　201	帮助受欺凌者的9个方法　206
在学校安插观察员　203	紧急处置欺凌的4个步骤　208
鼓励学生来报告　204	坚守"5项基本原则"　211

Part6
学校应对篇

第 28 章　学校如何干预校园欺凌？　217
建立一套危机干预系统　217
三级干预监护　219
尽可能避免二次伤害　220
暴力事件处理的 7 个步骤　221
铲除校园欺凌的滋生土壤　223

第 29 章　发动全员参与抵制校园欺凌　226
坚持"全员性参与"原则　226
举办"欺凌故事交流会"　228
制作"防止欺凌规则墙"　229
如何让转学新同学"软着陆"？　230

第 30 章　如何实施校园安全计划？　233
让沉默的大多数人站起来　233
教会学生怎么才能不做旁观者　234
定期分享"我喜欢"活动　236
设立"便条箱"和班级维权岗　237
定期变换座位　238
小题大做零容忍　238

第 31 章　受欺凌者的心理辅导　240
心理创伤的危机干预　240
受欺凌后的黄金辅导时间　241
受欺凌者需要干预的信号　242
心理干预的 3 个原则　243
受欺凌者心理辅导的 8 个步骤　244

第 32 章　受欺凌者的家庭辅导　254
建立积极信任关系　255
观察家庭成员互动模式　255
制定家庭辅导的规则　256
寻找家庭内欺凌现象　257

第 33 章　对欺凌者的心理辅导　261
心理辅导的 7 个步骤　261
后续要进行深度辅导　264

Part1 基础认知篇

第 1 章

被忽视的大问题——校园欺凌

2016年12月8日,一篇题为《每对母子都是生死之交,我要陪他向校园霸凌说NO!》的文章,迅速刷爆朋友圈,文章揭发的中关村某小学的校园欺凌事件,唤起了社会大众对于"校园欺凌"的强烈关注。

这件事让长期致力于校园欺凌研究的我,感到一丝丝欣慰:大家终于开始认真讨论这件事儿了。

说到校园欺凌,应该从哪儿说起呢?我记得苏永康有一首歌,名字叫《该从哪一天说起》,歌词第一句就是:"该从哪一天算起,关于伤心的日期……"

我为什么会想起这句歌词呢?因为校园欺凌,并不是今天才有。这件随时都可能让天下父母伤心的事情,无从追溯开始的日子。可以说,校园欺凌是学校的伴生物,自从有了学校,校园欺凌就已经存在了。现在媒体和社会开始关注校园欺凌,说明它到了一个需要正视和解决的程度。

2016年两会期间,政协代表和人大代表都提到了校园欺凌问题,其中有一个人大家非常熟悉,他就是我国著名的笑星巩汉林,他自称小时候经常被人欺负。巩汉林在结束讲话的时候说了这样一句话:"即使到现在,我都忘不了(被欺负)。"从巩汉林身上，我们可以看到，校园欺凌对一个人的影响有多大。

自 2016 年两会之后，越来越多的媒体开始采访我。我不是两会代表，也不是校园欺凌的校霸，他们为什么会采访我？这事儿，得从根儿上说起。

一份被锁在档案柜里的报告

1990 年，第十一届亚运会在北京举办。这是北京第一次承办大型运动会，为了把此次亚运会办成一次安全的、近乎完美的体育盛会，在举办之前，政府实施了很多安全保障措施。

那时，我正就职于未成年人保护委员会办公室，出于亚运会安全工作的需要，领导给我分配了一项工作，去调研中小学周边环境的安全状况。

当时，按照北京市地方性法规——《北京市未成年人保护条例》的规定：中小学校周边 50 米内的环境安全由学校负责。那时候，我和同事就经常接到很多居民的投诉：学校周边总是发生校园欺凌事件。

历经半年的深入调查和研究后，我将自己的第一篇调研报告郑重递交给了领导。领导看到这份报告时，不能说触目惊心，也至少是瞠目结舌。因为我调查的结果出乎所有人的意料。虽然大家都对校园暴力有所耳闻，但谁都没有想到如此严重。

眼看亚运会开幕在即，而这样严重的问题显然不是我们一个部门能够把握的。于是，领导就把教育部门的一位领导和公安局一位负责文保的领导请来了。

事情的结果是，我的报告被永远锁在了档案柜里。

之所以在本书开头给读者讲述这样一段往事，并不是为了揭露谁在故意掩盖事实，而是想告诉大家：我们每个人所听说的校园欺凌只是冰山一角。当孩子离开家庭，离开父母的视线和监护来到学校，和其他孩子生活学习在一起的时候，必然会发生各种各样的冲突和摩擦。冲突和摩擦不断升级的时候，便是校园欺凌甚至校园暴力发生的时候。

校园欺凌为什么总得不到重视？

校园欺凌虽然无处不在，但却很难得到大家普遍的重视。

看看根据美国校园枪击事件而改编的电影《大象》，大家可能会发现，常常忽视校园欺凌的国家，并不单单是中国。

《大象》获得了2003年戛纳电影节金棕榈奖和最佳导演奖，这部以反映校园暴力为主旨的电影为什么要取名为"大象"呢？况且电影里面没有出现一头大象！原来，导演是用大象来象征青春期的青少年，他们情绪易波动、躁动不可控、充满破坏力，随时有可能发生攻击行为，几乎每个有青少年的家庭都有这样一头大象，但很少有家长会相信这样的事实。此外，导演用大象来象征青少年的校园暴力，它们来势凶猛，杀伤力巨大。

这部电影曾经一度引发美国社会的强烈关注。尽管如此，很多人依然不相信校园欺凌和校园暴力的严重性，觉得是在夸大其词，诸如此类的语言不绝于耳：

"你们家有一头'大象'……""不可能的！"

"你家孩子所在的校园有'大象'……""你小题大做！"

这就是一般人对待校园欺凌的态度。

正如本书开篇所提到的那起轰动全国的校园欺凌事件，当得知自己上小学的儿子在厕所被两位男生用带屎尿的手纸篓子扣住了头，母亲立刻向学校反映自己的孩子被欺凌了，但老师和学校的第一反馈是"这是同学之间的玩笑"。后来这一事件被刷爆朋友圈、迅速传播出去后，同样认为这是个"有些过分的玩笑"的大有人在。

很多校园欺凌事件没有得到严肃处理，愈演愈烈，就是因为很多学校将校园欺凌行为当作"恶作剧"对待，以"学生争执"淡然处之。在这种认知前提下，多数学校并没有建立专门的欺凌预防、介入和应急处置机制。由此，常态化防范的缺失直接导致极端恶劣的个案一再爆发。在一些学校里，教师很少会对"被欺凌学生"的投诉足够重视，而那些长期施暴的"危险学生"也很少会得到足够的风险评估和事前干预。相较于校园欺凌的普遍程度，我们的学校显然还未形成一套与之对应的标准化的处置方式，如此导致的后果就是，受欺凌学生及其家长处于相对弱势的地位，很难维护自身的合法权益，往往只有忍气吞声，而欺凌者则被纵容。

某些国家的成功经验告诉我们，治理校园欺凌，最怕"和稀泥"，只有对个案的"零容忍"，才能避免悲剧一而再再而三地发生。

我曾经在美国看过一个新闻报道：一个4岁左右的男孩在一家早教中心不停地哭闹，他打同学的时候，老师来劝，结果他连老师都打。全体人员都没有办法制止。接下来，难以想象的事情发生了：校方居然联系到了警方，警察在制止的时候，小男孩连他们都打，最终他被带进了警察局。

面对4岁小孩的"发癫"，我想中国任何一所学校都不会做出报警的行为，而美国人的处理态度就是这么坚决。美国小学几乎每天都会提到欺凌这个词，学校会根据欺凌的状况采取不同程度的惩罚措施，比如规劝、警告、行为专家涉入、要求经济赔偿、涉事儿童转学等。

校园欺凌的变本加厉，说到底是因为成人的不相信和不作为。家长把孩子送到学校，学校有责任也有义务去负责全校学生的人身安全。学校处理不了的，应该寻求管区民警来协调解决。孩子在学校受到欺负，总会在情绪上有所表露，如果家长不去关注孩子的情绪，孩子又不敢说，那么就无法及时得到帮助。要遏制校园欺凌，首先需要反省的恰恰是成年人。负有管教责任的老师、家长都必须意识到：如果不及时制止小恶，小恶就可能发展成大恶。校园欺凌犹如大象，成人息事宁人的纵容，只会助长欺凌行为的滋生。

校园欺凌究竟该如何界定？

"爸爸，班上的大个子××老是欺负我……"、"妈妈，我同桌总是强行问我要东西……"类似的告状，不少人童年时都有过，直到长大了，才惊觉那就是校园欺凌啊！

欺凌（bullying）在英文中其实是一个专有名词，不像打架斗殴那样可以简单定性。

2016年11月，教育部等九部门联合印发了《关于防治中小学生欺凌和暴力的指导意见》，不过，这份文件聚焦在校园欺凌的事前预防和事后处理上，对于欺凌行为本身依然没有给出明确的定义。

目前在国际上通常采用挪威学者丹·奥维斯给出的校园欺凌定义：一名学生长期反复地受到另外一名或多名学生的负面行为的影响。后来许多研究者从不同的角度对这个定义进行了拓展，一般认为校园欺凌行为至少应满足下列三条标准：

（1）蓄意的（hostile intent）：欺凌方有伤害对方的主观意愿；如果伤害是意外事故造成的，就不属于此列。

（2）不对等的（power imbalance）：欺凌方和受害方存在力量上的不对等；这里说的力量可能是身体层面的，也可能涉及心理、经济等层面，欺凌方由此获得了权力，对受害方施加影响；如果是力量对等的双方相互伤害，就不属于欺凌的范畴。

（3）重复性的（repetition）：欺凌行为不止一次发生，或者在未来有可能多次发生；这条标准强调的是欺凌行为并非一次性的攻击行为，受害方会担心在未来继续遭受对方的攻击。

许多组织和机构，如美国卫生及公共服务部，都采纳了这套标准，作为校园欺凌行为的界定依据。

除了第一点，我对这个标准的另外两点都持有异议，在这里跟大家探讨探讨：

1. 不对等除了力量的悬殊之外，还应当包括情绪反应的悬殊

情绪攻击包含以下两个方面：第一，欺凌者和受欺凌者在事后的情绪反应悬殊。欺凌者趾高气扬，像打了一场胜仗，而受欺凌者沮丧、恐惧，这是事后大家很可能都看得到的落差。这种落差本身也是一种攻击。

第二,"欺负你有理"带来的情绪碾压。首先,欺凌者总是喜欢归罪于受欺凌者,他们的逻辑不是说"我想欺负你",而是"你招惹我,欠揍"。类似下面这样的语言几乎是欺凌者的口头禅:"瞧你这德性,连话你都不会说,站都站不直。"他们把一切欺凌的原因和借口都放在被欺凌者身上。时间久了,连受欺凌者也觉得"是我不好,是因为我的错才招致别人欺负我"。

另外,欺凌者对受欺凌者还普遍缺少同情心(专业术语叫"同理心"),通俗地说,就是打你,他不觉得难受,他丝毫没有情感上的共鸣。如果没有干预,这种欺凌行为会持续发生,而且会越来越严重。

2. 有些欺凌不需要重复就会带来很可怕的伤害

我小时候很弱小、很安静、很老实,是被欺负的对象,今天是张三,明天是李四,后天是王五,总之,基本上每天都有人欺负我。虽然没有什么人反复欺负我,但是被欺负的感觉至今仍然缠绕在我心头,挥之不去。和我有类似经历的人很多,他们未见得是经常被欺负,但也许,只要一次,就彻底颠覆了受欺凌者的人生信仰,改变他的生命轨迹。所以,我认为重复性只是一个相对的参照。

5 种常见的校园欺凌方式

我认为,校园欺凌行为一般包含以下 5 种方式:言语欺凌,肢体欺凌,关系欺凌,财物欺凌,网络欺凌。

第一,言语欺凌,表现为起绰号、嘲笑对方、说粗话、颐指气使、叫嚣、奚落对方、对着对方讲脏话、叫对方家长的名字、传闲话、八卦等。众所周知,中国人有一个不可触碰的底线——别人叫自己父母的名字。在很多人的观念里,父母名字无端被提及,简直是奇耻大辱。这是直接引发肢体欺凌的导火索。

第二，肢体欺凌，表现为打、推、踢、撞、掐、揪头发、吐口水、吐痰等。我小时候放学回到家经常被妈妈发现衣服后面有痰，还经常被人撕书，有时候走路被人冷不丁地绊个跟头，这些都属于肢体欺凌。

第三，关系欺凌，表现为合伙排挤、集体威胁、集体鄙视、围殴、多对一恶作剧、不定期骚扰、联合歧视等，一句话，就是让受欺凌者被孤立，让他觉得自己在这个世界上是一个多余的人，彻底被边缘化。这种欺凌，实际上比肢体欺凌更煎熬。

第四，财物欺凌，这是大家最容易理解的，如抢劫财物、故意损坏物品、偷窃对方的财物等。抢钱、借钱，其实都是一回事，欺凌者说借的时候根本就没有打算还。

第五，网络欺凌，就是把前面这些欺凌统统搬到网络上，实现网络化、信息化。

说到这里，很多人可能就琢磨了，"哎呀，你说谁没骂过人呢，谁没掐过人呢，谁没孤立过人呢？难道我们都是欺凌者，或是施暴者？"这个标准由谁来界定，才能不仅减少我们的罪恶感，还能避免校园欺凌的发生呢？

如果我们能把受欺凌者的心理感受和情绪体验作为校园欺凌的标准之一，这个问题其实就迎刃而解了。在校园欺凌中，受欺凌者内心的痛苦、愤怒和委屈以及此后产生的心理创伤和危机，都应该是判断事件严重程度的核心指标。

第 2 章

被忽视的大群体——儿童

　　胡适说过:"你要看一个国家的文明,只消考察三件事:第一看他们怎样待小孩子;第二看他们怎样待女人;第三看他们怎样利用闲暇的时间。"

　　1993 年诺贝尔和平奖得主曼德拉也说过:"没有什么比这个社会对待儿童的方式更能敏锐地揭示这个社会的灵魂。"

　　这一章我们来挖掘一下校园欺凌得不到重视的更深层次原因——儿童长期处于被忽视的地位,是一个不会为自己发声的弱势群体,他们的权利长期被成人剥夺,他们甚至长期被成人集体无意识地"歧视",所以他们被欺凌的时候才不被当回事。

　　校园欺凌的问题,本质上是整个儿童群体被忽视的问题,这个被忽视不是政治上的问题,而是整个社会文化、整个人类历史的沿袭。

什么叫儿童利益最大化?

　　在成人世界里,儿童是发不出声音来的,我们身边没有哪个儿童能够站出来维护自己的权利,他们发不出声音是因为他们的声音根本就没人听。成人对儿童一直采取权威式管理，他们打压着孩子的自发性，要求孩子的一言一行完全按他们的意思去做，没有人在意儿童真正感兴趣的事情，更不要说倾听儿童的声音。

儿童教育专家蒙台梭利说，成人对儿童的打压，已经上升为一个社会问题。因此，儿童需要成人社会给予更多的保护。联合国《儿童权利公约》第三条就明确规定："关于儿童的一切行为，不论是由公私社会福利机构、法院、行政当局或立法机构执行，均应以儿童的最大利益为首要考虑。"

儿童利益最大化，这句话很像一个口号，很多人对它似懂非懂。中央电视台曾邀请我和其他几位专家做过一期关于网络对孩子的负面影响的节目，讨论黄色的、低级趣味的内容对青少年有哪些影响。

在场专家就如何鉴定哪些内容不利于青少年发展产生了争论，在场的法学教授说："这是没办法鉴定的，衣服穿多少，盖到哪儿算黄色的，法律没有标准，也无法制定标准。"

在场的一位知名网络CEO说："如果保证网站不被这些内容链接，我们要300个人24小时不眨眼地盯着屏幕，我们做不到。"

当时我就提出来："联合国《儿童权利公约》，大家知道吗？它不是法律公约，是道德公约。法律是底线，道德是上线，我们对于儿童保护不能拿底线来衡量，我们需要用上线。在处理儿童问题上，我们要坚持儿童利益最大化的原则，如果这件事对儿童不利，那就是不好的，就是不可以的。很多时候，我们太注重法律条文，而把儿童这个群体的利益忽视了，这是最大的一种犯罪。"

这绝不是危言耸听，儿童是世界的希望，是未来世界的主人，儿童能够健康快乐地成长，社会才能前进。先进的、优秀的民族都应把儿童的利益放在最高的位置上，我们处理任何儿童的事情都要遵守无伤害性原则，只要是可能对儿童有害的事情，我们就不能去实施，这就是儿童利益最大化。

2012年12月14日，在美国的康涅狄格州枪击案遇难者的追悼大会上，美国前总统奥巴马流着眼泪说了这样一段话："这个世界会依据一个国家如何对待儿童而对它作出评判。我们无法继续容忍，这类悲剧必须终结，而为了终结我们必须改变。"奥巴马认为，美国保护不了学校的孩子们，经济再发达，实力再强大，都不能称之为真正的强大。一个民族、一个国家能够有这样的自觉和自查，这个民族、这个国家才是真正有希望的，这个民族和国家的儿童才是真正幸福的。

　　成人首先要改变对待儿童的态度，这是解决校园欺凌事件的根本。

儿童不是父母的私有财产

　　两个孩子从父亲怀抱中挣脱，从四层高的楼上跌落，不慎死亡。2017年天津发生的这起事件引发了社会的广泛讨论，讨论的焦点是：孩子的父亲该不该为两个孩子的死亡负责？孩子是不是父亲的私有财产？

　　从人性的角度看，父亲失去了两个孩子，伤心欲绝，将一辈子愧疚，所以他不应该再负其他法律责任。从理性角度看，孩子的死亡与父亲的看管不当有直接关系，孩子是独立的生命个体，父亲伤害了两个独立的个体生命，本应承担责任。

　　在成人眼里，儿童是什么呢？儿童是父母爱情的结晶、生命的延续，儿童是父母能力的综合展现。父母给予了儿童生命，儿童理应属于父母的私有财产，正因为如此，在日常生活中，儿童在成人世界处于"无声"的状态，成人没有意识去倾听他们的心声，他们的心声总是被忽视。

　　教育专家蒙台梭利曾指出，成人在爱护孩子、帮助孩子、教育孩子的外衣下隐藏着一种观点，即认为孩子是无知无能的，必须由自己对儿童进行教导，才能让儿童获得知识和能力的发展。正是这种轻视儿童能力、否定儿童能力的观点导致成人把自己的思想、观念和行为方式强加给了儿童，并用成人的标准去要求儿童，用成人的尺度去评价儿童。相应地，这种教育观使儿童的正常发展受到了抑制和歪曲，更妨碍了儿童内在生命的发展和内在生命力的表现。

　　如果说我们正处在一个"家长普遍忽略孩子"的环境之中，很多家长会感觉委屈："我们为了孩子，付出了无数的时间和精力，操碎了心。"是的，作为父母的我们确实为孩子付出了很多，问题是这种付出是孩子内心深处所需要的吗？许多孩子对这样的话耳熟能详："你好好学习，给我争口气"，"你别瞎胡闹，丢我的人"。很多孩子被家长看成了自己的"脸面"和自己未竟心愿的代理人，父母的关爱与孩子的需要脱节，导致孩子与父母越来越疏远。围绕孩子，更多的问题出现了：网瘾、厌学、叛逆、抑郁、焦虑、品行障碍、环境不适、性行为混乱、离家出走……这也为欺凌与被欺凌埋下了隐患。

人的社会属性表明儿童是社会的一员，儿童有其独立的人格，不能因为他在生活上依附于父母就决定他处于从属或依附地位。儿童有其生命的尊严，任何人不得侵犯。在生活中，儿童的自由和兴趣应该得到成人的尊重。

王朔在《致女儿书》中这样写道："不知道你有没有想过希望你的父亲不是我。我小时候这样想过，我那时想将来我要有孩子绝不让她这样想。人家讲，当了父母才知道做父母的不容易，我是有了你才知道孩子的更不容易和无可选择。当年和爷爷吵架，说过没有一个孩子是自己要求出生的。想到你，越发感到这话的真实和分量。"没有孩子是因为自己要求而出生的，我们强行把他们带到这个世界上，就要给他们最好的生活。在儿童教育中，成人最起码要做到放低姿态，尊重孩子的本性，倾听孩子的心声，用健全的法律法规和科学的儿童观来保护孩子的生命安全和心理安全，这是最基本的，也是最难实现的。

儿童需要学会自我保护

我认为，面对复杂的社会环境，儿童必须学会自己保护自己。于是在1993年，我第一个推出了"儿童自我保护"的概念。没想到，这一观点提出后，社会上出现一片反对的声音。怎么能让儿童自己去面对歹徒呢，这不是置儿童于危险之中吗？让儿童自己保护自己，那言外之意是政府保护不了他们吗？

其实，我所提出的儿童自护的观点是有科学理论依据的。法国生物学家拉马克提出了"用进废退"的概念，他认为生物体的器官经常使用就会变得发达，而不经常使用就会逐渐退化。就像大脑，越是勤思考勤运用，便越灵活；而越是懒惰不动脑，大脑便会像生锈的链条，难以正常运转。孩子自出生起，就有一种求生的本能，比如，饿了会吮吸乳汁，病了会大声啼哭，随着年龄的增长，孩子的生存技能不断增长，他们在跌倒中学会走路，在疼痛中增长经验。如果成人一直过度保护孩子，不让他们自己去做一些事情，他们的能力就会退化，他们的双腿会变得无力，他们的反应会变得迟钝。

对此，蒙台梭利有同样的论断，她认为，婴儿的第一本能就是不需要别人的帮助，自己去做事情。婴儿成长过程中第一个有意识的要求就是，保护自己，使自己免受他人的阻碍，并且希望通过自己的不断努力，达成自己的目标。成人对儿童的干涉，过度溺爱儿童，只会泯灭儿童的独立性，让儿童无法思考、无法行动，就像一个提线木偶一样，受着成人的操控。

让儿童掌控自己的生命，不仅仅是安全层面的一种教育，更是唤起他们对生命的一种敬畏，一种责任。

儿童的自我保护是社会整个保护体系不可或缺的一部分，相当于车之两轮、鸟之双翼。

可惜，我的这一主张一直得不到重视。直到1996年，事情突然出现了转机，北京发生了一起"流星雨事件"。一个14岁少女和她的表弟晚上去看流星雨，被一个歹徒骗走并强奸了。事件发生的第二天，我再一次在接受报纸采访的时候提出了"自我保护教育"，这个观点才勉强被社会认同。

后来，北京团市委藉此推出了"星光青春保护行动"。经过多年的实践和探索，我们逐步完善出了一套青少年生命自护的训练体系。"星光青春保护行动"也由此在全国范围内打开了知名度，慢慢被社会接受，成为团中央和北京共青团的一个重要品牌，一直坚持到现在。

同样也是在1996年，我第一次提出"把见义勇为从中小学生教育中剔除"的意见，因为见义勇为是成人都做不到的事情，让孩子们去做，这是成人对孩子们最大的欺凌。这一提法一经提出又引起了社会的广泛批判，不过让我感到欣慰的是，现在，见义勇为终于从中小学生教育中剔除了！

　　2008年汶川大地震之后，有关部门要评选抗震小英雄，我认为这是成人世界对儿童的又一次忽视。于是，我又忍不住在媒体中发声："英雄不是孩子们的义务和责任，我们不应该把孩子当成人，用成人的标准来评价他们的行为。如果你选出来10个英雄，那几万个活下来的小孩怎么想呢？他们真的能觉得这就是他们的榜样吗？"当然，我的言论又引发新一轮的批判，最后，我只好退一步提出建议："如果要选抗震小英雄，把那些自己救自己的也列为英雄候选人。"

　　让儿童学会自我保护，不让儿童做无谓的牺牲，这事儿说起来大家都懂，但是行动起来却非常艰难。难以想象：如果一个儿童连一点与年龄相符的自我保护意识和能力都没有，那我们得在学校安置多少安保人员，才能防止孩子们日益激烈的冲突行为！

第 3 章

正视女性欺凌者

目前，随着网络的普及，越来越多的女性欺凌事件走入了我们的视野，其不断升级的恶劣程度让人震惊。只有正视，才有可能避免更大的伤害。

乖巧的女孩子如何成了欺凌者？

"我走了，无期，不见"——这张纸条的背后，是陕西省蓝田县一名初中女孩无言的痛苦。这位女孩因被嫁祸"在其他宿舍偷钱"，被多名同学殴打讹钱，后来走不出心理阴影，选择了自杀。

因为看同在酒吧跳舞的 17 岁被害人小娟不顺眼，8 个女孩便以小娟搂了徐某男友为由，对小娟轮流扇耳光、用脚踢踹，并强迫小娟脱光上衣，裸体跳舞。小娟被殴打和侮辱前后持续 1 个多小时。

……

提到女孩子，大多数人想到的是"乖巧"、"可爱"、"温柔"、

"善良"，然而，近年来女生参与校园欺凌的案例越来越多，彻底颠覆了人们的固有印象。有统计资料显示，在校园欺凌事件中，近7成有女生参与，其中，女生之间的欺凌事件占了32.5%，少女之间的凌虐现象已经到了非常严重的地步，超出了很多人的想象。乖巧的女孩子成了欺凌者，这背后有着怎样的心理动机呢？

1. 青春期自我肯定的需要

女孩的性意识10岁就开始觉醒，自我意识开始萌芽，与同龄男孩相比，她们显得更能融入这个社会，但是，一旦进入青春期，情况就发生了急剧的变化，由于性的发育，她们出现了很多不适应。在这个阶段，她们的自信心下降，自卑感增加，她们会认为，跟男孩比，自己没有多少能力，对生活也没有多少期望，对自己不满意的女孩高达70%以上，有些女孩子为了肯定自己的价值，会出现暴力攻击行为。这也是为什么很多女性欺凌事件中，施虐者喜欢上传视频到网上来炫耀的原因，她们通过这种自我肯定型的侵犯，获得价值感。

2. 推翻自己性别角色的需要

目前，中国的很多家庭仍存在重男轻女思想，很多女孩在家里是被歧视的，这让她们内心充满了愤怒，她们会痛恨自己的性别角色，"既然你们都喜欢男孩，我就做给你看嘛。"在这种思想下，进入青春期的女孩子会表现得非常叛逆，会出现抽烟、喝酒、打架等不良行为。

3. 释放负面情绪的需要

德国心理学家汤姆利尔兹认为，青春期少男少女会被一种无形的力量强拉过去，一下子落入暴力性的不安之中，这种不安以他们的反抗、横蛮、见异思迁、冷淡等形式表现出来。对青春期的女孩来说，青春期的困扰和挫折会有很多，心情经常抑郁、低落，就有可能采取暴力的方式释放压力，这也是为什么女生群体性暴力行为中经常体现出游戏性色彩的原因。

4. 彰显自我的需要

目前，暴力内容的电影、游戏、书籍成了很多学生青睐的休闲方式，学生受这些文化的影响，形成了不健康的是非观，他们认为打人才叫酷，欺负人才有面子，于是，他们模仿暴力媒体的内容，把和她们同为女生的一些弱小者变成了无聊泄愤的实验靶子，并且把施虐视频放在网络上广为传播，以满足自己的虚荣心。

女性欺凌者为什么喜欢组团施虐？

一般的校园暴力多发生在上学和放学途中，而女性之间的欺凌行为则多发生在寄宿制学校，这是因为集体生活使加害者与受害者之间有足够的接触机会，这为欺凌行为提供了可能性。另外，女性之间的欺凌行为有着突出的群体性特征。

校园中女性之间的欺凌行为通常表现为一群女生对某一个女生的暴力。加害者在数量上较受害者多得多，处于绝对的强势地位；在欺凌形式上，一般是欺凌群体轮流对受害者进行攻击，或只有少数几人或一人攻击，但群体中的其他人站在欺凌者一方，为欺凌者摇旗呐喊、示威助阵。

女性欺凌者总是组团施虐的原因是什么呢？

1. 女孩非常看重亲密友谊

对女性欺凌问题有着深入研究的美国学者瑞秋·西蒙写了一本叫《怪女孩出列》的书，她认为，"因为社会不鼓励女孩表达愤怒，所以她们只好暗着来。长期以来大家都觉得女孩间的亲密友谊对她们很重要，因此对女孩来说，失去友谊或受到特定集团的孤立都是大灾难"。中小学的女孩们上厕所都要在一起，她们对友谊极其看重，喜欢共同行动。

2. 女孩的从众心理更突出

社会心理学家埃莎的实验表明，一个人对事物的评价易受他人的影响。如果个人在知觉、判断、信仰和行为方面与众人不一致的话，就会感到有心理压力，以致不由自主地否定自己，而保持与多数人一致。对于青春期的女孩来说，他们性格较柔弱，从众心理更突出，更容易顺应强硬者的权威而加入到群体中。

心理学中有一个很著名的"路西法效应"，是说在一个封闭的、高压的环境下，服从权威的好人也能变恶魔。在群体行动中，很多孩子的行为愈发不可控制，这也是为什么很多看似绝不可能欺负别人的孩子却成为欺凌者的原因。

3. 群体行动能减弱罪恶感

心理学上的责任分散效应认为，对某一件事来说，如果是单个个体被要求单独完成任务，责任感就会很强，会做出积极的反应。但如果是要求一个群体共同完成任务，群体中的每个个体的责任感就会很弱，面对困难往往会退缩。同样的道理，单个个体单独施暴，他的罪恶感会很强，他需要承担的责任也会很大，而当群体共同行动的时候，施暴个体为后果承担的责任也会相应减小，产生法不责众的错觉，降低了对行为的责任感。谚语云："没有一个雨滴会认为是自己造成了水灾。"在群体行动中，大多数参与者压根儿不会觉得自己做错了，他们反而以此为乐。

施暴手段一点儿也不亚于男性欺凌者

在目前曝光的校园暴力事件中，女性欺凌者的手段更恶劣、更残忍，让很多成人都难以接受。在施暴手段上，女性欺凌者与男性欺凌者呈现出了截然不同的特性，具体表现为：

1. 男性多肢体暴力，女性多侮辱性欺凌

"扒衣服拍裸照"、"下跪说对不起"、"强迫吞咽莫名液体"……与男性多为直接肢体暴力的欺凌方式不同，女性欺凌多出现侮辱性、逼迫性行为，这种方式对施暴方造成的身体伤害不明显，心理创伤却非常突出。

此外，性凌辱在女性群体暴力行为中经常出现，包括迫使受害者裸露，强迫受害者做猥亵的动作，更为严重的是伤害受害者的性器官，拍摄记录受害者遭受性凌辱过程并进行传播，强迫受害者与他人发生性行为等等，往往给受害者造成严重的身心伤害并留下很深的心理阴影。

2. 男性多工具性攻击，女性多敌意性攻击

在校园欺凌中，男性的攻击行为多为工具性攻击，即把攻击当成达到目的的工具，比如，男性欺凌者会说，"你抢了我篮球队长的位置，我打你"，"你调戏我女朋友，我打你"，"你弄脏了我刚打扫好的教室，我打你"，目的性非常清楚，当目的达到之后，欺凌者就会停止实施攻击行为。女性的攻击行为多为敌意性攻击，即把伤害别人、让别人痛苦当成主要攻击的目的，比如，女性欺凌者会说，"你不加入我们的小圈子，我们就打你"，"你长得漂亮，学习又好，我看着不顺眼就打你"。与男性工具性攻击实现目的就收手不同，在女性攻击中，对方越感到痛苦，攻击者会越开心，她会加重攻击行为的强度与时间，这也是为什么很多女性欺凌者对受害者的凌辱时间少则一两个小时多则通宵达旦的原因，它是女性攻击行为更显残忍的表现之一。

3. 男性多报复型暴力，女性多针对型暴力

在校园欺凌的男性暴力行为中，受害者多是随机的，不是特定的，事件的发生很可能是因为偶然的摩擦触发了双方的矛盾，导致了双方暴力相向。比如，欺凌者与受害者在楼梯上碰到了，受害者的一个白眼触怒了欺凌者，欺凌者就向他挥出了拳头。而在女性暴力行为中，很多时候，受害者是特定的，她

是欺凌者一直关注并认定的敌人。欺凌者耐心谋划，等待时机，当她寻到一个合理的借口时，就会以"教训"为名对受害者实施暴力。

4. 男性多生理上的暴力，女性多心理上的暴力

所谓生理上的暴力是对受害者的身体造成伤害，而心理上的暴力是指通过侮辱、谩骂、嘲弄、讥讽等使他人感到丢脸，对于女性群体暴力行为而言，心理上的暴力占有很大的比重，甚至生理上的暴力也多是为了侮辱受害者，达到使受害者丢脸的目的。正因为如此，女性欺凌中，关系欺凌和网络欺凌非常普遍，比如，"带头大姐"跟某个人结下了梁子，说"我不跟你玩了"，然后要求班上的女生都不跟对方玩，她们还会制造一些谣言或闲话，让这个同学在班级中有理有据地被孤立。有些女性欺凌者还会从社交网站、微信或微博上传递谣言或是恐吓的话语给受害者，让受害者每天过得慌恐。事实证明，心理上的暴力要比身体上的轻伤害更加难以承受，很多女孩子脸皮薄、心理脆弱，很可能会因为被班集体排挤或者在大家面前丢了面子而走上自杀的道路。

女性欺凌多为琐事，值得吗？

某高校女生因怀疑舍友偷其内衣，邀来同伙殴打舍友，强迫其脱下裤子暴露下身，并用手机拍下施暴与受辱的照片和视频。

某中学7名女生结成"七姐妹"，因一位同学背后议论过她们，就找来4个男生凌辱并性侵了这位同学，把殴打和性侵场面录制下来并传到网络上。

6名初中女生因为"看着不顺眼"，就把同学小晶拉进巷子，殴打了近45分钟，还用DV拍录过程并上传到网吧的局域网上。

……

女生间的欺凌事件大都没有涉及实质性的矛盾或者利益之争，以琐事居

多，比如，口角冲突、对方向家长或老师告密、对方跟自己的男朋友有接触等，这让很多人不理解，"为了这点事，值得吗？"

其实，仔细分析女性欺凌者的心理，她们施暴的原因背后大多隐藏着嫉妒的心理，正是这种心理让她们丧失了理智。

比如，上的是同一所学校，同一个补习班，为什么她的成绩就比我好；住在同一个小区，为什么她的爸妈那么爱她，我的爸妈对我非打即骂；外貌不相上下，为什么她的男生缘那么好，我就没人喜欢。处于青春期的女生心思敏感，喜欢比较，当发现自己跟别人有差距的时候，她们内心就会滋生嫉妒心理，受年龄的限制，她们往往不能很好地消化这种嫉妒情绪，而是不断累积，女性群体暴力行为正是这种长久以来积累的嫉妒心理无法疏导而爆发的结果。

赫尔穆特·舍克在其论著《嫉妒与社会》中谈到，"由于嫉妒的缘故，人可能会变为破坏者，如果嫉妒的目标涉及的是个人的素质、能力或者威望，嫉妒者可能一下子产生盼望别人失掉嗓子、美貌或者德行的愿望。"也正是因为出于嫉妒心理，女性欺凌者的暴力行为表现出了表演性、戏谑性，而并不产生掠夺的结果。"看着不顺眼"等让人不解的理由大多只是女性欺凌者找到的一个发泄的借口，其实，她们早就有组织有目的地策划打击受害者，企图通过侮辱对方以获得快感，以追求心理的平衡。

在日常生活中，很多欺凌者之前曾经遭受欺凌，是受害者，他们之所以要把自己曾经受过的痛苦加注在别人身上也正是出于嫉妒心理，他们会想：我都受过欺负了，你为什么就能过得这么开心呢！

古希腊斯葛多派的哲学家认为："嫉妒是对别人幸运的一种烦恼。"嫉妒是每个人都存在的问题，是在与他人比较后，发现自己在才能、名誉、地位或境遇等方面不如别人而产生的一种由羞愧、愤怒、怨恨等组成的复杂的情绪状态，女性欺凌者将这种消极情绪发挥到了极致。要想解决女性校园欺凌问题，我们需要对女孩子的这种心理给予足够的重视和疏导。

第 4 章

校园欺凌后果有多严重？

在校园欺凌中，受伤害最大的是受欺凌者，在欺凌事件结束后，他们仍旧长期生活在暴力的阴影下，他们遭遇的心理创伤是难以愈合的，而这种伤害如果不能得到及时的心理治疗，便会影响受欺凌者的性格发展和身心健康。除此之外，欺凌者看似是整起事件的胜利者，其实却是一直被忽视的受害者，他们的人生因为欺凌事件滑向了不可预测的深渊。

一旦被欺凌，三观受影响

一位遭遇欺凌的受害者说：受欺凌的经历就像心底深藏了一座切尔诺贝利，一不小心打开，它的伤害就如同摧枯拉朽的核事故，沉重而又深远。

小 A 是一个深受欺凌伤害的孩子，小学四年级的一天，小 A 如常走在上学的路上，碰到路边的一对小情侣在吵架，女孩要跟男孩分手，男孩非常气愤，有火没地方发，就一把揪过小 A，迎面给了他一拳，这一拳将小 A 的面骨击碎了。

后来经过紧急抢救，小A身体上没有留下太多的伤痕，可他的妈妈却说，孩子整个人都变了，原来乖巧、善良、乐观的儿子消失了。小A妈妈找到专家寻求帮助："我们最难过的不是他生理上的创伤，而是他永远恨这个社会，这是我们最担心的。身体上的创伤我们可以去弥补，但是如果他恨这个社会，将来如何生活呢？"

这位妈妈的担心不无道理，外力的伤害，哪怕是极小的欺凌行为、暴力行为，它都会对一个未成熟的生命构成永久性的伤害，孩子的价值观、人生观、世界观都会受影响。

其一，受欺凌者在遭受欺凌后，他们的自我认知会特别消极，自尊较低，缺乏自信。

其二，受欺凌者在长期遭受同伴的羞辱又无力反抗时，会极易产生对现实世界的不信任，这会影响到他们的社会交往能力，还会让他们极易产生自杀的行为。

其三，受欺负者一般在内外向性维度上得分较低，而在神经质维度上得分较高，他们性格较内向而对外界刺激过于敏感，受欺凌后，他们会经常被抑郁、焦虑等不良情绪困扰，有的还会出现生理反应，如头痛，胃痛，失眠，噩梦等。

"活在一次次自我撕裂、一次次自我重组的绝望中。"

"我无数次幻想自己成为《夏洛特烦恼》里的夏洛，穿越回去，把他们暴打一顿，这才是对自己最好的抚慰。"

"我经常失眠，情绪经常会突然失控。人际关系上也遇到了问题，不愿与人深交，特别想得到爱，又特别害怕失去。"

"那段被欺凌的日子，我觉得自己像奴隶社会斗兽场中的困兽，一种被人取乐的工具。一个人出手打你，你不还手，他就继续发力。你还手，他更开心……会再上来一个人压制你。痛苦根本就是无法解脱的，就像空气，怎么都躲不掉。"

这些都是受欺凌者的心声。

除了对心理健康的影响之外，校园欺凌还会使受欺凌者出现暴力伤害的投射反应，产生各种违纪和越轨行为，甚至反过来去欺凌其他弱小的同学。据统计，在各类违纪和越轨行为中（如旷课逃学、打架斗殴、欺负弱小、考试作弊、沉迷网吧游戏厅等），遭受过校园欺凌的学生的发生率比没有受过校园欺凌的学生高一倍以上。

英国国家儿童发展机构的研究者通过对 7771 名遭受过欺凌的孩子长达 50 年的追踪发现，那些经常被欺负的孩子在 45 岁时会有更大的抑郁、焦虑和自杀的风险。这一研究证明了欺凌行为对孩子的伤害不仅严重，而且深远，它很可能会伴随孩子的一生，这是一种时间都无法抚平的伤痛。

两个孩子的冲突演变为两群人的对立

两个同学在楼梯上碰到了，双方看不顺眼，打了一架，这是两个人之间的冲突，受蝴蝶效应的影响，这两个人的冲突，可能发展成两个群体的冲突，两个孩子都呼朋唤友帮自己出气，这就成了群殴事件。家长都觉得自己的孩子受了委屈，去报复对方，家长单位的同事、亲戚都加入进来，这就成了两个家庭的冲突。孩子的家长将冲突事件诉诸媒体请求支援，公说公有理婆说婆有理，热心群众分为两个阵营对骂，这就成了社会冲突。

"学生之间发生矛盾，一方家长到学校帮娃'出头'，另一方家长闻讯赶来，双方发生冲突，其中有家长被打骨折住院。"

"两名 9 岁男孩发生肢体冲突。十几秒之后，小个子孩子的父亲对高个子男孩拳脚相加，搞得男孩满脸是血。"

"一个心智成熟的成年男子，在处理孩子间的纠纷时，居然也采用了孩子们的方式，冲进教室帮自家孩子'报仇'，甚至，在班主任老师闻讯赶来劝阻时,他又向老师挥起了拳头。"

这些事件屡屡发生,引人深思。

现在我国421家庭仍然是主流,孩子都被视为掌上明珠。当自己的心肝宝贝被人欺负的时候,大人很容易就丧失理智。另外,在处理欺凌事件时,我们应该减少敌意归因,尽可能采取非攻击性的解决方式,理性评估攻击反应的后果,选取更合理的反应策略。在这方面,很多成人做不到,孩子自然也做不到,这使得欺凌事件有了无限的扩张空间。

针对校园暴力频发,国务院总理李克强曾做出重要批示:校园应是最阳光、最安全的地方。校园暴力频发,不仅伤害未成年人身心健康,也冲击社会道德底线。教育部要会同相关方面多措并举,特别是要完善法律法规,加强对学生的法制教育,坚决遏制漠视人的尊严与生命的行为。

两个孩子的冲突无限延伸下去,将影响整个社会的和谐,社会各界都应对校园暴力问题给予足够的重视。

从欺凌到犯罪只有一米的距离

说到校园欺凌的伤害,很多人会关注受欺凌者,殊不知,欺凌者也是受害者。

行为实验表明,当欺凌者在霸凌他人时,并不会获益,相反,在这个过程中,他会体验到强烈的愤怒、羞愧、罪恶感,这类孩子患有抑郁、焦虑情绪障碍的风险较高,长大后参与暴力事件、酗酒、吸毒以及犯罪的几率很大。

先不论成年后如何,现阶段的欺凌行为如果得不到及时制止,少数施暴者胆子会越来越大,直至走上违法犯罪的道路。

据统计,2000年以来,我国年发刑事案件450万起左右,其中青少年犯罪占60%～80%。而2013年西宁市中级人民法院少年法庭公开的数据则清晰显示,过去10年,西宁市青少年犯罪人数占犯罪总人数的近40%,并呈现出逐年递增的趋势，其中相当一部分是在校学生。很多孩子在欺凌别人的过程中，丧失了自我，暴力手段越来越残忍，由称霸校园变成了一方"恶少"；由侮辱、欺负、打骂弱小同学的轻微违法行为，演变成犯罪，乃至于干起惨无人道的强奸及杀人越货的勾当。

根据我国法律规定，不满14周岁的未成年人不会被追究刑事责任，满14周岁不满16周岁的，也只有8种严重犯罪才会被追究刑事责任。由于年龄原因，很多孩子实施校园欺凌不会受到惩罚，这容易使他们形成"藐视法律"的心态，以致暴力行为越来越肆无忌惮。

另外，对于学校的问题学生，很多学校和教师平时采取的是放任不管的策略，当孩子有严重违纪行为时，学校会直接开除孩子，这使得孩子有了"破罐子破摔"的心理，很容易走上犯罪的道路。

北京市曾经对在押的未成年罪犯进行调查，有95%以上的未成年罪犯存在着社会公德意识淡薄、思想品质恶劣、言行偏激等特征，以至明显表现出从违背社会公德到违纪再到违法最终到走向犯罪的必然联系，从量变到质变的行为过程非常清晰。在这些未成年罪犯中，71.6%的人犯罪年龄在十五六岁，这个年龄段被称为"易发犯罪的高危年龄"，又称"犯罪年龄"，这个阶段的孩子受青春期的影响，本身就比较躁动，很容易失控，他们需要有人不断引导和帮助。可很多时候，不论是家长还是学校都忽视了孩子的不良行为是他们发出的呼救信号。

校园欺凌的施暴者如果不能得到有效惩戒和教育，任其发展，在成年后很可能表现为反社会性人格障碍，具有高度攻击性，缺乏羞惭感，不能从经历中吸取经验教训，行为受偶然动机驱使，社会适应不良等特征，给个人或社会都会带来不良影响。

第 5 章

校园欺凌如何演变为校园暴力？

青少年是国家的未来，是家庭的重心。他们原本是一张纯洁无瑕的白纸，被家庭、社会、学校涂抹上了各种颜色，在这个过程中，是什么迷乱了孩子的头脑，让他们失去了理性，走向了暴力欺凌别人的道路呢？

期望受挫引发攻击行为

曾经发生过这样一起事件：在河南的某所高中，一个宿舍里有三个女生，A 和 B 长得漂亮，学习成绩也很好，一直在学校排名中位列前十；C 长得普通，学习成绩也普通，位于中间水平，这种差异让 C 显得有些格格不入。C 从高一开始就心心念念着超过另外两个人，可不论她怎么努力，她的成绩还是落后 A 和 B 一大截。进入高三，眼看着要参加高考了，C 想着怎么才能超过另外两个人呢？这个时候她不再从自己身上找原因，而是把所有的嫉妒、敌意、不满的情绪都放在两个女孩身上，她认为是她们的存在才影响了自己的排名，想来想去，她突然想到：只有她们生病才能影响她们的学习，我得让她们生病。于是，第二天晚上，在 A 和 B 正在熟睡的时候，她把提前买好的硫酸泼在了两个女孩的脸上，造成她俩严重毁容……

这个故事中的 C 同学从学习受挫到嫉妒别人再到暴力攻击，是校园暴力升级的一个典型案例。

研究了校园暴力的多起案例，我们可以发现这样的规律：任何攻击行为的背后，都是因为当事人在事件进展中遇到了挫折。

挫折—攻击假说是攻击（侵犯）行为的社会学理论之一，1939 年由美国耶鲁大学心理学家 J. 多拉德和 N. 米勒等 5 人在《挫折与攻击》一书中提出。这一假说认为挫折与攻击行为之间具有一种内在的因果关系：挫折导致某种形式的攻击行为，攻击行为的产生总是以某种形式的挫折存在为先决条件。

1941 年 N. 米勒发表在《心理学评论》上的文章对该假说进行修订，认为挫折可以导致一系列不同的反应，其中之一便是攻击行为的产生。该假说是实验社会心理学历史上第一个关于人类攻击行为的系统理论。

心理学家曾做过这样一个实验：让一些男孩站在玻璃墙外观看满屋子吸引人的玩具，在长时间的痛苦等待之后才允许他们去玩玩具；而另一组孩子没有等待，直接让他们玩玩具。那些事先未受挫折的孩子非常高兴，爱惜地玩玩具；而那组经过等待、受过挫折的男孩却表现出极端的破坏性，他们往往打碎玩具，或把玩具踩在脚下。这是一个挫折导致攻击行为的非常典型的心理实验。

青春期的孩子自尊心强，对挫折的反应特别敏感，情绪控制能力差，极易诱发他们的攻击行为，他们会对构成挫折的人或物进行直接攻击，如考试成绩不理想，他们会把试卷撕得粉碎，以此来发泄内心的不快。他们还会表现为转向攻击，把愤怒的情绪发泄到其他人或物上，比如，他们会怨恨老师，怨恨学习比自己好的同学等。

日常生活中，中小学生经常遇到的挫折具体表现为以下几个方面：

其一，学习方面。考试成绩总是不理想，达不到既定目标；家长和老师期望值高，学生学习负担和心理压力重。

其二，人际关系方面。因成绩差或有生理残疾遭到同学嘲笑；没有亲近的朋友；师生关系紧张；家庭关系恶劣。

其三，兴趣与愿望方面。兴趣爱好得不到成人的支持，甚至受到成人的限制；自身能力弱，不能实现自己的愿望。

其四，自我尊重方面。得不到老师、同学、家长的信任和尊重；不能很好地处理好自重与自卑的关系；在各种比赛、竞技中落选。

挫折在多大程度上会引起攻击行为取决于以下四个因素：（1）反应受阻引起的驱力水平；（2）挫折的程度；（3）挫折的累积效应；（4）攻击可能受到的惩罚程度。对孩子来说，他们对挫折的自我调节能力较弱，不大的挫折都会给他们造成很大的冲击，并且这种冲击会长时期的累积下来，再加上依据《未成年人保护法》，他们的暴力攻击不会受到太严重的惩罚，这些都增加了孩子暴力攻击的可能。

暴力成为发泄敌意的方式

北京晚报曾报道了这样一起事件：一个15岁的少年拿一根棍子在学校门口，看到跟自己有仇的同学就当头一棍子。当记者采访他的时候，他说出了这样做的原因，原来这个少年原本是这个学校的，初中二年级的时候辍学了。辍学的原因是社交欺凌。他的头发在小学的时候就掉光了，进入初中后，大家开始叫他秃驴，非常难听、非常刺耳，这个孩子最后慢慢就被同学边缘化了，他忍受不了就离开了学校。人是离开了，但心还在恨，所以他就发誓要报复那些人。

报复曾经欺负过自己的人，这种想法是可以理解的，不过，报复的方式有很多种，这个少年选择了暴力攻击别人的方式，伤害了别人，也伤害了自己。

美国心理学家班杜拉认为：攻击或暴力是一种学习得来的反应，尤其对身为高等动物的人类来说，本能性的攻击由大脑皮质所控制，但更受到后天经验的影响。当孩子对别人怀有敌意的时候，这份敌意要演变成攻击行为，就牵涉到施虐者是否视暴力为处理问题的主要手段，这些态度的形成是受到成长环境和所接触的成人、媒体等多种因素影响的。

1. 家庭环境中存在的暴力行为

父母的教育方式对孩子会产生潜移默化的影响，这是毋庸置疑的。一些家长常对孩子说："谁打你了跟我说，爸爸来修理他。"这样暴力的父母容易导致孩子暴力。还有一些家长认为孩子不打不成器，在训斥孩子时，他们习惯使用暴力的惩罚来约束孩子，这样的孩子很容易从"被暴力"转为"施行暴力"，走向极端。还有一些家长过于溺爱孩子，在孩子表现出暴力倾向时，一味纵容孩子，使孩子形成"用暴力发泄自己的愤怒是正确的"错误观念，从而使孩子形成攻击性的习惯。

2. 学校中的暴力行为

校园里师生间的暴力行为多发生在学习或者行为表现不好的学生与老师之间，有些老师会对这些孩子以打骂、讽刺、挖苦或体罚的形式替代教育，使孩子身心受到严重的伤害，长此以往，老师的打骂极易引起学生的反击，校园暴力的发生也就在所难免了。

3. 媒体中的暴力行为

浙江庆元县曾发生过一起多名初中生欺凌小学生的事件，施暴者用香烟烫小学生的身体，将脚踩在小学生的头上，表现得极度凶残。而他们之所以想得出并能够狠心用那些极度凶残的方式施虐，就是因为他们在模仿从媒体里看到过的方法。电视、电影和漫画中的暴力场景会让孩子学到施虐的方法，还会让他们对暴力行为脱敏，对他们暴力行为的形成影响很大。

4. 不当的暴力宣泄方式

打沙袋、打橡皮人是不少成年人宣泄情绪的方式，现在有些机构将这种暴力方式也引入到中小学教育中。殊不知，中小学生正处于世界观、人生观、价值观的形成时期，可塑性和可变性很大，如果遇到心理问题，靠发泄这种简单粗暴的方式来解决，会在孩子心中埋下暴力的种子，甚至助长其急躁、倔强、无理取闹的坏脾气。

弗洛伊德在晚年发现，人除了性冲动及自卫冲动以外，还有暴力破坏的癖性，这也是人类行为中的一个主要动机。欧洲古谚有云："人的一半是天使，一半是野兽。"从心理学上说，每个人在小时候都会有一点"暴力"倾向，但是随着年龄增长，这种"暴力"逐渐会被理性所替代。孩子们需要承受学习的压力、成长的压力、人际交往的压力等，他们有着宣泄负面情绪的需要，合理、适当的情绪宣泄是有好处的，但打、砸、抢、迁怒于人的暴力行为是害人害己的。

苏联教育家苏霍姆林斯基在《给儿子的信》一文中指出："每个年轻人最主要的是要记住，不要用粗野的情感，如喊叫、暴躁、凶狠来填补思想上的空虚。"校园暴力施暴者企图通过暴力让情绪得到一个很好的释放，弥补自己在学习、人际交往方面的失败，最终只会得不偿失。每个孩子都要明白，控制好自己的情绪、行为，才能控制好自己的人生。

校外人员"助纣为虐"

曾有新闻报道，某中学有一个初一年级的小男孩受到蛊惑，主动加入了一个由学校学生和社会青年组成的团体。该团体要求成员每个月缴纳 20 元会费，这个男孩起初会从家里偷一点钱，因为数额小，他的父母并没有发现。后来，这个男孩觉得不对劲，便不愿意再缴纳会费。结果，团体的其他人便跑到男孩家楼下逮人。这个男孩吓得不敢出门，家长报了警，学校才知道原来有高年级学生向低年级学生收取会费，最终处理了此事。

还有一个案例，阿强与同学发生了口角，就叫了社会上的"朋友"去摆平，他们在学校附近逮住了这名同学，一边打他一边要求他道歉，最终将他打至入院。

统计资料显示,大部分校园暴力团体都与校园外的社会青年有勾结。

有专业统计数据显示,不良的周边环境,如网吧、歌舞厅、录像厅、洗浴中心等娱乐场所很容易诱导青少年趋向不健康的生活状态甚至走向犯罪的道路。这是因为校园周边的网吧、游戏厅里往往聚集着大量社会上的各式闲散青年,他们身上有各种不健康的生活方式,如,憎恨社会、看谁都不顺眼,喜欢小偷小摸,一言不合就拳脚相向等。这类闲散人员对网络、游戏的熟知程度和操作技能往往优于在校学生,缺乏是非判断能力的学生在这样的环境中极易对这些社会闲散青年产生盲目崇拜心理,乃至效仿他们不良的生活习惯,接受他们不正确的人生观和价值观,这对孩子的健康成长是非常不利的。

另外,歌舞厅、酒吧、按摩室等娱乐场所中的糜烂风气、堕落行径很容易造成未成年人人格扭曲,沉迷于此而一发不可收拾。最主要的是,这些场所往往聚集了很多社会上的闲杂人员,他们利用青少年无知、易冲动的性格特征,诱导青少年做出过激行为,或者出言激化学生、家长与老师三方的冲突,甚至利用青少年的盲目崇拜和冲动无知的性格特点,组织在校学生结成青少年犯罪团伙,四处打架斗殴、强拿索要。此类娱乐场所成了校园暴力的萌发点和实施场所。

在学校、家庭里感到疏离的孩子,容易成为社会闲散青少年团伙拉拢的对象,在这些团伙中,被疏离的孩子可以找到接纳感、获得对其他人和他们自己生活的支配欲,因此,孩子会模仿他们的行为,会接受他们攻击、胁迫以及欺凌其他学生的价值观和行动,在特定情形下,这些孩子会采取暴力或攻击性的方式解决问题。

青少年暴力背后的脆弱内心

纵观多个校园暴力事件,我们可以发现,暴力事件的施暴者往往存在一定的心理问题。校园暴力频频发生，青少年校园暴力背后到底出于什么心理？

1. 自我保护本能

有调查显示，在遭受暴力侵害时，2.6% 的学生选择"坚决反抗，他打我，我就打他"，15.3% 的学生选择"君子报仇，十年不晚，迟早会让他在我手里栽跟头"。人的自我保护本能与攻击性本能是相伴随的，在多起校园暴力事件中，施暴者也是之前的受虐者，他们的暴力行为出于报复的目的或者保护性的先发制人，也正因为如此，有的学生会拉帮结派，甚至勾结校外闲散人员伤害在校师生。

2. 渴求爱和归属感

90% 以上暴力行为的产生与施暴者家庭缺少沟通、父母缺少教育、家庭关系冷漠、生活中缺少爱和理解有关。孩子得不到理解、尊重、关爱，就会产生压抑、焦虑和偏执的心理，他们会透过有色眼镜看待周围的一切，形成"攻击性人格"，习惯用暴力来释放压抑，以获取心理上的平衡。在一定条件下，有相同处境的学生还倾向于结成不良群体，以共同欺凌别人的形式来获得认同感和尊重感。

3. 压力得不到释放

青少年学生的绝大部分时间都是在校园中度过的，因此缺乏社会的历练，心理比较脆弱，遇事不冷静，易冲动，遇到压力、挫折、委屈时，也不愿与他人沟通，而是自己默默地承受，因此很容易为了一点小事就发生极端的违法犯罪行为。

4. 存在心理障碍

有研究发现，校园暴力的施暴者中有 60% 以上存在心理障碍，表现形式有以下几种：第一，抑郁，悲观消沉，缺乏生活热情，思维行动迟缓，对挫折的承受能力差。第二，多疑，心胸狭隘，常捕风捉影，无中生有，不愿接受别人的批评。第三，冲动，遇事易激动，且不易克制。第四，自卑，在处事、学习、交往中畏缩不前，缺乏自信。第五，自私，对事对人斤斤计较，从不考虑他人或集体的利益，当自己的利益得不到满足时，便心存不满。第六，嫉妒，好胜心强，容不得别人超过自己，当别人超过自己时，习惯采取背地放风、暗中拆台等手段搞垮对方，甚至采取极端行为伤害对方。

  这给了我们一个警示，社会各界在思考和处理校园欺凌事件中，对同样可能作为受害人的施暴者应该给予足够的关注，在严厉打击其行为本身之余，应积极为其敞开心理疏导之门，从思想源头上修正错误，及时采取有效措施引导青少年健康发展，才能预防暴力事件的重演。

第 6 章

究竟是谁在助长校园欺凌?

可以毫不客气地说,每一个欺凌别人的孩子和被欺凌的孩子都是校园欺凌事件的受害者和替罪羊,始作俑者是人类的天性本能、文化历史、社会与家庭氛围、当下的教育理念与体制,以及整个成年人世界对儿童精神生活的漠视和忽略。因此,解决校园欺凌不能单单从孩子身上入手,而是要把这件事放在一个巨大的背景下,用立体的、多维的角度去看待,敦促全社会共同解决。

谁在怂恿孩子尚武?

一个学生在班级里打了同学,老师把他的家长叫到学校,家长一听说自家娃是"打人"的一方,不仅不教育孩子,还很高兴地夸奖孩子:"男子汉就要这样才能不受欺负,不用担心,要花多少钱,爸爸赔给他们。"面对这样的家长,老师和学校也很无语,可这样的家长却非常普遍。

青春期之前,孩子身上出现的任何问题,家庭都有着不可推卸的责任。"宁做狼,不做羊"、"不能吃亏"、"别人打你一下,你要打回十下"……目前,这样的家庭教育观念非常流行,家长的本意是从小培养孩子强者意识，以适应将来激烈的社会竞争，但他们没有意识到，这些观念在认知能力有限的孩子的头脑中会变味。孩子会觉得人与人之间的关系只有恶性竞争，他不欺负别人，别人就会欺负他，以牙还牙、以暴制暴才能生存，在这样弱肉强食的法则面前，文明、道德都成了软弱无能的象征。

家长这种明显走偏的教育观念使孩子遇到问题时倾向于用暴力方式解决，让校园里原本正常范围内的矛盾冲突很容易就上升到不可调和的程度。

除了家庭教育不当外，社会上的暴力文化也怂恿着孩子以拳头来解决问题。《敢死队》系列电影风靡全球，受到了人们的广泛欢迎，电影汇聚了大批动作巨星，包括史泰龙、施瓦辛格、杰森·斯坦森、李连杰等，剧情主要是敢死队执行任务或者复仇，并且大都以暴力武装争斗的方式来获取胜利。画面大多是以重型武器为主的杀戮，许多镜头十分血腥，比如某个主演使用重型武器射击一个敌人，敌人瞬间从腰部被分为两半，血肉模糊。这系列电影的问世以极致的暴力美学拯救了已经濒临审美疲劳的好莱坞动作片产业。

从这类电影的受欢迎程度中，我们可以看出暴力文化已成为部分成年人不可缺少的享受，这使得暴力文化作品商品化成了潮流。很多影视文学作品、音像制品、小报小刊、电子游戏中，都会出现暴力场面，虽然很多作品都有年龄限制，可实际上却没有可操作的限制性规定，青少年可以很容易地接触到这些暴力内容。很多时候，孩子在有暴力场面的作品中看到的并不是其背后的正义、力量、英雄主义等，而很可能只是单单欣赏其中的暴力行为。因为认知能力有限，他们很可能将眼中所见应用到现实生活中，以暴力手段应对同学交往。

爱模仿是青少年的心理特点之一，在日常生活中，我们可以发现，他们常常倾心于对某些反面典型的模仿，这在心理学上称为"模仿偏向"。孩子除了受社会上暴力文化的影响，社会上的暴力行为也对他们有很大的冲击。

地铁上的偶尔触碰就会引爆无休止的争吵；变道超车、互不相让也会引起双方较劲，造成严重的交通事故；一碗面也可以引起纠纷，伤及人命……现代社会，人们的脾气越来越坏，负面情绪越来越多，这种社会戾气都在潜移默化地影响着孩子的心理和行为，他们极易因盲目模仿、追求刺激而产生暴力冲动。

孩子的暴力倾向在很大程度上是现实世界的投影，受家庭环境、社会氛围的直接影响，这考验着身处其中的每个人的道德、品行、行为。

现在有些学者认为校园欺凌也好，校园暴力也好，就是青少年的问题，根源在青少年身上，那么解决也在他们身上。我是非常不认同这一点的。青少年的人生发展到某一个阶段，他不是割裂的，他来自历史，走向未来，他的身上一定承载着我们人类的历史、文化、文明，如果我们简单地认为校园欺凌就是一些特殊的坏孩子的问题，校园欺凌跟我们成人没有什么关系，这是极不负责任的。

谁在把孩子变为"失意人群"？

孩子变得暴力是后天形成的，而不是天生的。暴力氛围是校园欺凌产生的外因，孩子自身的"失意"是校园欺凌的内因。前面我们也讲过，那些施暴的孩子同样也是受害者，孩子原本是天真无邪的，是什么导致他们暴力对待他人，恶意侵犯他人权益的呢？

1. 孩子在成长中缺少关爱和教导

专业机构的调查显示，校园欺凌事件施暴的孩子中，有70%左右从小缺乏家庭关爱，甚至常常遭遇家庭暴力。

很多农村父母常年在外打工，许多年才回家一次，孩子的教育无人过问。很多城市父母受生活压力的影响，虽然陪在孩子身边，却很少关注孩子的成长，造成了"隐形失陪"。还有一些家庭父母离异或者夫妻关系不融洽，父母双方都不关爱孩子。这些普遍的社会现实使得许多孩子缺乏父母管教，更没有从家庭中得到应有的关爱，孩子们往往选择用暴力宣泄自己的不满，常常处在违法犯罪的边缘，这大大增加了青少年犯罪的几率。

2. 孩子承受着多种压力

世界儿童发展组织在调查了 75 个国家的教育环境后,针对各种各样的校园事件,发布了一份备忘录,明确列出学校生活带给青少年的 20 种不良压力,如学习压力、人格贬低压力、经济比照压力、孤独的压力、校园内帮派暴力压力等。该备忘录指出,每个学生平均要同时承受 12 种不同的压力,有的甚至要同时承受 20 种压力。

相对成人而言,青少年思想不成熟、社会经验不足、文化程度有限,他们面对压力,不能自我疏导,容易采用简单、冲动、暴力的方式解决,因此,青少年压力过重成为了校园暴力发生的原因之一。

目前,关于青少年压力的备忘录已受到欧洲国家的重视,许多学校正式以其内容为基础,开始进行学生关爱工程,最大限度地减轻学生压力,而在中国,社会各界还没有对孩子的压力问题给予足够的重视。

3. 孩子被关注的需求得不到满足

心理学家认为,青少年正处于心理断乳期,随着第二性征的出现,他们的自我意识逐渐增强,言行举止趋同于成人,喜欢表现自己,渴望得到别人认同。当他们内心郁积的愤怒无法释放时,就可能会通过暴力达到目的。

当前在个别地方依然盛行应试教育之风,学校和老师将学生按分数划分等级,一些学习成绩靠后的孩子被视为失败者,不管是老师还是同学都对他们采取了漠视不理的态度。每个人都渴望被关注、被接纳,这样的孩子在日常生活中得不到应有的关注,就会诉诸暴力,以此来肯定自我的力量,这些孩子企图通过对物质的占有、对他人的伤害,来赢得老师的关注和同学的认同。

如果我们能将欺凌者转化成正常的、健康的、积极向上的孩子,校园暴力自然就会因失去了执行者而自行瓦解。因此,我们应该明白欺凌者也是受害者的道理,找到其行为背后的心理成因,对症下药,这才是根治校园欺凌的方向。

暴力——青少年的"成人礼"

从生存自护的角度来说,青少年的暴力相当于变形的成人礼,他们以此来证明自己的能力、力量和价值。

美国电影《搏击会》是一部经典的影片。在这部电影里,主人公创建了一个"搏击俱乐部",一个让人们不戴护具而徒手搏击,目的在于发泄情绪的组织。搏击俱乐部吸引了很多人参加,他们的目的只有一个:给自己一个活着的证明。电影里有这样一段经典台词:"我们没有世界大战可以经历,也没有经济萧条可以恐慌。我们的战争充其量不过是内心之战,我们最大的恐慌就是自己的生活。"搏击者通过打倒别人或者被人打倒来证明自己的存在和价值。

这段经典台词其实就是很多校园欺凌者内心的真实写照,他们侵犯别人,是在用自己的力量来打下一个地盘,来证明"我是存在的"。

何为成年?成年其实不仅与年龄有关,能够获得一种权利和控制,才是真正的成年,才能有安全感和所谓的价值。而未加引导和规范的暴力就在孩子长成大人的过程中变形为权力和控制感的代名词,欺凌和暴力就异化为青少年的亚文化,引导着孩子们做出很多成人难以理解的行为。

在我处理的青少年犯罪的案件当中,有些青少年用一种仪式感的方式来杀人,他们觉得"杀了一个人,有了一条命,我的手上沾了鲜血了,我才是一个男人",伤害别人成了成熟、勇敢的一种象征。

从这个意义上来分析,学校的校园欺凌只是青少年暴力或青少年亚文化的一种方式而已。站在孩子个体成长的角度看,它象征着征服、控制,甚至代表着一个人的存在感。

把校园欺凌和暴力放到深入骨髓、渗入血液的人类生存与发展的历史长河中去看待、去反思,我们才能有所释然,不再把暴力中的孩子当成凶神恶煞,而这,恰恰是解决校园欺凌和暴力问题所迫切需要的积极心态和智慧。

Part 2 受欺凌者父母篇

第 7 章

隐蔽的被欺凌者

校园欺凌影响的往往是孩子的一生，惯于欺凌者步入社会后很可能会误入歧途，犯罪的几率非常高；而被欺凌的孩子，可能会背上一辈子的心理包袱，对自己不自信，甚至患上被害妄想症或抑郁症。在校园欺凌这件事上，家长越早干涉，对孩子越有利。可家长往往很难知道自己家孩子被别人欺负了，这是家长干预校园欺凌的一个难点，也是学校和全社会的一个难点。校园欺凌之所以不容易被发现，就在于它太隐蔽了。

校园欺凌行为本身具有隐蔽性

2016 年教育部的一项调查发现，校园欺凌发生率为 33.36%，其中经常被欺凌的学生比例为 4.7%，偶尔被欺凌的比例为 28.66%。2015 年中国青少年研究中心做了抽样调查，32.5% 的受访者表示自己在校时"偶尔被欺负"，而 6.1% 的受访者则表示"经常被高年级同学欺负"。

这两组来自权威机构的数据相互印证，揭露了一个现实：在我国，每三个中小学生中就有一个曾经或正在遭受校园欺凌。这样的结果让很多家长感到诧异：校园欺凌如此普遍，为什么自己偏偏没感觉到呢？这是因为校园欺凌行为本身就有很大的隐蔽性。

1. 欺凌行为发生的时间和地点有隐蔽性

欺负别人的事，如果有人敢在光天化日之下做，敢在校长、老师、家长面前做，那真的是吃了豹子胆了，这种情况不太可能发生。大部分欺凌行为通常都发生在家长、老师的视线之外。研究者统计发现，最容易发生欺凌行为的时间通常是在上学前、放学后、课间休息和自由活动时间；最容易发生欺凌行为的场所是厕所、宿舍、楼梯拐角、运动场的角落、上下学路上等缺乏监管的地点。而这些时间段和地点，家长和老师都处于不在场的状态。

2. 欺凌方式有一定的隐蔽性

欺凌包括直接欺凌和间接欺凌。直接欺凌是指直接作用于被欺凌者的行为，其主要表现形式为身体欺凌和口头欺凌。间接欺凌是指借助第三方的力量，通过侵犯或剥夺被欺凌者权益的方式，间接作用于被欺凌者的行为，其主要表现形式为关系欺凌。在这几种欺凌形式中，除了特别恶劣的身体欺凌会在被欺凌者身体上留下伤痕外，口头欺凌和间接欺凌大多不会留下"可见"的痕迹。

另外，随着网络的普及，欺凌者通过网络渠道，比如短信、邮件、论坛等传播带有敌意的或攻击性的信息、讹诈被欺凌者钱财、恶意散播谣言诋毁被欺凌者的形象等，这种形式的欺凌不受时间、地点的限制，对被欺凌者的心理伤害很大，可因为这种行为不直接作用于被欺凌者，增加了欺凌行为的隐蔽性。

3. 欺凌双方的关系增加了欺凌的隐蔽性

欺凌者选择欺凌对象时，一般选的是自己易于掌控的，这种被欺凌者具有性格内向、沉默寡言、人际关系差、家庭关系疏远等特征，当遭受欺凌时，他们通常会选择忍气吞声，这增加了欺凌曝光的难度。另外，双方是同学关系，在校园交往中是最密切的关系，这使得欺凌行为和正常的同学冲突容易发生混淆，使得欺凌行为难以识别。

家长对校园欺凌的认识不够

有孩子对家长说：有人骂我。很多家长的反应是：小孩子在开玩笑。有孩子对家长说：同学们都不跟我玩。家长的反应是：你有什么问题？人缘这么差。有孩子对家长说：有人打我。家长会紧张一下：哪里受伤了！只是红了一块，小孩子间打打闹闹，没关系的。

在很多家长的观念中，只有比较严重的肢体攻击和性骚扰才叫欺凌，比较轻微的肢体攻击、辱骂、当众嘲笑都只是孩子间的玩笑，而社交排斥则被认为是"孩子之间的小矛盾，都怪自己孩子人缘差"。他们意识不到语言欺凌、社交欺凌、网络欺凌等对孩子身心的伤害，自然也就觉得校园欺凌不存在了。

孩子之间的矛盾究竟是打闹还是欺凌？欺凌问题权威专家奥维斯定义欺凌为一个学生长时间并反复地暴露于一个或多个学生主导的负面行为之下。他认为欺凌行为有三个显著因素：长期，恶意，关系不平等。孩子长期被恶意地开玩笑、恶作剧、排挤都算是欺凌，家长一定要给予足够的重视。

当孩子透露自己被欺负的信息时，家长绝对不能采取"淡化事实"的处理法，不要只简单地安慰孩子"这没什么"、"这会让你更坚强"，这种做法无异于将孩子推向欺凌的刀口上。

当家长意识到自己的孩子是受欺凌者，甚至在还没有发现孩子受欺凌的时候，就要态度坚决明确地告诉孩子："校园欺凌之类的事情我绝对不允许在你身上发生，第一，你不能欺负别人；第二，你也不能被别人欺凌，发生的时候一定告诉父母，父母是有责任和义务保护你不受伤害的。"家长一开始就要把这样的意思传递给孩子，让孩子觉得"我的父母是理解我的，是相信我的，是支持我的，是可以帮到我的"。

受欺凌者不会向大人求助

在校园欺凌事件中有一个非常普遍的现象：大多数孩子，不管他是被欺凌了还是欺凌事件的旁观者，他们都会对此闭口不谈。

为什么受欺凌者宁愿忍受肉体和心灵的多重折磨，仍旧不会将欺凌事实告诉大人寻求帮助呢？

1. 受欺凌者受到欺凌者的威胁不敢告诉家长和教师

有些孩子已经是初中生了，却常遭受同学殴打。虽然不堪忍受，但仍然不告诉家长，更不会告诉老师，原因首先就来自欺凌者的威胁。很多欺凌者会这样威胁孩子"告诉别人，我就打死你"、"告诉别人，我就杀了你全家"，孩子的认知能力毕竟有限，他们很难判断这种威胁的真假，会担心遭受更大的报复，于是他们选择"保密"。

2. 孩子觉得被欺负很丢人而不想告诉家长和教师

欺凌者总是会给受害者一些负面的定位，比如，"你就是傻子"、"你真给你爸妈丢人"。在很多孩子，尤其是内向的孩子的认知里，只有自身有缺陷才会被欺负，责任在自己身上；而那么多同学只有自己有缺陷，这是很丢人的事，爸妈知道后，也会觉得很丢人。在这种心态下，他们因耻于向家长或老师求助而不愿说出自己被欺负的事实。

3. 孩子不愿提及让自己害怕的事

这种情况多发生在年龄较小的受欺凌者身上。对成人来说，伤害或悲伤的感觉是持续性的，很难随着时间的推移减弱和消除，而对孩子来说，他们在欺凌当下已经受到了伤害，再次提及是又一次的伤害，而不是第一次的延续。所以，当别人询问时他们不愿意回答，更不愿意主动提及，以免再次造成不快和恐惧。

4. 孩子曾经求助过却没有得到帮助

受欺凌者曾有过求助的经历但没有得到帮助，甚至在家长或老师那里遭受了二次伤害，比如求助以后反而被骂"没用"，或被责怪"一个巴掌拍不响"、"苍蝇不叮无缝的蛋"等，这会让孩子觉得向家长求助是没用的，并且会适得其反。因此，再次遭遇严重伤害的时候，他们会独自承担，不会跟老师或家长说。

第 8 章

孩子受欺凌为什么瞒着父母？

校园欺凌之所以难处理就是因为它具有隐蔽性，成人所知道的永远是冰山一角，而隐蔽性的背后反映的恰恰是我们家庭教育的问题，它与家长的价值观、人生观、教育观息息相关，与家长对孩子的陪伴、关心和爱够不够紧密相连。可以这样说，校园欺凌是家庭教育问题的延伸，因此，我们不能就事论事单谈校园欺凌，家长更应该做的是反省自身。

"听话，别给我惹事"

很多家长在教育孩子时，经常会说："听话，别给我惹事。"孩子从小听着这句话长大，形成了这样的认知：惹事就是不听话，不听话就不是好孩子了，那我为了赢得父母认可，就要做父母眼中的好孩子，就别惹事。可我们不去惹别人，但拦不住别人过来惹我们，当被欺负了之后，这种孩子就不敢告诉家长"我惹事了"，而是选择能忍就忍，就当这件事没发生过。

导致这种局面出现的原因是父母采用了简单粗暴的专制教育方式，他们总喜欢在孩子面前保持威严，习惯用命令的态度来对待孩子，当孩子有"不听话"、"惹事"、"调皮捣蛋"等行为时，他们最直接的反应就是打骂。有的家长甚至会这样教育孩子：你在外面打了人，回来我要打你一顿，你在外面被人打了，回来我也要打你一顿。在这种教育环境下成长的孩子，受欺负自然不敢告诉父母了。

这种简单粗暴的教育方式一般具有以下几个特点，家长们可以从中找找自己的影子。

（1）对孩子的行为进行严格的规定。

这类父母会要求孩子按照严格的规定生活，并且实行独裁统治，禁止孩子有任何不符合规定的言行。

（2）对孩子触犯规定的行为执行强制的惩罚。

只要孩子触犯了之前制定的规定，这类父母不会给孩子任何解释的机会，就会强制处罚孩子，比如，责骂、体罚等，整个过程不容孩子有任何反抗，孩子稍有反抗，就会遭遇更严苛的惩罚。

（3）对孩子有非常高的要求。

这类父母对孩子的期望非常高，并以自己的期望为标准要求孩子务必做到，孩子如果达不到就会遭受惩罚。

（4）对孩子的需求视而不见。

这类父母从不回应孩子的需求，他们认为答应孩子的要求是对孩子的放纵，一旦开了头，孩子就会无法无天，没法管教了。

（5）对孩子缺乏关爱。

这类父母不会对成长中的孩子表达爱，他们不和孩子沟通，也不会跟孩子建立任何情感联结，他们认为这种严格的教育方式才能让孩子变得坚强和坚韧。

在这种环境下成长的孩子，大多有社交障碍，他们无法表达自己真实的感受，无法和家庭成员友好相处，也无法和同学、朋友友好相处，很容易成为被欺凌对象。由于成长过程中，自己的意见和需求长期被忽视，这类孩子通常都会比较自卑、没有自信，被欺凌后，大多会选择隐忍不发。等到负面情绪积累到一定程度的时候，他们或者会转变成欺凌者，或者会出现自闭、抑郁等心理问题，严重的会出现自杀倾向。

很多家长认为：小孩子就要听大人的话。当孩子有不听话的言行时，家长就会非常生气，觉得孩子走了弯路。这种认知是非常错误的。孩子不听话说明孩子对一个问题产生了不同想法，说明孩子在认真思考问题，这对孩子的成长是很有利的，能让他变得自信、自立、自尊、自强，他的创造力、人际交往能力、解决问题的能力都会在这个过程中逐渐发展起来。

"我都忙死了，你别添乱了"

有这样一个欺凌事件：小文被校霸盯上了，为了不被打，他每天都要省下早餐钱给他们，自己饿着肚子上学，后来，校霸的胃口越来越大，小文实在掏不出钱了，只得偷爸爸妈妈的钱，一段时间之后，他偷钱的事情被父母发现，父母这才知道他一直受欺凌。

孩子每天饿着肚子，承受着强大的心理压力，在日常生活中肯定会有所体现，比如，整天魂不守舍、放学回家吃的特别多、学习成绩下降，可父母却很长时间都没有发现，可见，小文的父母多么不关心孩子。这样的父母跟孩子自然不会有太多的交流，孩子受欺凌了当然也不会向父母寻求帮助。

孩子接受义务教育的这九年，大多数父母的事业正处在焦虑期、攀爬期、转折期，他们往往既要照顾家庭，又要打拼事业，常常身心疲惫，没精力陪伴孩子。"我都忙死了，你别添乱了"这样的话就是父母对孩子最大的要求和暗示。很多父母无意间把这些暗示传达给孩子，让善解人意并且心疼父母的孩子不忍心和父母多说什么，怕给父母添乱。长此以往，孩子感受不到父母的关心，就会产生心理上的孤独感，当在外面受了欺负时，他们会感觉无处伸冤，无人诉说，自然也不会跟父母说。

父母的呵护和关爱是生命生存的本能需求，情感的传递和流动才是生命深处的需要。接受义务教育的这九年是孩子人生观、价值观形成的关键时期，面对成长的烦恼，他们需要一个温暖的家，需要父母的理解和关爱，更需要父母倾听他们心灵的声音。孩子的成长只有一次，这是任何东西都换不来的。在日常教育中，家长一定要避免陷入以下误区：

误区一：给孩子提供足够的物质生活条件就是爱孩子，教育孩子那是学校的事。其实孩子在意的不是父母提供多好的物质条件，他们最需要的是父母的陪伴和关爱。

误区二：自己工作实在太忙，没有时间照顾孩子，只能把孩子托付给爷爷奶奶或者保姆。我们再忙能忙得过美国总统吗？在第一次竞选总统期间，奥巴马做了一件他自己都感觉非常自豪的事情：在长达21个月的时间里，他从没错过女儿们的家长会。米歇尔也曾在演讲中提到，她的丈夫每天晚上都会和女儿们共进晚餐，并且耐心地回答孩子们的问题。奥巴马说：我不可能做一辈子的总统，但却要做一辈子的爸爸。因此，无论多忙，家长都应该抽出时间陪陪孩子，让孩子感受到父母的关爱。

误区三：爱孩子就是将孩子照顾得无微不至，让孩子可以全身心地投入到学习中。很多孩子都有这样的体验，父母关心的问题只有"冷不冷啊？"、"饿不饿呀？"、"学习上有什么问题？"，只关心孩子物质上的需求和学习动态，很少和孩子交流沟通，他们为孩子付出了很多、牺牲了很多，却不知道孩子的情感需求得不到满足，患上了"情感饥渴"症。

误区四：陪伴孩子就是陪在孩子的身边。这样的场景非常常见，家长虽然在孩子身边，却没有什么交流，孩子在一旁玩耍，家长在刷手机，孩子在写作业，家长在看电视。陪伴不是陪同，这样的陪伴是没有任何意义的。

马云当年忙着赚钱，结果孩子迷上了网络游戏，他后悔莫及。

钱是赚不完的，时间是不可逆的，错过了孩子最渴望和父母在一起的阶段，当父母有一天赚足了钱觉得可以享受生活了，想拉着孩子好好说说话，想好好补偿孩子的时候，可能他们已经不再需要。缺憾就成了永远的遗憾，再也无法弥补。

很多成人很难理解和想象孩子对于情感关爱需求的迫切程度。如果成人对孩子的情绪变化意识不到、关注不到，不能及时了解他们的心理需求并给予情感上的支持，压力、不安全感和孤独感会使孩子的生命意志薄弱，面对压力或心理刺激，他们极易产生极端的行为方式。

父母是孩子最亲近最信赖的人，不管多忙，父母都应该抽出时间，放下工作，关掉手机，将自己完全交给孩子，和孩子一起聊天、游戏、旅行，在尊重和理解的基础上跟孩子平等对话、倾听孩子，在潜移默化中把爱传递给孩子。

"人家咋就不欺负别人呢？"

"人家咋就不欺负别人呢？"很多孩子受了欺负却不敢说出来，就是因为大人曾经对他们说过这句话。一般来说，这样的孩子从小就一直不被父母肯定，极度的自卑、不自信，自我价值感很低，当被别人欺负了，他会想：错在我，我又何必自取其辱，再跟爸妈说这些事情有什么意义呢？所以他就干脆保持沉默了。

这一现象引人深思，当自己的孩子在同龄的孩子中不够优秀的时候，当自己的孩子犯了错误的时候，家长应该如何应对呢？

日常生活中，一些家长经常数落孩子的缺点和短处，当众批评、讽刺、挖苦孩子，把孩子当作自己负面情绪的发泄口，通过打骂孩子发泄怨气，严重挫伤了孩子的自尊心。还有一些家长对孩子的期望过高，他们看不到孩子的优点，无论孩子做得有多好，永远都达不到他们的要求。这些家长都不知道优秀的孩子其实是夸出来的。

心理学研究发现：被父母责骂、不被肯定的孩子，很难用积极、乐观的心态对待生活和挫折。即使在父母的鞭策下成为优秀者，也会永远只看到自己做得不完美的地方，而看不到成绩和肯定，内心常怀自卑感。

在社会多种人际关系中，上下级之间、同事之间、父母与孩子之间，批评频率最高的就是父母对孩子的批评，而这种批评对孩子未来人生的发展影响非常大，所有为人父母者都应该树立批评的新观念，掌握批评的技巧，以免将自卑植入孩子的心灵。

一般来说，孩子自卑会有什么表现？

（1）常年情绪低落。如果孩子常常无缘无故地郁郁寡欢，那很可能就是自卑心理使然。

（2）过度害羞。一般来说，孩子略有怕羞纯属正常，尤其是女孩，但如果过度害羞，比如不愿出门，不敢接触生人等，则可能内心深处隐含有强烈的自卑情绪。

（3）拒绝交朋结友。一般来说，正常儿童都喜欢与同龄人交往，并十分看重友谊，但自卑的孩子绝大多数对交朋结友或兴趣索然，或视为"洪水猛兽"。

（4）难以集中注意力。自卑感强的孩子在学习或做游戏时往往难以集中注意力，或只能短时间地集中注意力，这是自卑心理在作祟。

受年龄的限制，孩子的理性思维能力和对事物客观评判的能力尚未充分发展，他们对自己行为判断的重要标准就是他人的评价，尤其是最亲近的人的评价，也就是父母的评价。如果孩子从父母那里得到的只有批评，那么他就会认为自己是不好的、没有能力的、不被喜欢的，进而产生自卑、怯懦、退缩等心理问题，而经常得到父母肯定的孩子会感觉自己是有价值的、被喜爱的。

在日常生活中，父母对孩子要多肯定和鼓励，以爱滋养孩子的心灵，进一步挖掘孩子内在的优势，这对于孩子自尊、自信和自我认同感的建立具有积极而重要的作用。另外，当孩子犯错时，家长批评孩子时要用慈爱、包容的态度。当孩子犯了原则性错误时，比如品行错误、让自己置于危险中等，家长一定要及时纠正，恰当的责骂有时是必要的，但当孩子意识到自己错了，也知道下次该如何做时，家长就应以温暖的微笑回应。如此，孩子的安全感、自我价值感、对父母的信任感就会随之而来。

"走，咱们找校长去"

小阳和涵涵是某校三年级的同班同学。一天放学，身为班长的涵涵提醒当天的值日生小阳把教室打扫干净再走，而小阳急着回家，没搭理涵涵。涵涵上前拉小阳，在推搡中，小阳的指甲划到了涵涵的脸，立马留下了一道血痕。

回到家后，涵涵爸看到女儿脸上的血道子，很是心疼，就一直追问怎么回事，涵涵就把在教室发生的事情讲了一遍。涵涵爸听完很是恼火，第二天，他就向学校告状，并要求学校出面把小阳的父母约出来"解决问题"。校方觉得这是小事情并没有答应他的要求。当天中午，涵涵爸怒气冲冲地赶到教室，动手扇了小阳一巴掌，为给女儿"报仇"，还用指甲在小阳脸上挠出几道血痕，就连在场的老师也挨了一拳。最终，涵涵爸被警察带走，旁边的小阳和涵涵都哭得一塌糊涂。

涵涵爸护子心切，可他没想到自己这种做法对孩子的伤害很大，如果一遇到小矛盾小摩擦，家长就冲到学校替孩子出头，那么孩子会觉得以后再遇到这种情况，就应该吵闹甚至动手打架来处理才对，这就为校园暴力埋下了隐患。

当自己的孩子受欺负时，大多数家长的第一反应是愤怒，很多人选择替孩子出头，"走，咱们找校长去"，这还算是温柔的；直接动手教训对方，最终触犯法律，也是大有人在的；还有一种强势的父母，不惜动用媒体、动用法律、动用关系，请客吃饭、花钱送礼去警告校长、警告老师、警告学生家长，把一件小事闹得沸沸扬扬。不管哪种做法，很多家长最终都会发现，做的这些都不是孩子想要的。

有这样一个案例：张帆看到有同学欺负人就打电话报警了，结果这位同学发现了转过来把他打了一顿，他受了重伤。事情发生后，张帆的父母跟对方父母积极交涉，最终，对方赔偿了30万元。张帆的伤经过精心护理后好了，父母觉得补偿也拿到了，事情就这样过去吧，却没想到，一段时间后，张帆出现了严重的心理问题，长期失眠、脾气暴躁，有明显的攻击行为。心理咨询师指出了问题所在：父母觉得拿到30万，伤也治好了，这事就算了了，可他们没有顾及到孩子真实的感受，张帆一直想要的就是一份道歉，他做了一件正义的事儿却遭到了殴打，内心有一种强烈的挫折感，一种被压抑的愤怒，这种情绪让他整晚整晚地睡不着觉，睡着之后就会做噩梦。

父母自以为是地帮孩子强出头，而忽略了孩子内心的真实想法，这对孩子的心理健康是非常不利的，再有类似的事情发生，孩子自然不会告诉父母，他们会觉得告诉父母，父母只会帮倒忙。

当孩子被欺负时，父母的正确做法是什么？

当孩子回家向父母倾诉校园里的苦恼时，首先，父母要倾听，鼓励孩子说出实情，然后一定要安抚孩子的情绪，不能让孩子因此变得脆弱和自卑。其次，父母要让孩子了解自己的权限范围，所谓自己的权限范围，就是对方不可以超越这个界限。孩子是在不断的冲突中学习划分与对方的权限的，父母要让孩子明确判断哪些是同伴正常交往中的小打小闹，哪些是恶性的霸凌。最后，父母可以帮孩子简单分析一下，这件事情有哪些处理方式。在这个过程中，父母要给孩子一个自己解决矛盾的机会，这能让他们学会如何与他人交往，也是让孩子学习如何应对危机的绝好时机。

"别搭理他，离他远点儿"

生活中，当听到孩子说自己被欺负了的时候，还有一种父母会这样反应："我跟你说过多少遍了，让你离他远点儿，这样的孩子你别搭理他。"对孩子来说，自己被打了，结果还被父母训斥一顿，一来二去的，就没有信心和热情再跟父母说了。

还有一种父母会跟孩子这样说："告诉老师、告诉家长，老师和家长也不能24小时盯着，他再欺负你怎么办？他问你要钱，你就给他吧，要不然我托关系，咱们换个班，或者咱们转校。平时你注意绕着他走，离他远点儿。"对孩子来说，给父母说了也没什么用，自己也不想转班、转校，再受欺负了，也就不会跟父母说了。

这两种家长都采取了忍气吞声的处理方式，这种方式无形中将孩子推远了，最主要的是，这种处理问题的方式对孩子的成长是非常不利的。

小学二年级的阳阳在楼下跟小朋友玩奥特曼大战怪兽的游戏，阳阳是怪兽，被其他小朋友追着打，阳阳妈看到了很生气，她对小朋友大声说："你们真野蛮，再也不准你们和阳阳玩了。"说完，她就拉着阳阳回了家，并警告阳阳不准再和那帮孩子玩，否则妈妈就不喜欢他了。一个月后，老师向阳阳妈反映，阳阳最近很沉闷，总是一个人待着，怕孩子出现心理问题。阳阳妈这才意识到自己制止了孩子的野蛮游戏，也夺走了孩子的朋友和快乐。

当自己的孩子被欺负时，有些家长会对孩子说：咱惹不起躲得起！时间长了，这会让孩子形成一种退缩性人格，生活中遇到问题都会习惯性地退缩，甚至会变得孤僻、冷漠、焦虑。因此，当自己的孩子处于弱势一方的时候，家长不能隔离自己的孩子，让他远离伙伴，而是应该引导孩子直面冲突，并帮助孩子积极地想解决办法。

第 9 章

识别孩子被欺凌的 8 条线索

上文讲的是孩子受欺凌后为什么不向家长求助,很多家长会从中发现自己是多么不合格,有许多教育方面的失误。种一棵树最好的时间是十年前,而后是现在,家长意识到了自己教育上的失误,接下来就要马上行动,弥补失误,减少对孩子的伤害。当孩子遭遇校园欺凌后,他也许不会跟家长说,家长要做的就是从孩子日常生活的方方面面,从一些蛛丝马迹中捕捉信息。

突然闹起厌学

当孩子经常说身体不舒服,不想去上学了,家长就要警惕了。

学习不好的孩子不想去上学,好理解,学习好的孩子为什么也不想上学了?真相是,这些孩子很可能遭受了社交欺凌。在一些欺凌案例中,一些学习好的孩子,甚至算得上是学霸,真正厌学的原因是失友,没有朋友。孩子离开家庭进入一个群体,纵然自己学习很优秀,但是没有一个知音,没有一个朋友,他们内心仍旧充满了孤独,所以即使学习好,也不足以支撑他们在学校坚持下去,于是开始厌学。

有句话总结得很好:"小学生一队一队的,中学生一堆一堆的,大学生一对一对的。"和同伴建立联系,寻求同伴的认可,是每个孩子本能的需求,经营同伴之间的友谊对于孩子来说,是"刚需",尤其是对于初中生来说,他们逐步摆脱对父母的依赖,同伴日益成为他们生活中重要的情感依恋对象。因此,当孩子说没有朋友,不想上学了,家长千万不要觉得孩子瞎胡闹,一定要给予足够的重视,你的孩子很可能正在遭受同伴排挤,正在遭受社交欺凌。

在这方面,日本天皇的孙女爱子是一个典型的例子。一开始,爱子在日本的一家皇家学校就读,她的身份备受关注,电视媒体几乎每天都在惊扰学生的正常学习,这引起了同学们的反感。再加上,爱子自出生以来,身边一直跟着保镖、保姆,人际交往能力非常差,这使得她经常遭受同学的排挤和歧视。几年下来,爱子忧郁成症,患上了"上学恐惧症",最终,只得转学去了美国。

孩子厌学还有一种可能是他们因为自身的一些特点,比如很胖、很矮小,或者声音细小等一些生理上的特征受到了同学们的排挤,进而失去了在学校坚持学习的动力。"初二下学期,我脸上突然长了很多青春痘,班里同学给我起各种外号,比如叫我'猪扒'。连续好几天,一个男生带领其他男生,在我面前像遇到瘟疫一样故意逃走,很多女生在旁边偷笑,那几个月我觉得上学好痛苦。"这段话出自一位受欺凌的女生,她说出了很多受欺凌者的心声。

专业统计数据显示,厌学的孩子 80% 以上遭受了校园欺凌,所以孩子一旦出现三天两头就身体不舒服的问题时,家长就要想到他可能被欺凌了。

突然要求父母接送

当孩子有一天突然提出:"爸妈,你们接送我上学吧!"这个时候,家长就要意识到,你的孩子很可能遭遇了校园欺凌。

"我长大了,我什么都懂了,我不用你们管了。"一般孩子到了初中后,也就进入了青春期,他们的独立意识开始增强,很多人舍弃了对父母的依赖,摆脱了父母的监护，追求与父母在平等基础上建立关系，他们会跟父母要求有自己的个人空间和隐私权，要求自己能独立处理自己的事情，会把父母正当和必要的关怀与照顾当成对他们的干涉和束缚。

在上下学这件事上，进入初中的孩子大多不会要求父母接送。很多孩子会觉得到了这个年龄再让父母陪着上下学是一件很丢人的事儿，是会被别人笑话的。有些孩子哪怕父母坚持接送，也会在离学校很远的地方要求爸妈停车，自己走过去，生怕被同学看到了。

前文也讲过了，隐蔽性是校园欺凌的一个突出特点。校园欺凌多发生在楼梯拐角、厕所、寝室或上下学路上，这类环境几乎没有外力控制，青少年很容易在情绪失控的情况下做出非理性行为。当孩子反常地要求父母接送自己的时候，那很可能就是遭受欺凌了。

这里需要补充一下，在日常生活中，当孩子要求独立时，家长要多嘱咐孩子，上下学和活动时要尽可能结伴而行；独自走在路上，不要走僻静、人少的地方；出门后不要等天黑再回家；放学后不要在路上贪玩，要按时回家。这种做法能一定程度上避免孩子遭受欺凌。

突然不和朋友玩了

正常情况下，初中生非常热衷和朋友互动，放学回家后，他会跟朋友打电话、聊QQ或微信，还会出去找他们玩。如果有一天孩子突然跟所有朋友都断了联系，他的朋友一夜之间好像都蒸发了，孩子变得郁郁寡欢了，动不动就把自己锁在房间里，这个时候家长要小心了，孩子很有可能遭受了社交上的排斥，他被同学孤立了。

前面也讲过了，人际交往对初中生来说是"刚需"，有朋友在左右，孩子会觉得自己是被接受、受欢迎的，从而会更快乐、开朗、自信；相反，如果没有朋友，孩子会抑郁、悲观、自卑，对生活提不起兴趣。

在有心理障碍的孩子中，80%以上的心理创伤都跟朋友交往有关，被最好的朋友背叛了，被最好的朋友出卖了，被最好的朋友误解了，被最好的朋友排斥了，这给他们留下了难以弥补的伤痕。

美国有位心理学家在普林斯顿大学做过一个孤独对人影响的实验：他请一些大学生中的志愿应试者单独住进一间与他人隔绝、悄然无声的封闭小屋里，里面放有各种食物，尽可以自由吃、喝、睡，但不能与任何人交往，也不能看任何书籍。应试者只要在实验室住上4天即可获得一笔相当丰厚的酬金。这些应试者刚开始时轻松自在，可是两天后开始拼命地敲打墙壁，要求出来。当他们重回"人世"时，个个神情呆滞，表情麻木，动作的协调性和灵活性大大降低，需要经过一段时间才完全恢复。由此可见，人际交往对人的重要性。对于中学生来说，他们的社会关系刚刚建立，他们对朋友的依赖性更甚。

进入初中之后，孩子从家庭逐步走向社会，朋友开始成为他们人生中排在第一位的角色，父母逐步退而位其次了。在这个时候，孩子一旦遭受朋友的排斥，对他们来说可能是灭顶之灾，失去朋友的互动，他们的人生就塌陷了一角。

当孩子出现交友问题时，家长一定要积极地给予干预，帮助孩子尽快走出被排挤的阴影，比如，在家里，家长可以与孩子一起练习如何和朋友沟通；家长可以告诉孩子与人交往中什么样的人是受欢迎的；在孩子过生日时，家长可以请孩子的同学来家里玩，帮助孩子招待朋友等。

放学回家衣物有污损

一份对15个省中小学的抽样调查显示，约有70%—80%的学生均受过同学的欺负，大多数是身体上的侵犯。有的是被别人故意撞倒，有的被同学用铅笔戳过眼睛，有个子小的同学曾经被个子大的同学一把抱起来，然后突然放手摔到地上等等，形式很多。还有就是物品的侵犯，铅笔被人拿走，书包被同学藏起来等。

当孩子放学回家，父母发现他的身上有伤痕、衣服上有破损和污迹，文具、书包等有破损的时候就要注意了，孩子很可能被欺凌了。

孩子可能面临着以下形式的欺凌：欺凌者对孩子进行重复的物理攻击，包括身体或物件，或者是拳打脚踢、掌掴拍打、推撞绊倒、拉扯头发；或者是损坏孩子的个人财产、教科书、衣裳等；或嘲笑孩子。在这个过程中，欺凌者明显比受欺凌者要强势。

面对家长的询问，比如膝盖怎么破了，胳膊上怎么有伤，很多孩子的回答是："玩的时候不小心摔的。"家长千万不能就这样被孩子糊弄过去，这时家长要做的是进行一次看似随意的谈话，随意问问孩子学校里、课间、回家路上都发生了什么事情，看看孩子是什么反应。当核实欺凌事实后，家长要积极与老师进行沟通，如果孩子继续遭受身体上的伤害，家长可以进一步地从校外获得援助，比如联系当地的执法部门等。

需要注意的是，整个过程中，家长要注意控制情绪，你的过激的情绪反应是对孩子的二次伤害，会让他们愈发感觉自己弱小，愈发觉得委屈。

偷拿家里的钱和物

发现孩子有偷拿家里的钱和物的行为时，很多家长的反应是震惊、愤怒，"小时偷针，长大偷金"、"小时偷油，长大偷牛"，孩子现在拿家里的钱，在家偷习惯了，保不准就会在外面偷东西，长大了很可能就是监狱常客了。因此，对于孩子的这种做法，很多家长会说，一定要狠狠教育他，让他长点教训。家长不知道的是，这样做很可能将孩子逼入欺凌的深渊。

勒索钱和财物是校园欺凌的一种主要形式，当发现孩子有偷拿家里的钱和物的行为时，家长要首先深究一下，孩子的这种行为有没有可能是迫于无奈，是为了给期凌者交保护费。

有这样一个经典的校园欺凌案例：在某班级里，每天上学从前排开始，同学们就依次传一个书包，传到谁那，谁就要拿一样东西放到书包里去，比如，饼干、巧克力、水果糖、游戏卡等，传到最后，这个书包就跟百宝箱一样。这可不是孩子们在为灾区捐款捐物，这个书包属于班里的一个欺凌者，他每天上学的第一件事就是把自己的书包传下去，班里的同学身上有什么好东西，都必须主动往里放，类似于交保护费。大家乖乖上交，欺凌者就能让大家安安生生地上学读书，否则，欺凌者就会让你的日子不好过。孩子们没办法只好把钱、物装进去，没钱买早餐了，就饿着肚子，饿着肚子也满足不了欺凌者的要求了，就只得偷拿家里的钱。

因此，家长发现孩子有偷拿钱物的问题后，不要急于给孩子扣上品德的高帽，更不要怒不可遏，连打带骂，而是应该尽量控制自己的情绪，心平气和地把孩子叫来，坐下来认真交谈，让孩子谈这么做是怎么想的，花钱买了什么东西，东西是怎么处理的。当了解到孩子确实正遭受校园欺凌的时候，家长要积极干预，给孩子想解决方法。

学习成绩断崖式下滑

孩子的学习成绩是所有家长都非常关注的，孩子成绩一直很好，却突然下滑，这会让家长们紧张不安。面对这个问题，家长的惯常做法是不分青红皂白对孩子一顿训斥，然后给孩子买上各类复习资料，各科的考试试卷，恨不能一天 24 小时让孩子在那儿一动不动地学习。

当孩子成绩突然下降的时候，家长最错误的做法就是急着责骂孩子。孩子学习成绩一直很稳定，突然急速下滑，其背后一定有事情发生，并且这个事情还是个紧急的事情，家长不应该一味地逼迫孩子坐在写字桌前学习，而是应该关注到事情背后更复杂的原因，正确的做法是和孩子坐在一起好好研究一下，不管是孩子自身的原因，还是外界的因素导致，通过和孩子的交谈，家长都能从中找到一些答案。一般来说，孩子成绩突然下滑很可能是遭受了校园欺凌。

对孩子来说，生活经验比较少，情绪控制能力比较弱，当他遭受欺凌时，消极情绪就会产生，会长时间处于紧张、焦虑、烦恼当中，在这种情绪主宰下，他自然没有办法好好学习。这个时候如果家长不问背后原因，只是按照自己的想法批评孩子、逼迫孩子，只会让孩子的情绪雪上加霜，对孩子成绩的提升没有任何积极意义。

开始有攻击行为

孩子受欺负后还有一种行为特征：开始有攻击行为，情绪暴躁，动不动就骂人，喜欢摔东西。

心理学上认为，引起愤怒情绪的诱因很多，概括起来可分为两大类：一是自己的目的、愿望、要求达不到、得不到满足；二是自己的身体、利益、物品受到了侵犯。孩子在外面受欺负了，遇到挫折了，一方面他无处发泄，又没办法说，另一方面他觉得自己很软弱、很无能。回家之后，他经常会爆发，家长还没说什么呢，他就发火了。这种状况除了青春期的情绪波动之外，很有可能是遭受了欺凌。

还有一种行为特征，孩子开始偷偷携带利器了。家长可以观察孩子的兜里面、抽屉里面，看他是否经常携带、藏匿利器，他可能会告诉你"削苹果、装着玩"，可事情往往不是那么简单，家长一定要警惕，孩子很可能正在遭受欺凌，他感觉到自己不安全了，所以依靠这些利器给他力量感。

这类受欺凌的孩子可能会出现以下表现：前几分钟还心情不错地和家长说话，可是后来情绪就突然变得很糟糕，有时甚至是声嘶力竭。常把自己关在房间里，如果家长敲门，或者直接闯入，他就会大发脾气。这种时候，家长一定要耐心询问孩子在生活、学习或交友中遇到什么问题，要及时给予孩子帮助、鼓励和安慰，帮孩子走出人生困境。

经常夜里做噩梦

孩子突然在梦中惊醒,大喊大叫地坐起来,或者是不可抑制地哭了起来。这种情况非常常见。如果孩子的噩梦经常发生或在相当长的时间内持续发生,家长就要警觉了,你的孩子曾经或正在被同龄人欺负。

心理学大师阿德勒认为,我们做梦是有目的的,梦是为了引发一种情感。虽然我们的梦境可能很夸张,甚至没有什么逻辑可言,但是梦中的情感和清醒时的情感是一致的。如果白天一直在经历焦虑的情绪,这种情绪也很有可能出现在梦境中,甚至更加强烈,因为在梦中没有常识的约束,情绪更不容易被压抑。当孩子被欺负时,恐惧、焦虑、害怕等情绪会在梦中加倍释放出来,家长一定不要觉得"只是做梦而已",就对孩子置之不理了,噩梦可能是孩子向家长释放的求救信号。

孩子做噩梦时,有的会做出各种动作或制造出较大的噪音,有的则不会有任何动静,这就需要家长注意观察孩子每天早晨起来的精神状态,进而判断孩子夜里的睡眠质量好不好。如果孩子睡了足够的时间,却哈欠连天、精神萎靡、没有胃口,他很可能就在遭受噩梦的困扰。曾经有一个家长发现孩子每天起床之后,被子都湿乎乎的,可天气并不热,后来才知道,孩子每天做噩梦被吓得一身冷汗。另外,这样的孩子还可能表现为精力不集中,干什么事都没活力、没兴趣,说起上学动作就比较僵硬,有自残的倾向。

只要留心,即使孩子不说话,家长也能透过孩子的眼神、表情、动作等感受到某些讯息。"就算我不仔细说明,妈妈也会了解我的心情跟想法的",这是孩子对家长抱有的期待。孩子受欺负了,没有告诉父母,却用全身的细胞向父母发出求救的信号,只要父母静心观察,就会敏锐地捕捉到孩子没有用语言表达出的那些危险信息。

第 10 章

找出孩子被欺凌真相的 4 个步骤

家长从孩子身上找到他可能受欺凌的蛛丝马迹之后，接下来要做的就是跟孩子求证，他到底是不是真的被欺凌了。对很多家长来说，这是一个难题。一方面，因为家长长期的教育方式问题、亲子关系问题、家长对事情的处理方式等等，孩子信不过家长，不会对家长坦白心声。另一方面，受欺凌者大多是那些不善于主动求助和表达的孩子，再加上孩子正处于叛逆的青春期，他们非常抗拒跟家长的交流。在这种情况下，家长如何引导孩子说出欺凌真相呢？

先给承诺和保证

前面我们谈到了，孩子受欺负了，为什么不跟家长说？一个重要的原因就是家长经常自以为是，经常按照自己的方式去解决问题，而这不是孩子想要的。家长把学校老师告了，把校长告了，把媒体也折腾了，搞得所有人都知道自己的孩子被欺负了，家长是解气了，可这孩子以后怎么回到同学中去，孩子上学后会有很多人在背后指指点点。这种情况下，孩子知道家长有能量，但他认为家长这是负能量，是专给自己添堵的，所以，受欺负了，孩子不敢跟家长说。

要想撬开孩子的嘴巴，家长首先要给承诺，承诺内容包括三个方面：第一，我们一定会尊重你的意见，在事情的后续处理上，我们不会按照我们的意思去办事，而会尊重你的意见；第二，我们是你的父母，我们必须保证你的安全，保证你不能受到伤害，这是我们的义务；第三，你只要肯说，我们保证认真倾听，绝不把我们的想法强加在你的身上，绝不随意评价你所发生的任何一件事情，更不会去指责你，不会去批评你。当我们给了孩子这样一个良好的沟通氛围的时候，就是一个好的开始。

良好的亲子沟通是打开孩子内心世界的钥匙，在和孩子沟通时，许多家长会不自觉地犯两种错误：

一是总是将沟通转化成说教。沟通本来就是两个人的事情，目的是在相互交流中最终达成观点的统一，可是现实生活中，很多家长认为"子不教，父之过"，他们喜欢找到机会就对孩子进行长篇大论的说教，完全不顾孩子的想法，当每次的沟通成为说教的时候，孩子自然再不会有和家长讲述自己身边发生的事情的欲望了。

二是强迫孩子承认错误。当孩子诉说发生在自己身上的事情时，家长喜欢以法官的姿态评判孩子，并用强硬的措辞、命令的口气让孩子臣服。孩子原本就满肚子的挫败感，这个时候他们更需要家长的理解和安慰，而不是训斥和指责，家长这样做只会让孩子更加委屈、无措和想要逃离。

要想让承诺和保证真正打动孩子的心，家长要做的是把握好与孩子沟通的技巧，亲子间有效的沟通需要遵循两个原则：

一是要学会聆听，鼓励孩子多说，控制自己少说。孩子诉说的时候，家长不要轻易打断孩子，更不要轻易给出对与错的判断，只需要在适当的时候给予回应，让孩子知道你在认真地听、积极地想就可以了。同时家长要懂得换位思考，让孩子感受到你是他的朋友，能够理解他，而不是高高在上地给出结论。这个时候，孩子在叙述的过程中才会全神贯注地投入，这才是有效的亲子沟通。

二是要尊重孩子，站在孩子的角度思考问题。很多时候，在孩子想要表达自己真实想法的时候，家长往往会站在道德的高度、用成人的眼光去约束孩子、拒绝孩子的要求，还美其名曰是为了孩子更好。可是如果孩子无法和家长以平等的姿态讨论问题，长此以往，他就会觉得在父母这里得不到应有的尊重，自然也就不愿意再和父母进行沟通了。

家长与孩子之间需要理解，理解是爱和尊重的具体体现。无论父母对子女，还是子女对父母，一般都不缺少爱，但往往欠缺尊重。因为欠缺"尊重"，结果连"爱"也感觉不到了。家长要能够设身处地站在孩子的位置，用他们的眼睛去看，用他们的耳朵去听，用他们的头脑去想，让孩子畅所欲言，尽情地阐述自己的想法，并通过耐心的沟通对孩子进行引导。

纠正孩子的观念

有这样一个小故事：一天，暴雨倾盆，洪水开始淹没村庄，一位神父在教堂里祈祷：上帝快来救救我。一个救生员驾着舢板来到教堂，让神父赶快上来，神父说："不！上帝会来救我的，你先去救别人好了。"过了不久，洪水淹到神父的胸口了，神父只得站在祭坛上。这时，一个警察开着快艇过来，让神父赶快上来，神父又说："不，上帝一定会来救我的，你先去救别人好了。"又过了一会儿，洪水把整个教堂淹没了，神父只好紧紧抓住教堂顶端的十字架。这时，一架直升机飞了过来，飞行员丢下了绳梯之后大叫："神父，快上来，这是最后的机会了，我们可不愿意见到你被洪水淹死！"神父仍然坚持："不，上帝一定会来救我的，你还是先去救别人好了。"洪水滚滚而来，神父最终被淹死了。

神父上了天堂后气愤地质问上帝："主啊，我终生奉献自己，战战兢兢地侍奉您，为什么您不肯救我！"上帝说："我怎么不肯救你？第一次，我派了舢板来救你，你不要，我以为你担心舢板危险；第二次，我又派一只快艇去，你还是不要；第三次，我以国宾的礼仪待你，派了一架直升机去救你，结果你还是不愿意接受。我以为你急着想要回到我的身边，只能顺你的意，让你来陪我了。"

观念决定着人的思维方式、情感方式，思维方式和情感方式构成人的心智模式，人们总是通过心智模式解读事物，然后采取行动，也就是说，观念决定着人的行动。很多时候，人只有自己才能救自己，在别人伸出援手之际，只有我们自己也愿意伸出手来，别人才能帮得上忙。生活中太多的障碍都是因为观念上的固执与愚昧无知造成的。

家长要想让孩子说出欺凌真相，必经的一步就是让孩子从认知上意识到这个事情是可以跟父母说的，家长需要告诉孩子几种观念：

一是敢于面对自己的恐惧才是一种勇敢。

很多孩子受欺负了，不告诉父母，是因为他们有这样的想法，"我都十五六了，我也太没面子了，我太软弱了"，他们认为自己受欺负是一件很丢人的事情，害怕父母会看轻自己。家长要告诉孩子，真正敢于面对自己的恐惧，才是一种勇敢，这样孩子就不会害怕说出来了。

二是不应该为伤害你的人保守秘密。

有的欺凌者会威胁受欺凌者，"答应我，回家不告诉你爸妈，我就放你走，你答应我了，就一定要做到"，因此，回家后，受欺凌者就真的说到做到，为欺凌者保守秘密。家长要告诉孩子，我们不能为那些伤害我们的人信守承诺，而对爱你的人说谎，这于理不合。

三是受欺凌不是你的错。

很多家长习惯性地指责孩子"都是你的错"，当受欺凌时，孩子也就认为，被欺负是自己的错，是自己有缺陷，这种观念是要不得的。家长要告诉孩子，受欺凌是对方的错，是对方有问题，跟你没有关系，只有当孩子知道原来这不是自己的错的时候，他才有可能表达出来。

四是并非自己忍了，事情就结束了。

有些孩子认为，受欺凌的事情不去管，它就自动过去了，这种观念是非常错误的。校园欺凌的一大特点就是欺凌者通过对孩子的一种控制或欺负，能获得更多的成就感和价值感，受欺凌者越是退缩，越是忍让，欺凌者就越是前进，越是得寸进尺。因此，家长要清楚地告诉孩子，忍让只会让事情更糟，积极地面对才是处理问题最好的方式。

引导孩子说细节

有这样一个故事：一个商人带着仆人在沙漠中行走，晚上，仆人搭起了帐篷，商人到帐篷里休息，仆人在帐篷外休息。不一会，仆人伸进头来，对商人说："主人，外面好冷啊，您能不能允许我将头伸进帐篷里暖和一下？"主人很善良，同意了他的请求。过了一会，仆人又说："主人，我的头暖和了，可是身体冷得要命，您能不能允许我把上半身也伸进来呢？"主人又同意了。帐篷太小，主人只好侧过身子。又过了一会儿，仆人又说："主人啊，能不能让我把脚也伸进来呢？我这样一部分冷、一部分热，又倾斜着身子，实在很难受啊。"主人又同意了，可是帐篷太小，两个人实在太挤，主人只好坐了起来，蜷到帐篷的一角休息。

这个故事告诉我们，很多时候，我们说服别人并不容易，被说服人的思维惯性和既成偏见是相当顽固的，我们要想改变，不能急于求成，可以采用循序渐进的技巧，从细小的部分入手，一点点地说服。这个道理同样适用于引导孩子说出被欺凌的真相。

如果我们上来就直接问孩子："今天有人欺负你吗？"一下子就触及到了核心部分，这会给孩子带来很大的压力，并引发孩子的抵触情绪，他自然不会轻易开口。如果我们换一种问法：我发现你衣服上常常有破损，你可不可以告诉我发生什么事情了？我发现最近你上下学老换路线，是不是遇到什么问题了？我发现你和丽之间好长时间不联系了，是什么事情让你们之间产生隔阂了？这些问题都是一些容易被忽略的细节，孩子会想：爸爸妈妈真的很在乎我，真的很体贴。孩子会被家长的这种关注感动，容易把情绪调动起来。另外，这些细节的问题对孩子来说更好回答一点，他会乐于给父母解释，他开口了，后面的问题就简单了，家长顺藤摸瓜就能慢慢把握事情真相。

值得注意的是，在引导孩子说出事情细节的过程中，我们要注意自己的情绪，如果我们听到一半忍不住气愤了，忍不住发表言论，开始教育孩子，指责他的错误，开始批评他的行为了，孩子会觉得我们不是来帮助他的，是来探寻他的秘密的，是来发泄自己的情绪的，他就会闭上嘴巴，并且有什么事再也不会跟家长说了。

因此，我们在跟孩子沟通的过程中，注意不要急于下结论，尽量不要有情绪的波动，而是应该平静地看着孩子："这样啊，太让人难受了！"家长不断地附和他，引起他的情感共鸣，诱导他把事情娓娓道来。

3 句话安慰孩子

当孩子们把自己的痛苦、委屈、愤怒、无力、孤独、恐惧、自责等种种情绪和受欺凌的事件向我们和盘托出的时候，父母必须抓住这个机会帮助孩子，这里的帮助不是说解决整件事情，而是安抚孩子的情绪，减少事件对孩子的伤害，这个时候，家长需要说 3 句话：

1. 孩子，这不是你的错

之前我们讲了孩子受欺负却不告诉家长的一个重要原因就是孩子觉得被欺负是自己的错，因此，家长一定要把"孩子，这不是你的错"这句话明确、坚定地表达出来，这样孩子就知道"我的父母真的是按他们承诺的那样站在我的视角来看问题，他们理解我，他们懂我"。得到了父母的认可，孩子一直以来的委屈、愤怒、无力感就能得到一次彻底释放。这句话能让孩子黑暗的心灵照进光明，他们的世界一下子就亮了。

2. 你一定很压抑吧

没有共情就没有教育，因为没有共情就没有理解，没有理解就没有办法平等交流，要想打动孩子的心，家长一定要学会共情，而"你一定很压抑吧"这句话就是最好的共情。对孩子来说，负面的情绪一直压在心里，长时间没人诉说、没人理解，再加上被老师看不起，被同学排挤，他的情绪肯定很压抑，这句话是真正说到孩子的心里去了。

家长需要注意的是，这个时候我们不能说"你一定很愤怒吧"、"你一定很悲伤吧"、"你一定很害怕吧"，这样的话会让孩子理解为"我很软弱"、"我很无能"，他很排斥这些负面的东西，他会反驳家长"我没有，我不愤怒、我不悲伤、我不害怕"，这会触犯他内心的防御机制，不仅不能起到共情的作用，还会让孩子关闭他刚刚打开的心门。

对中学生，我们可以说"你一定很压抑吧"，也可以说"你真的不容易"；对小学生，我们可以说"你一定很委屈吧"。总之，我们要用一些偏中性的词语引发孩子共情，他就会觉得"爸爸妈妈是真的理解我，我憋屈这么长时间了，终于有人能够理解我了"，当孩子觉得自己被理解、被读懂的时候，他就会把心门彻底打开，然后各种情绪如潮水般地倾泻而出。这就为后面欺凌事件的处理奠定了良好的基础。

3. 我可以帮到你

当孩子说出了真相之后，家长接下来要做的就是帮助孩子解决问题，这个时候，家长不能说"我一定要帮到你"、"这事交给我了，你别管了"等主导、包办替代的话语。

对于受欺凌的孩子来说，他们一直被巨大的无力感、无能感、自卑感压着，如果家长使用包办代替的字眼，就会让孩子理解成"这事你不行，这事你解决不了，这事跟你没关系了"，这会加重对他们的心理伤害。这个时候家长要做的是给予孩子力量，让孩子自己去面对这件事情。我们今天帮助孩子是为了将来孩子可以自己解决问题，聪明的父母应把握这样的初衷，将这件事情转化成孩子成长的资源，将这段经历转化成孩子学习的一个过程。因此，我们要传达给孩子的信息是，"我是你的靠山，我可以把我的资源借给你，给予你需要的帮助"。

另外，这些话不仅适用于孩子受欺凌后的沟通上，在亲子沟通中也广泛适用，比如，孩子的学习出问题了，孩子的人际交往出问题了，这些安慰的话都是必不可少的，并且效果显著。

第 11 章

你应该知道的重要观念和原则

很多家长在清楚了孩子受欺凌的事实后，只想尽快把孩子从水深火热中拯救出来，不过，家长越是想为孩子披荆斩棘、一马当先，替孩子去开辟一条道路的时候，就越是容易犯把自己的感受强加给孩子的错误，在采取行动之前，家长首先要做的是检视自我和调整观念。

孩子受欺凌的根源在父母身上

有一位先生讲了这样一段经历：他到美国留学，学校吃饭都是自助，他打了饭看到有一个空座位，就很自然地坐了下来，这个时候他周围的几个美国学生看他坐了过来，不约而同地都端着自己的盘子走了，瞬间他的周围空了，空的不止是座位，还有他的心。多年之后，这一幕还总是在午夜梦回的时候，在他的脑海中来回出现。

很多人将身体上的欺负等同于欺凌，其实，欺凌的本质是对人尊严的践踏。因此，一个绰号、一个眼神、一个动作，就可能会让一个人瞬间崩溃，这种自我价值的践踏比肉体上的疼痛对人的伤害更久远。

　　故事中的男孩在美国读书，美国可算是国际上数一数二的多元、包容的国家，可很显然他的同学并没有包容他的差异性，同学们没有骂他，没有瞪他，更没有踢他、打他，仅仅一个远离的动作，就让他受到了很大的伤害，让他觉得自己低人一等。无数事例证明，受欺凌者由于在学校和同学中间受排挤，没有朋友，易导致情绪抑郁，产生挫折感、孤独感，削弱其自信，给其学习和生活带来较大的负面影响。相关研究也表明，欺凌会严重降低受欺凌者的自尊，降低其自我评价和自我价值感，这种感受可以直接让一个心理脆弱的人崩溃。

　　为了减弱受欺凌者感知的伤害，父母就要尽早让孩子明白，哪怕他在某些方面与别人不一样也没有关系。孩子越早明白这一点，他就越早获得自我价值感，会认同自己，感到自己也同样值得尊重。

　　发展心理学告诉我们，父母的认可是孩子自我价值感建立的首要源泉。在儿童时期，孩子是通过成人的眼睛来看自己的，孩子的自信和自我认同来自父母或重要他人的评价。简单的一句"你是一个好孩子"、"你是个乖宝宝"，就能让一个孩子心满意足、充满快乐。而一句"你不是个好孩子"、"你不乖"，也能让一个孩子沮丧不已、痛哭流涕。虽然很多家长难以接受，可现实中很多受欺凌者的家长恰恰是孩子的欺凌者。

　　李航生下来就患有白化病，上学时，他换了无数个学校，每个学校都待不长，每次离开学校的原因都一样：在学校里，自己被同学们当成怪物一样看来看去、指指点点，他受不了同学们看他的异样眼光，看到有同学在说话，觉得人家是在议论他。后来，父母带着李航找心理专家咨询，专家指出了问题的根本：孩子在学校的感受来自他自我价值的缺失，而他自我价值缺失的根本原因是父母的轻视。原来，李航的爸爸妈妈出门都不带他，他们嘴上说"带你出去怕别人笑话你，怕你受不了"，但李航从中感受到的是父母觉得自己见不得人，甚至自己不配为人，这种思想让他在社会中很难立足。

　　无论孩子有什么缺陷，父母都应该欣赏你的孩子，认为你的孩子是最美的，是老天赋予的礼物，不要怕别人指指点点。对李航来说，真正看不起自己的不是别人，是他的父母，他们表面上看是心疼孩子，其实内心就是把孩子当成一个残次品。父母歧视的眼神让他无论如何也无法从自卑中走出来。

从小到大第一个支持孩子的、第一个给孩子尊严和力量的是谁？不是别人，恰恰就是孩子的父母，父母最初对孩子的评价，周围人看孩子的眼光，最后会内化成他对自我的一个评价，这种评价是压垮骆驼的最后一根稻草，是孩子生存的意义所在。

孩子受欺凌的根源在父母身上，因此，受欺凌者父母要做的是扪心自问：我有没有给予孩子足够的尊严和力量呢？

校园欺凌对孩子的伤害是终生的

13岁的小梅突然拒绝上学，这可急坏了家长，经过耐心询问后，小梅说出了原委：小梅的作文非常好，经常被老师当成范文在课堂上讲。这天，写完作文，小梅去了一趟厕所，回来之后发现自己的作文纸被人画得乱七八糟，而后桌的小婷正手忙脚乱地将手里的笔藏起来。小梅就质问小婷：是不是你画的？小婷坚决否认：不是我。小梅一直认为小婷是自己最好的朋友，可这个时候，明明是她画乱了自己的作文，还不承认，她从中感受到了深深的伤害。可不管是父母还是老师都认为这是女生之间无伤大雅的小矛盾，都觉得小梅小题大做了。父母说："你以后不要跟小婷做好朋友了。"老师说："你重新写的作文也很棒。"面对父母和老师的不理解，再加上小梅感觉无法面对小婷，她就再也不想去上学了。

还有这样一个故事：小瑶从某知名音乐学院毕业后，进入了业内数一数二的单位工作，外人看起来她无忧无虑的，可有一次谈到校园欺凌的时候，她却一下子痛哭起来，止也止不住。原来，在上学的时候，她曾经被同学起外号，她的脚臭，大家就叫她"臭脚丫子"，她的皮肤黑，大家就叫她"黑驴"。这些侮辱性的外号对于一个爱美的女孩子来说，打击是非常大的，多少年后想起来，她都会哭泣不止。

上面两个案例讲述了校园欺凌对受欺凌的影响，一个是当下的影响：厌学。一个是未来的影响：留下了心理阴影。

有专业机构研究发现，儿童时期遭受欺凌，成年后很容易患抑郁症并有自杀倾向，也容易患头疼和消化道疾病。最近一项研究对引起这种问题的原因进行了分析，结果发现一种特定的疾病指标C反应蛋白在那些儿时遭受欺凌者人群中的含量高于普通人。C反应蛋白是一种很容易检测的炎症标志物，发生炎症反应时，这种蛋白指标增加，经常作为慢性炎症的特征性标准，在一些慢性疾病，如心血管疾病、糖尿病、慢性疼痛和抑郁症等患者血液中，这种蛋白往往高于常人。研究还发现，当孩子受到欺凌后，短期内血液中C反应蛋白水平随着受欺凌次数增加而明显增加，十年后，那些曾经遭受过欺凌的人血液中C反应蛋白水平仍然比其他人高出许多。这个研究数据也告诉我们，欺凌对受害者的身体和精神两方面的伤害是非常大的，并且是非常长久的。

校园欺凌对孩子们的影响是终生的，如果父母不能够从一个足够的高度和长远的视角上去帮助孩子，去理解孩子，任何做法都可能是隔靴搔痒，无法从根本上帮助孩子。

青春期是孩子人格形成的关键期，哪怕是一个眼神，一句不经意的话语，都有可能对他们造成终生的创伤。这个阶段他们的经历、知识能力还不足以应对社会上灰色的或者消极的因素，因此，他们就需要成人给予全面的保护、关注、理解。

坚决不要把自己的感受强加给孩子

合格的父母能够及时提供给孩子最需要的东西，还能及时帮扶他，这里有一个前提：父母真的懂孩子的感受，懂孩子的需要。

有这样一则寓言故事：一把结实的大锁挂在大门上，一根铁杆费了九牛二虎之力，还是无法将它撬开。钥匙来了，他瘦小的身子钻进锁孔，只轻轻一转，大锁就"啪"的一声打开了。铁杆奇怪地问："为什么我费了那么大的力气也打不开，而你却轻而易举地就打开了呢？"钥匙笑着说："因为我最了解他的心。"只有真正了解了孩子的内心，家长的行为才有的放矢，才能事半功倍。

"同学给你起了外号，你不要听就好了"，"好朋友画了你的作文纸，你重写一遍就好了"，说出这样话的父母，没有把孩子的感受当成自己的感受，没有把孩子的痛苦当成自己的痛苦。当父母真正了解孩子的内心之后，真正切身感受到孩子的痛苦的时候，就不会再轻视孩子的痛苦，就不会再认为所谓的校园欺凌就是孩子之间的小打小闹。

现实生活中，为什么很多家长很容易把自己的感受强加给孩子呢？那是因为家长心里有一个没有长大的孩子，有一个小我，有一个不安全的我，它时不时会蹦出来，证明自己的存在和价值，或者说会把自己的这种愤怒，自己曾经的创伤和经历转嫁到孩子身上。这些看似是为了孩子伸张正义的举动会因为家长自身的过度愤怒而失去理智，最终会把孩子逼入进退两难的窘境。

很多时候，孩子在面对欺凌的时候，受了委屈的时候，他真正需要的不是家长大打出手，也不需要家长在媒体上广而告之，他要的是家长对他的认可，对他感受的认可。

当家长把自己的意志强加在孩子身上的时候，当把自己的感受当作孩子的感受的时候，可以说，这就是一种欺凌，因为它恰恰符合欺凌的概念，"强和弱的不平等"，"只注重自己的感觉"，"别人都是错的，只有自己是对的"，"通过对别人的欺凌而找到自己的价值"。从这个角度来说，孩子之所以被欺凌，首先是因为我们做家长的先欺凌了他。其次是我们在协助孩子解决被欺凌问题的时候再次欺凌了孩子，这种恶性循环般的雪上加霜，才是严重伤害孩子的致命一击，为人父母者需要慎之又慎！只有深刻的自我反思、觉察和观念调整，才能采取孩子们需要的、能真正帮到孩子的有意义的行动。

第 12 章

如何与学校联合解决被欺凌问题?

孩子成长过程中,有一些事情我们可以放手,交给他们自己去判断,去实践。但如果确定孩子受到了欺凌,家长应该积极干预,因为遭遇过长期欺凌的孩子,一辈子都走不出"青春的梦魇"。家长如何做才能最大程度上减少孩子所受的伤害呢?

该不该找欺凌者的家长算账?

当知道自己的孩子被屡屡欺负,看到孩子委屈、无力的神情的时候,很多家长,尤其是情绪控制能力差的家长,第一反应就是拍案而起,找到欺凌者的家长,大声质问对方:"你为什么让你的孩子欺负我们家孩子?"这种做法正确吗?

面对自己孩子被欺凌了,家长首先要做的是深呼吸,压抑住自己的怒火,静下心来,然后告诉自己:控制情绪,否则它将控制你。早在两千多年前,充满智慧的古代学者亚里士多德就已经以精辟的语言告诉过我们情绪控制的奥妙:"Anyone can become angry—that is easy.(每个人都会发脾气——这个很容易做到。)But to be angry with the right person, to the right degree, at the right time, for the right purpose, and in the right way— that is not easy.（但是，要把脾气发在正确的人身上，以合适的度，在恰当的时间，为正确的目的，要做到这些并不容易。）"家长们一定要清楚：控制好自己的情绪是解决问题的前提条件。

无数事例告诉我们，受欺凌者家长直接去找欺凌者家长算账的话，事情的处理效果往往最糟糕，这不能怪对方的家长不可理喻或者护犊子，而是由现实情况决定的。一般来说，受欺凌者家长直接找上门去可能面对三种情况：

第一种情况，欺凌者家长对孩子的欺凌事实完全不知情。欺凌的最大特征是隐蔽性，作为受欺凌者的家长，我们经过反复的观察、耐心的盘问、多方的了解，这才慢慢让孩子把受欺凌的事情说了出来。作为强势的一方，欺凌者一般不会告诉家长自己欺凌别人的事实，欺凌者的家长对自己孩子的欺凌行为不知情的几率非常大。这种情况下，受欺凌者家长突然冲过来对毫不知情的欺凌者家长说："你们家孩子欺负我家孩子了，你得管管！"欺凌者家长丈二和尚摸不着头脑，他把自家孩子找过来问怎么回事，孩子会本能地撒谎说没有这回事，这事就没办法进行了。双方家长很可能谈崩了，甚至动起手来，最糟糕的是，受欺凌的孩子开始怀疑家长能不能帮助自己妥善解决这件事。

第二种情况，欺凌者家长对孩子的欺凌事实完全不在乎。现实生活中，很多校园欺凌者曾是缺乏心理疏导的被欺凌者，他们被欺负了，为了避免更多伤害，就加倍欺负回去。面对这种欺凌者家长，受欺凌者家长往往是一肚子火气没地儿撒，因为你这还没开口，对方家长就开始喋喋不休地诉苦了，"我们家孩子被欺负的时候……"、"我家孩子都是被逼的……"、"我家孩子原本多么乖巧……"，面对这种家长，受欺凌者家长找上门对事情的解决还是没有任何推动。

第三种情况，欺凌者家长完全不配合做自己孩子的教育工作。我们知道，孩子是父母的镜子，有相当一部分欺凌者本身就是被父母放弃的孩子，或者是被父母天天体罚打骂的孩子，受欺凌者家长找上门，这种家长或者持爱咋咋的态度，张嘴就说："你把我孩子带派出所去吧，你爱怎么办怎么办，任你杀任你刚。"还有一种家长会把孩子拉过来就是三巴掌，然后对你说："你解气了吗？不解气，我继续打。"碰到这种家长，当面对质对事情的解决没有任何帮助。

从上面的分析我们可以看出，直接上门找欺凌者的家长算账是一种百害而无一利的做法，当知道孩子受欺负后，家长最好的做法是找学校沟通，通过学校跟欺凌者的家长联系，三方坐在一起来解决。

受欺凌者家长要把握好尺度，跟欺凌者家长沟通的目的是让他们知道欺凌的事情，并告诉他们，希望这一切能立即停止，我们的目的不是指责或者教导对方家长。因此，受欺凌者家长一定要注意沟通的方式，切不可用指责的口气，这只会使矛盾升级。作为家长，除非万不得已，我们都要坚持以和平方式解决矛盾，为孩子树立好的榜样。

记住：家长和学校是合作关系

有些家长知道自己的孩子在学校受欺负了之后会迁怒于学校，"我把孩子交到学校，学校没保护好，学校就该负责任"，当我们以这种观念与学校沟通的时候，很可能会走入死胡同。

第一，在校园欺凌中，老师和学校往往是最后的知情者，受欺凌者家长上来就指责学校"都是学校的错，你们怎么教育孩子的？有人把我们孩子打成这个样子，你们居然不知情？你们知道了，也没人管！"没有人喜欢莫名其妙地受一通批评，家长上来就指责学校，会大大打击学校解决问题的积极性。

第二，尽管你的孩子是一个受害者，但每个人在向别人表达时难免会带有主观意见，孩子诉说事情原委时一定会着重说自己的委屈，一定说自己占理，受欺凌者家长单凭孩子的一面之词就去与学校谈条件很容易陷入被动。

第三，目前中国中小学教育资源处于稀缺状态，尤其是名校，入学名额供不应求，如果家长威胁学校"学校不负起责任来，就怎样怎样"，学校自然会提出"你对我们有这么大意见，那你转学吧"，这会让沟通陷入僵局。

为真正地解决问题，家长必须端正对学校的态度：

第一，家长要信任学校。学校本身对任何孩子都没有恶意，它不会特意欺负哪个孩子，它的初衷是教育孩子、保护孩子，但是可能有一些小小的瑕疵和失误，那也是人之常情，这不能动摇我们对学校的信任。既然我们把孩子交给学校，就要无条件地信任学校，我们要用自己的行动告诉孩子，学校是可信的，教师是可靠的，我们不能让孩子们怀疑一切，如果孩子怀疑一切的话，那他只能待在家里，无法步入社会。

第二，家长要理解学校。我国的很多中小学一个班有五六十个孩子，一个校长要管理两三千个孩子，老师少、孩子多，教师难免有监护不到位的地方，这种问题是客观存在的。因此，我们要理解老师的不容易，而不是一味指责学校和老师不作为。当家长以同理心理解学校的时候，人心换人心，我们就能换来学校对我们的理解，对我们的支持和帮助，事情就能朝更好的方向发展，这比上来就吵架要有意义得多。要知道，吵架解决不了问题，而孩子期待着家长给他一个圆满的答案，家长千万不能因为自己的不恰当处理把孩子的学校生活搞砸了。

第三，学校是校园欺凌的调解人，而不是当事人。很多家长上来就以自己是受害人的身份指责学校，攻击学校的失职，质疑学校的制度甚至师德，这在很大程度上挫伤了学校的自尊和协助调解的积极性。其实，为了妥善解决校园欺凌，家长最应该做的是调动学校的积极性，请学校甘愿成为积极而有办法的调解人，站在欺凌双方之间，搭建起双方沟通的桥梁。

总之，我们要明确，家长和学校是合作关系，而彼此信任是合作成功的基础，家长秉持以信任为基础的合作态度，才能让事件得到最好的解决。

配合学校采取行动的注意事项

受欺凌者的家长以良好的心态找到了学校，接下来的事情应该如何推进呢？

首先，家长要向学校客观、清楚地陈述事实。因为学校和老师往往是欺凌事件的最后知情者，家长要耐心、客观地把自己所了解的事情原原本本地告诉学校、告诉当事人的老师。

在表达方式上，家长最好选用文字表达的方式。文字表达与语言表达相比，逻辑性强，内容和细节会更清楚，这种方式能避免家长丧失理智。当一个人气愤的时候，往往会词不达意，出现一些不冷静的行为，这是不利于我们客观地把事实叙述清楚的。

家长在陈述事实的时候，要注意就事论事，不要提及其他。"上次就发生过这么一次，这次又发生这么一次"，家长在跟学校沟通的时候，要注意坚持此时此刻的原则，不要把过去的事情和情绪带出来，秋后算账只会模糊现在事情的紧要程度，得不偿失。

家长跟学校反映完情况了，也达成一定的共识了，接下来，家长要做的就是了解学校正在采取哪些行动，这些行动进行到了哪一步。家长可以在一段时间后，通过电话或者直接到学校的方式，和班主任及事件具体的负责人沟通了解情况。可以这样说"老师您好，我想了解一下这件事情现在进行到什么程度了，需要我配合什么，需要我的孩子做什么"。在这个过程中，家长可以适当表达对学校负责人的感激之情，要对他们的行动力表示认可和欣赏，让对方感受到他的付出是有价值的，千万不要以一种颐指气使的态度挑刺"你们怎么这么慢"，这是不利于事情的解决的。

这里还要强调的是同理心，学校是一个分工明确的组织，推进每一件事都需要层层批准、层层落实，我们不能一拍脑袋就认为，人家敷衍自己，人家想把这件事拖下去。这个时候，我们不能去催促对方，更不能去抱怨对方，而应本着一种积极的、配合的心态来推进事情的发展。我们可以跟学校协商，把事情分解成几个步骤，双方配合，一步步推进。

总之，家长在配合学校采取行动的时候，要做到彬彬有礼、循循善诱、有理有据、情理交融。只有这样，才能促进学校在现行的框架和制度允许的范围内，以最快的速度妥善解决这件事情，还被欺凌的孩子和家长一个公道。

第 13 章

非常情况下的破釜沉舟法

有一种最悲观的情况：受欺凌者家长不断跟学校交流沟通，不断跟欺凌者的父母协商和谈判，但是情况却没有任何改善，孩子持续遭受校园欺凌。这个时候，受欺凌者家长就不得不采取一些必要的手段了，以下几种方式不是必须的，却是每个家长都要熟悉了解和掌握的。

留存每次沟通记录

《中华人民共和国民事诉讼法》第六十四条规定："当事人对自己提出的主张，有责任提供证据。"根据此条的规定，当事人在民事官司中对自己所主张的事实有提供证据加以证明的责任，即"谁主张，谁举证"。

"谁主张，谁举证"的原则在日常纠纷中普遍使用，虽然欺凌事件不见得就一定发展为民事诉讼，可"害人之心不可有，防人之心不可无"，我们不能有伤害别人的坏念头，但是也要防备他人、警惕他人。为了在沟通中占有优势，不被动机不良的人钻了空子，受欺凌者家长在和学校或对方父母沟通的时候，一定要注意留存证据。

如果双方是通过打电话沟通，受欺凌家长可以进行通话录音；如果双方是当面沟通，受欺凌者家长可以录音，也可以用文字简要地记录下来，必要的时候还得让对方签字，受欺凌者家长可以这样说："校长，这是我们今天沟通的内容，您看有没有出入？没有的话，我们双方签个字，把时间、地点写上。"

留存每次沟通记录对受欺凌者家长是非常有利的：第一，下次你询问事情落实进度的时候，手里有上次沟通的记录，就能对哪些措施落实了，哪些已经要开展了，一目了然。第二，万一对簿公堂，白纸黑字是最有说服力的，法律最注重的就是证据，谁也不能够忽视。

向教委汇报情况

2016年，由冯小刚执导、范冰冰领衔主演的电影《我不是潘金莲》广受关注，电影讲的是一个普通农妇为了一个离婚判决在十多年时间里，从镇到县，由市至省，再到首都北京一路告状伸冤的故事。在这个过程中，有官员被她拉下马，也有官员为她愁破了头。2017年，电视剧《人民的名义》热播。这两部影视作品都宣扬了"当官不为民做主，不如回家烤红薯"这一主题。官员就是要为人民服务。

在跟学校沟通没有任何效果，自己的孩子仍旧受欺凌的时候，受欺凌者的家长可以向学校上一级教育管理部门汇报、沟通，可以找教委，从区教委到市教委再到省教委，最后可以找国家教育部，任何一级教育管理部门都有专门的投诉接待部门，我们可以拿着每次跟学校沟通留存的记录，拿着相关的文字材料向上一级管理部门汇报，寻求帮助。

在这个过程中，家长要注意控制情绪，保持冷静，耐心地把以前跟学校接触的种种情况，一条一条说清楚。家长找上级单位沟通的时候，最易犯的错误就是因为情绪激动和准备不足而不能清晰地沟通，进而把事情搞复杂了。

求助当地的派出所

如果家长向教委汇报了情况仍然没有结果，而孩子仍旧持续遭受欺凌，甚至身体受到伤害，或者家长认为孩子正面临着生命威胁，那就可以报警寻求帮助。

值得注意的是，向警方报警，走公诉程序的话，证据就更加重要。家长要把之前相关的文字、录音等材料都准备好，向当地的派出所说明情况，要求他们对孩子提供法律保护。

走到这一步的时候，家长可以根据情况适当地引入律师。律师是专业工作者，对所有的法律条文都非常熟悉，家长邀请一位律师出面，整个事情的处理会更加理性、规范，更加符合法治程序。

另外，家长还可以向一些专业的社会团体、政府所属保护机构寻求帮助，比如说妇联中的儿童权益部、妇女权益部。而教委里的未成年人保护委员会办公室，可以专门向未成年人提供法律咨询、法律接待和投诉。共青团里还有一些青少年权益部，这些部门都设有接待部门，家长都可以向他们寻求帮助。

借助媒体的力量

现代社会，随着移动设备的普及，人与人之间实现了广泛的连接，而在社交媒体中，人人都是自媒体，人们的分享欲望越来越强烈，这使得"众口铄金，积毁销骨"越来越现实，群众口水的力量越来越强大，一个热点在很短的时间里就可以引发国内外千万人的关注。

所以在万不得已的时候，父母可以借助媒体的力量，将事情曝光。

在使用这一办法的时候，家长一定要谨慎。因为媒体曝光后，很多事情就不再受我们的控制，不管您是对还是错，都要承受巨大的社会舆论压力，最重要的是，这种压力很可能需要孩子来承受，当他再次回到教室的时候，同学怎么看他？老师怎么看他？社会怎么看他？

我们的初衷是解决问题,而不是把事情闹大,因此,向媒体曝光是破釜沉舟的做法,不到万不得已,绝不使用!

让孩子休学在家

如果家长已经做了前面几项工作,可孩子依然遭受着校园欺凌,甚至开始出现一些不良反应,比如害怕上学,一提上学就头疼、闹肚子、紧张等等,家长就要考虑让孩子先不要到学校去了,先把他留在家里。

为了事情解决后,孩子能有机会回校复课,家长要跟学校强调让孩子休学在家不是跟学校赌气,而是一种必要的手段和保护措施。家长可以以书面形式把孩子现在的状况写清楚,告知学校:"鉴于目前这样的一种状况,我要对我的孩子实施必要的保护措施,我要把他留在家里,调整一段时间。"这是很有必要的安全措施,也是给孩子的一种承诺。

需要注意的是,回到家后,家长千万不要把孩子单独锁在家里。这个时候孩子心理压力和痛苦是非常大的,家长无论如何也感受不到他离开同学之后的那一份孤独、紧张以及对未来不确定的担心。他在家里的确是远离欺凌、远离校霸了,但是内心并没真正平和下来。因此,家长有必要对孩子进行一些心理辅导,可以联系一些专业的心理机构,当面或者通过热线电话的方式让孩子跟专家沟通一下。

另外,有严重心理创伤的孩子,很有可能出现自残或者自杀行为,因此,家里一定要有一个孩子信任的成人时刻陪伴,监护的同时,陪伴他度过这段痛苦的、焦虑的时光。

再有,孩子的学业不能耽误,家长可以请一些家教教授孩子知识,或者家长跟文化课的老师沟通一下,由家长亲自辅导孩子这一阶段的学习。

孩子的意见是一切行动的核心

前面我们讲过，许多欺凌在家庭里时有发生，表现为家长不顾及孩子的感受，把自己的意志强加在孩子身上。

在帮助孩子解决欺凌事件的过程中，家长千万不要忽视了事件的主体——孩子。家长行动的每一步，都应该先征询孩子的意见，用孩子能听得懂的方式告诉他觉得应该怎么做，这样做可能会有什么后果，并且询问孩子的想法。

在每一次沟通的时候，家长都要不厌其烦地做出承诺，"我们始终会保护你，始终会保证你的安全"，这样做的目的就是要让孩子知道我们始终站在他身边，他不孤独。另外，也让孩子明白，把这些可能的后果告诉他，不是为了让他来承担后果，而是让他清楚每一步发生了什么，下一步可能会发生什么，为什么这样做。最主要的是，在这样的沟通中，孩子能够从家长身上学到有理有据、冷静客观地处理危机的方式，这既是对孩子负责任，同时也是在帮助孩子成长。

总之，家长行动时一定要征询孩子的意见，一定要听取他对这件事情的反馈，如此，孩子才能从这起事件中学会如何保护自己，这段经历才会成为他成长的经验。

第 14 章

用好角色扮演法训练孩子

事后补救不如事中控制,事中控制不如事前预防,为了避免孩子受到伤害,在日常生活中,我们就应该训练孩子如何应对校园欺凌,对孩子进行提前教育,把问题扼杀在摇篮中。

游戏是孩子最好的学习方式

"来,孩子,我们今天讲一讲什么叫校园欺凌",以这样类似于上课的方式对孩子进行教育和训练,显然很难让孩子感兴趣。"有人欺负你吗?有人欺负你告诉我,我替你怎么怎么样",以这样简单直接的方式进行提前教育,容易吓着孩子,让孩子觉得自己的隐私无处可藏。那么,我们究竟该如何训练孩子有效应对校园欺凌呢?游戏是最好的训练方法。

德国著名学前教育家福禄贝尔在《人的教育》一书中曾写道:"游戏是儿童的工作。"很多家长把孩子们的游戏当成是瞎胡闹,是浪费时间,这种观点是错误的,游戏是孩子发展自我的主要途径,正是通过游戏,孩子才逐步成长和成熟,游戏活动对孩子身心的健康发展是非常重要的。体验是游戏的内在特质之一,孩子在游戏过程中所获得的体验是在其他形式的教学活动中所难以感受的。只有经历了深刻的体验，才会进行深层次的思考，产生深层次的学习。因此，家长训练孩子正确应对校园欺凌，游戏是最好的方式。在做游戏时，孩子喜欢扮演各种角色，家长就可以通过跟孩子玩游戏的方式训练孩子。

一开始，孩子可以扮演校霸，家长扮演孩子，家长扮演的孩子正走在上学路上，被迎面过来的校霸把帽子掳走了，家长扮演的孩子这时要身体站直，然后两眼正视着对方，语气平和、清晰地说："这是我的帽子，请还给我。"家长一定要注意，这时你的态度是训练的重点，你一定要保证身体站直、眼睛直视对方、声音清晰洪亮、语调不高不低，能让扮演校霸的孩子感受到你的气势。

之后，家长可以跟孩子互换角色，家长扮演校霸，抢孩子的帽子，然后示意孩子："像爸爸（妈妈）刚才说的那样，你再说一遍。"孩子说："这是我的帽子，请还给我。"一开始，他的声音可能不够大，他的发音可能不够清晰，需要家长耐心引导，可以对孩子不断地说："不错，声音大一些了，如果你能更大声地说一遍，我就会还给你。"

通过这样反反复复的互换角色，不断地练习、练习、再练习，直到孩子完全能够进入状态，并且能很自然地表达出来，就意味着孩子已经把这种游戏和训练的内容变成了自己的习惯和方法，当孩子真的遇到类似情况的时候，他就能够自如应对了。

通过模拟各种不同的角色，孩子便可逐渐习得所扮演角色的行为模式。角色扮演是一种有效的学习方法，是很好的体验教育和共情教育，家长一定要好好利用。

在日常生活中，这种角色扮演游戏可以随时随地进行。比如，晚上，家长跟孩子在看电视，看到有人被欺负的场景时就可以跟孩子说："要是你，你怎么办？我们俩玩角色扮演游戏，我当欺负你的那个人，你来应对我。"在游乐场里，一个孩子被另外一个人碰倒了，家长就可以跟孩子说："如果是你被别人撞倒了，你怎么办？我来扮演撞你的那个人。"随时随地用生活中各种鲜活的素材来训练孩子，他就可以在类似事情上变得"身经百战"，这对他的心理和行为都有积极的建设作用，等欺凌真的发生的时候，孩子就有足够的经验和知识来应对了。

角色扮演的3大要素

静静在麦当劳的过道里不小心摔了一跤，她看到旁边的座位上有一个小女孩正蜷缩着身体吃冰激凌，就认定是这个女孩故意把自己绊倒的。于是，静静招呼自己的姐妹将这个女孩带到了厕所，将她的衣服剥光，把她的衣服浸湿，然后再让她穿上，还对她进行了推搡、打骂等欺凌行为，整个过程持续了将近3个小时。在人来人往的麦当劳，小女孩只要高声叫喊几声，就会有人过来干涉，可整个过程中，这个被欺凌的小女孩一直呜咽着，承受着她们的折磨和虐待，就是没敢高声求救。

一般来说，受欺凌者都有着共同的行为特征，在语言上，他们的声音很微弱，说话嘟嘟囔囔的，往往是还没说话就先哭了；在肢体上，他们垂头丧气、弯腰驼背、拘谨且避开眼神交流，有的甚至看到人靠近自己就发抖；在行动上，他们动作不协调，很迟钝，总有后退、逃跑的潜意识动作；在习惯上，他们身边没有朋友，喜欢独来独往，不太注重外表形象。这些行为特征就好像在向欺凌者打招呼，在传达这样的信息："欺负我吧，欺负我的成本低，没人知道，我也不会反抗，而且我觉得这是我的错，你欺负我是有道理的。"欺凌者往往能够在人群中一眼就看出谁是可欺凌的。上面的案例就是这样一种情况，静静一眼就判断出这个小女孩是可以欺负的，原本她只是想撒撒气，可看那女孩不反抗的姿态，她的欺凌行为逐步升级。

训练孩子变成一个自信、自尊的人是应对校园欺凌最有效的预防手段，而自信、自尊是可以通过一个人的外在表现出来的。前面我们讲了，在训练孩子应对欺凌的时候，他整个人的状态是非常重要的，具体来说，家长在训练孩子的时候要着重训练以下 3 个方面：

1. 说话的状态

心理学家认为，声音决定了你 38% 的第一印象。当人们看不到你时，你的音质、音调、语速的变化等决定了别人对你的直观印象。

父母要训练孩子说话的状态，包括内容、语调、声调、清晰度等等，说话清晰，语调平和，声音不高不低，内容简单明了，就能给人一种自信的感觉。

2. 肢体动作

肢体动作包括行坐卧的姿态、表情、手势、空间距离等等。自信的人一般步伐稳健、快捷，不管坐或站都能保持后背挺直，面部表情多变，说话手势沉稳有力，并且与所要表达的内容相一致。而自卑的人往往步伐缓慢、沉重，不管坐或站后背都弯曲着，面部表情木然，给人一种呆呆傻傻的感觉，说话时手势慌乱，给人一种双手没地方放的感觉。父母要通过肢体动作的训练让孩子看上去是个有自信的人，同时，也要训练孩子与人交谈时，保持适当的距离。距离太远，给人一种逃离的感觉，并且说话听不清楚，容易产生误会；距离太近，会让对方感觉到威胁，很容易触发对方的暴力行为。

3. 眼神接触

眼神躲躲闪闪的潜台词是"我害怕"，父母要训练孩子在跟人说话时，眼睛平视对方，不卑不亢，要给对方一种坚定、有力的感觉。

欺凌者在欺凌别人时候，心理上能获得一种自己很强势，自己能控制别人的成就感，如果他面临的是一个不卑不亢的、非常坚定地表达自己意见的孩子，他威胁别人的满足感会消失，这等于给他泼了一盆凉水，他很可能就放弃欺凌行为了。

改变孩子的外在，就能相应地改变孩子给别人的印象，就能改变别人对孩子的态度，最终能让孩子有效地避免受欺凌。因此，通过训练改变孩子的说话方式、肢体动作、眼神的重要性可见一斑，家长一定要给予足够的重视。

"旁观者效应"与求助能力训练

为了防止孩子被欺凌，家长还要注重训练孩子的求助能力。

中国的大部分孩子不擅长主动求助别人，这跟我们平时的教育理念是息息相关的，我们平时就爱对孩子说"不要给大人添麻烦"、"大人说话，小孩别插嘴"、"小孩就是要乖乖听大人的话"等，在这种教育理念灌输下，孩子形成了不敢随便向大人求助的意识。在孩子遭受伤害和威胁的时候，如果他们不懂得主动向大人求助，就会丧失自救的时机。因此，家长一定要加强孩子求助能力的训练。

在训练孩子求助能力时，家长要着重教导孩子以下几个求助原则：

1. 不能泛泛地求大家帮助

社会学上有一个旁观者效应，也称为责任分散效应，是指对某一件事来说，如果是单个个体被要求单独完成任务，责任感就会很强，会做出积极的反应，但如果是要求一个群体共同完成任务，群体中的每个个体的责任感就会变弱，面对困难或遇到责任往往会退缩。因为前者独立承担责任，后者期望别人多承担点儿责任。"责任分散"的实质就是人多不负责，责任不落实。

在公众场合，孩子在角落里被打，周围有无数围观的人，如果孩子对围观者喊：求你们帮帮我！围观者很可能都无动于衷，如果孩子对围观者中某个高个子男士、某个戴眼镜的女士喊：那个高个子叔叔，求你帮帮我！那个戴眼镜的阿姨，求你帮帮我！被指定的人很有可能会伸出援手，这就是旁观者效应。

生活中，我们经常会看到地铁上的乞丐行乞，如果乞丐站在车厢中间，对着车厢里的人说："行行好，给点钱吧。"相信很多人会视而不见、听而不闻。相反，如果乞丐走到一个人前面，把碗一伸："行行好，给点钱吧。"然后再走向下一个人，这种乞讨方法成功的概率会大很多。这也是旁观者效应的一种体现。

因此，我们在训练孩子时，要告诉孩子，遇到危险时，不能泛泛地求助于众人，而是要认定一个身体很强壮的，长得很有责任感的，看起来像保安、警察或军人这类职业的，很有力量感的人，我们可以抱着他的腿不撒手："叔叔，你必须保护我，你必须管我，你不管我不行。"这样做能够让对方有一种责任感，他就很难拒绝你的请求。

2. 要尽可能地制造动静，引起关注

欺凌者最喜欢偏僻、无人、清静的场所，最怕热闹、人多的场所。当欺凌者把孩子堵在了一个偏僻的角落里，孩子应该怎么办呢？我们可以这样教导孩子：首先，尽量不要走偏僻的道路，如果在偏僻的地方看到了欺凌者，要尽可能逃离到人多的地方去。如果不能逃离的话，要看看路口有没有来往的行人，如果有行人路过的话，要大声求救。其次，家长可以给孩子带一个口哨或者其他容易发出刺耳声音的东西，当孩子遇到危险时，可以制造出较大的动静，这样可以吓跑欺凌者，还可以寻求帮助。再者，如果是晚上，路上人烟稀少，有欺凌者在后面追赶孩子，家长可以教孩子找有灯光的人家去敲门，甚至可以把他们家的玻璃砸坏。告诉孩子把人引出来之后，大声请求对方帮忙报警。家长还要告诉孩子，遇到危险时，要大声喊"救命"，如果喊救命没有效果的话，可以大声喊"着火了"。

总之，我们要告诉孩子，想尽办法制造动静、引起别人的关注，在这个紧急时刻，不要害怕破坏他人的财物，也不要害怕说谎话，为了保护自己的生命，我们什么都可以做。

仅仅跟孩子讲述一些自护、自救的方法是远远不够的，孩子当时可能记住了，但一会儿就忘记了，唯一能使孩子掌握这些技巧的途径就是通过角色扮演游戏和演练让孩子逐渐掌握要领。因此，家长可以设计多种可能发生的情景，跟孩子不断演练，这个过程中向孩子不断提出问题，训练他们的反应能力。

第 15 章

父母如何做才能避免孩子被欺凌？

90% 的欺凌者的行为是在家长身上习得的，家长的言行是他们的行动脚本，同样的道理，长期受欺凌的孩子往往在家里也是受欺凌者。有些家长可能要反驳："什么意思，我们还欺凌我们的孩子呀？"对这个观点很多家长不愿意承认，可生活中的确有很多家长打着"管教孩子"的旗帜，一直欺凌孩子，他们的本意是把孩子训练得彬彬有礼，管教得服服帖帖，却不知道孩子因此变得没有主见，没有自尊，不懂得自我欣赏，不懂得自爱。进入社会后，他们的一言一行都在告诉别人，"你们欺负我最安全，欺负我吧"。解决校园欺凌的真正关键点在家庭，在教育子女的方式上，家长反省自身的行为是长期反欺凌的最有效方法。

帮助孩子建立良好的自我观感

一个人自我接纳的程度越低，他就越容易把目光集中在自己的短处与缺点上，就越容易体验到挫败，就会导致更严重的自我否定。一个连自己都看不起的人，别人自然也不会高看，他们就会很随意地贬低你、侮辱你、欺凌你。家长要训练孩子免受欺凌，首先要帮助孩子接纳自己。

澳大利亚人尼克·胡哲天生没有四肢，可是却成为"走"遍世界的励志演讲大师。这位被称为"海豹人"的小伙子，凭借自己的努力获得会计和财务规划双学位，并创办两家非营利机构和一个基金会，以帮助更多有需要的人。

积极乐观的尼克·胡哲给许多人带去信心和勇气，用他平凡的人生给这世界注入不平凡的声音。不少人都感叹他由内而外的自信幽默——有些身体健全的人尚且自怨自艾，悲叹生活的艰难与不易，为什么他却能笑对与生俱来的身体残缺，并绽放让人惊叹的生命光彩呢？究其原因，主要是尼克·胡哲对自己足够接纳，他接纳自己的所有，尤其是接纳自己的身体，接纳身体带给自己的种种不便，以及接纳因此与他人完全不同的特别的生活方式。而正是这种对自己的无条件接纳，使尼克·胡哲迸发出令人吃惊的人格魅力，激励了全球无数在痛苦和黑暗中迷茫的生命，这就是无条件自我接纳的力量。

合理情绪疗法创始人，美国心理学大师艾里斯倡导人们要学会"无条件自我接纳"：个体完全和无条件地接纳自己，无论他的行为表现是否是明智的，正确的，或者适当的，以及无论他人是否赞成、尊重或者爱他。家长应该怎样帮助孩子接纳自己呢？

1. 家长要学会悦纳孩子

"你不够好"、"你是错的"、"你不如别人"，这些语言是压抑儿童心灵成长的"紧箍咒"，家长对孩子的接纳度影响孩子对自己的接纳。如果家长总是觉得孩子有问题，不能接受孩子的某些表现，不断地提醒，不断地要求孩子改变自己的行为，当这些好心的提醒不能被孩子正确理解的时候，就会让孩子觉得自己毫无价值，怎么也达不到家长的期望，导致自我否定。

"大千世界人不同，悦纳自我写人生。"家长应该客观看待人与人的不同，接纳孩子，也让孩子接纳真实完整的自我。无论孩子多么淘气，遇到了多少挫折，我们也应该教他们积极面对，不苛责自己，这才是拥有多彩人生的基石！

2. 引导孩子不要活在别人的评价和眼光之中

意大利文学家但丁说：走自己的路让别人说去吧。过于在乎别人的眼光，只会让自己每天痛苦地活在内心的挣扎中，天天都在为别人活。我们要教育孩子对自己的选择有自信，只要是正确的方向，正确的做法，就要坚信自然会得到别人的支持和肯定，或许耳边会有些许异议，那就交给时间来验证。

3. 引导孩子将缺点当成特点

"你看你长这么黑，你看你鼻子这么短，你看你头发这么稀，你看你脸上这么多疙瘩，你看你脖子这么短，你看这脸跟烧饼似的……"日常生活中，很多父母都在自觉或不自觉地把孩子身上一些所谓的特点当成了缺点，并不断地强化。

其实，上帝在创造人类的时候，特别着重彰显人类的不同，每一个生命都是独特的，都是不一样的，家长将孩子的特点当成缺点不断强化，只会让孩子变得自卑、消极、退缩。家长要懂得欣赏孩子，让孩子意识到自身的独特性，双眼皮大眼睛很萌，单眼皮小眼睛更个性，我们要让孩子知道每一个人都有他的独特性，独特性就是不可替代性，就是美的。

自我接纳是每个人的基本权利，我们每个生命都是独一无二的，是有价值的，孩子们明确这一点后，会用更客观的心态来面对自己身上所有的特质，明白自己的个性特点、身体特征、家庭背景还有成长经历，都是无可替代的。

当孩子不再用批判的心态来看待自己的优缺点时，他们就能更好地看到自己还有哪些地方可以做得更好。在自我接纳基础上的自我批评，没有对自己的苛责，而是相信自己可以拥有美好的期待，孩子们怀着这种美好的期待就能塑造一个更好的自己。

在引导孩子自我接纳的过程中，家长要有足够的耐心，这不是一个短暂的过程，有可能时进时退或者偶尔停滞不前。当孩子能够正确接纳自我的时候，短处与缺点也会成为可以利用的资源与财富，孩子本身就成为了一个取之不尽的宝藏。

为孩子建立清楚的行为规范

礼仪，泛指人际交往中惯用的行为规范和方式，是人们在日常交往和交际场合中，相互表示尊重、问候、致意、致谢、慰问以及给予必要协助与照料的惯用形式。礼仪是人际关系和谐发展的调节器，在日常交往中，人们按照礼仪规范去做，有助于加强人们之间互相尊重，建立友好合作的关系，缓和与避免不必要的矛盾和冲突。一般来说，人们受到尊重、礼遇、赞同和帮助就会产生吸引心理，形成友谊关系；反之，就会产生敌对、抵触、反感，甚至憎恶的心理。言行遵守礼仪规范的孩子，能有效缓解人际关系，减少被欺凌的可能。在校园生活中，孩子要做到：

1. 公众场合遵守道德规范

公众场合，人群聚集，很容易因一点小事起摩擦和冲突，为避免冲突，孩子们一定要遵守道德规范、行为规范。比如，有些孩子在公共场所旁若无人地吵闹，那些欺凌者认为，他们所到之处都要控制周围的环境，要显示出他们在这里的价值和作用，肯定不允许你吵，他们的方式可不是耐心地提醒你，而是过去就一拳："嚷什么嚷！"还有些孩子着急了就加塞，不按照规范排队，校霸们不会文明地说："小朋友，别加塞，去排队！"他会一把把你拉出来，一巴掌把你打走："谁让你加塞，还敢加我前面！"

2. 懂文明讲礼貌

俗话说："礼多人不怪。"家长要教导孩子养成好习惯，比如，主动跟人打招呼，见面说"你好"，见到校霸，孩子嘴甜地来句："哥哥，你好，姐姐，你好"，对校霸来说，他会想：这小孩子有礼貌，尊重我，不错。他也犯不上四面楚歌，四面树敌，对于这种孩子，他自然会更宽容一点。

3. 多点请求，早点说"对不起"

家长要教导孩子做事的时候多请求，比如，"哥哥，我可不可以坐在这"，"同学，我能不能关上窗户"，这种做法给予对方足够的尊重，能有效避免误解和冲突。如果孩子侵犯到别人的利益，或让人不舒服了，要赶快道歉，"对不起，哥哥"，"对不起，同学"，在冲突之前，孩子先降低自己的身段，"伸手不打笑脸人"，告诉孩子校霸看到你赔着笑脸认错了，他很可能就不忍心，也不好意思再动手欺负你了，他会想"算了，对方既然这样了，这事就算过去了"。

4. 少点炫耀和卖弄

有些家长平时喜欢吹牛、说大话，显示自己有钱有身份，去参加同学会，他不开自己家的捷达，借一辆豪车去；去开家长会，他不开家里的桑塔纳，要开单位的奥迪去。孩子看在眼里，有样学样，"我知道了，在人家面前得卖弄一点，炫耀一点"，于是，他们在学校炫耀好手机，好的电子玩具，好的 VR，这样的孩子一定会被校霸盯上，为什么呢？因为他们的做法招人嫉妒，校霸会说："你这么得瑟，我不欺负你欺负谁去！"再有就是卖弄，孩子想方设法让所有人都注意自己，这样做也离校霸没多远了。所以，家长要规范孩子的行为，孩子有了良好的文明行为规范，就能降低受欺凌的几率。

交通法规告诉我们，红灯停绿灯行，过马路走人行道，遵守这个规则，发生交通事故的几率会大大降低。同样道理，如果孩子能够遵守日常行为规范，受欺凌的几率也会大大降低，这是一种最好的自我保护。

帮助孩子结交新朋友

在学校受欺负的、被欺凌的孩子，大多是没有朋友的，比如转学来的学生，有很多劣迹的孩子，学习不好的孩子，老师不喜欢的孩子，不遵守社交规范的孩子。这样的孩子身边没有朋友，最容易被欺负。

有一个孩子在学校里结交了很多朋友，一起打篮球的朋友，一起上下学的朋友，一起学习的朋友，当有校霸想要欺负他的时候，旁边总有人会站出来说："别碰他，这是我哥们儿。"孩子身边有很多朋友，就能免受很多欺负。因此，家长一定要帮孩子多多结交朋友。有朋友的孩子是快乐的、幸福的，他在班级里面左右逢源，老师喜欢，同学喜欢，就连外班同学也很喜欢，谁愿意欺负这样的孩子，谁又敢欺负这样的孩子？

对孩子来说，学习可以不好，其他方面可以不是很优秀，但是一定要有交朋友的能力，亲社会能力是孩子校园生活顺利开展的基础。那么，孩子如何才能交到朋友？

1. 宽容待人

我们身边有这样一类家长，他们对朋友的要求很高，总喜欢挑三拣四，结果，他们身边没有多少朋友，这叫水至清则无鱼。受这类家长的影响，孩子在同学交往中也总是追求完美，嫌人黑、嫌人瘦、嫌人高、嫌人矮，这样的孩子是很难交到朋友的。家长要以身作则，引导孩子宽容待人，要能够和各种各样的孩子打交道，每个人都有弱点，弱点正是他的特点，我们要学会接受每个人保持其个性，多一点对别人的宽容，这样自然能够交到更多的朋友。

2. 学会分享

孩子们可以分享什么？比如说好看的小人书，拿过来给大家看；爸爸妈妈出差带来的好吃的，拿到班上分给大家，不是光给校霸吃，不是光给朋友吃，而是说"同学们，今天我带了好吃的，特别想跟大家分享，来，一人一块"。

美国微软公司董事长比尔·盖茨曾说："每天清晨当我醒来，我便思索着如何与他人分享我的快乐，因为那会使我更快乐。"比尔·盖茨是这样说的，更是这样做的，他把自己的研究成果贡献给社会，甚至把自己的财富拿出来做慈善。同时，他也得到了世人的尊敬。分享是一座天平，你给予他人多少，他人便回报你多少。相反，如果你是一个自私的人，那么你就永远也不会得到真正的快乐，永远交不到知心的朋友！

3. 乐于助人

伊朗电影《何处是我朋友的家》讲的就是一个帮助同学的故事：小学生木汗德屡次没有把作业写在作业本上，老师威胁道：如果再犯，就被开除。可是当天放学后，阿穆得却发现自己不小心把同桌木汗德的作业本带回了家。想起老师的恐吓，阿穆得决定马上归还本子。在大人都拒绝帮忙的情况下，阿穆得只好独自踏上了艰苦漫长的寻找之路。他带着作业本经历千辛万苦，终于找到了同学的家，却最终没有找到人。孩子只好带着作业本回家，替朋友做了作业。次日，老师检查作业，阿穆得及时把写好作业的本子交上。由此化解了迫在眉睫的惩罚，两个孩子也结下了深厚的友谊。这部电影在国际电影界引发了广泛关注，外界评论，孩子的纯真，过滤着每一位观众的心。这个故事也为孩子之间的交往指了一条明路。

在人际交往中，互帮互助是拉近两个人关系的最佳途径。不管是熟人，还是陌生人，我们都应该伸出援助之手，在帮助别人的同时，得到的无形报酬会让我们受益终身。

我们不光要帮助别人，还要学会求助于别人，适当向别人寻求帮助，可以让他人认识到他的重要性。在你认可他的同时，他也会对你产生信任，你也就会得到更多的机遇和资源。

帮助孩子培养兴趣和专长

除了在上学升学上能获得好处外，培养孩子的兴趣专长还有两个好处：
第一，孩子可以在同学面前有更多的话语权。
假如一个班级里大部分同学都在玩一个游戏，而自己的孩子不会玩，别人说什么他听不懂，孩子很可能就会被当成局外人，被边缘化。如果他想融入集体而又不想玩那个游戏的话，他可以做的就是拆东墙补西墙，发展自己独特的业余爱好和特长，让自己成为这方面的"老大"，在班级和朋友圈里有更多的话语权、更大的自信心和控制力。

第二，孩子可以借兴趣和专长认识更多的朋友。

一个班的同学大概就是三四十人。如果我爱好篮球，那我就有可能跟学校的篮球队接触，我就多了一个四五十人的圈子。如果我喜欢唱歌，我加入了学校的合唱团，我就多了一个五六十人的圈子；如果我进一步加入了当地少年宫的合唱团，我就又多了七八十个朋友。有了兴趣和专长，孩子的朋友圈更大了，覆盖的范围更广了。

前面我们讲了，交朋友能预防被欺凌，而有共同兴趣和爱好的人最容易成为朋友。通常人们喜欢和自己相似的人。这种孩子比没有兴趣特长，只在校园里跟同班同学建立了关系的孩子占优势。

孩子通过兴趣和专长，可以学到很多交朋友的方法，这是一种很自然的技巧，所以家长要鼓励孩子广泛发展自己的兴趣和专长，千万别那么功利，只为了升学。

读得懂孩子的情绪阴雨表

校园欺凌一般有着持续时间长的特征，当孩子一开始被欺负时，家长能早点发现，也就能早一点干预，以避免带给孩子不可挽回的伤害。要想及早发现孩子受欺凌，家长就需要读懂孩子的情绪。

孩子放学回家后，家长先仔细观察他的脸，然后说："今天你好像挺兴奋的。"这个时候孩子就有可能告诉你：今天我们篮球赛赢了，今天我考了个第一，今天我作文被老师当范文了……特别自然地就把他的话引出来了。或者，孩子脸色不好，家长可以说："你今天好像挺难过的，有什么事情让你不舒服了?"如果孩子被欺凌了,家长这样问,孩子很可能眼泪就出来了或者眼圈就红了,然后就很自然地告诉你发生了什么。

家长这么做,孩子会觉得你懂他,当一个人觉得有人懂自己的时候,他的话匣子就打开了。否则的话,可能等孩子的脑袋被打破了,你才发现原来孩子被欺负了。

家长关注孩子的情绪除了能及早发现孩子受欺凌的真相外,还能让孩子学会读懂自己的情绪。无法认识情绪,就无法宣泄情绪,负面情绪的累积就会对孩子的心理健康造成负面的影响。

孩子天生没有识别情绪的能力,这就需要家长的帮忙,"这是红色,这是蓝色,这是黑色,这是白色",家长要像教孩子认识颜色一样去识别自己的情绪,你现在是悲伤,是委屈,是愤怒,是恐惧。

孩子学会了识别情绪,才会管理自己的情绪,当他伤心时,他会告诉周围的人:"我今天心情不好,说话可能有点冲,大家多多体谅。"这就减少了人际交往中的误解。当他愤怒时,他会深呼吸三下,将攻击性的话语咽下去,这就防止了一次冲突的发生。

另外,家长要想教导孩子管理情绪,首先自己要懂得管理情绪。上班受了委屈,回到家,家长拉着脸,对孩子和家人颐指气使,一副"老子今天不高兴,你得小心着点儿"的姿态,这种生活中常见的场景是典型的反面教材。父母要重视孩子的情绪得先从自己开始,要先读懂自己的情绪,然后合理地表达自己的情绪,最后才能真正看懂孩子的情绪,才能真正帮助他。

给孩子全方位的安全感

缺乏安全感的孩子会表现得多疑、忧虑、脾气暴躁、恐惧、退缩、反叛,他们在学校往往没有好伙伴、好朋友,还有可能是老师、家长最头疼的孩子,这样的孩子极易发展成欺凌者和被欺凌者。有安全感的孩子会表现得勇敢、自信、独立、快乐，他们能处理好人际关系，受到老师和同学的欢迎。因此，避免孩子被欺凌，家长给予孩子全方位的安全感是一种有效的途径。

人们的安全感从刚来到这个世界上就已经开始建立，而孩子的安全感最重要的来源就是家长，家长对待他的态度以及家长自身的安全感状态会对孩子产生重要影响。要想给予孩子足够的安全感，家长在家庭生活中要做到：

1. 创设温馨的家庭环境

如果家庭环境是愉悦、温暖和充满爱的，孩子自然就有强烈的安全感；相反，孩子如果身处吵闹、痛苦、缺少爱的家庭，就会缺乏安全感。因此，家长要有意识地为孩子创设温馨宽松的环境，家人之间要尽量避免在孩子面前起争执和冲突，在教育子女时，家长要尽可能保持思想一致，行动一致。

2. 无论如何不要对孩子说谎

有些家长觉得孩子好糊弄，经常敷衍孩子，随意许诺又不兑现；有些家长觉得孩子的认知有限，说一些善意的谎言是对孩子的关爱。这些做法都会在孩子的心里埋下不信任的种子，因此，家长在生活中尽量不要对孩子撒谎，说到就要做到。

3. 不过分责备和惩罚孩子

孩子做错事或者遇到挫折，已经感到很难过了，这时如果家长不肯就事论事，反而不断对孩子进行指责和唠叨，就会让孩子内心产生强烈的孤独感和失落感。家长应以欣赏、鼓励、支持的态度面对孩子，接纳他们的感受，全神贯注地去聆听孩子，并积极帮助孩子分析问题、寻找解决办法。

4. 让孩子自己完成自己的事情

平时力所能及的事情要多鼓励孩子自己完成，这既能培养孩子的动手能力，也增加了孩子的自信心。让孩子明白自己的能力，是一种消除孩子不安全感的有效手段。不要害怕孩子会遇到挫折，孩子经历各种问题带来的挣扎，才能在错误中得到成长，才能培养起抗挫折能力。

5. 让孩子在稳定的环境中成长

孩子的安全感与稳定的成长环境紧密相关，它包括照顾者的相对固定、社会环境的相对稳定等。

当家庭发生重大变故的时候，比如说爷爷奶奶去世了，父母离婚了，孩子的自信心、情绪、行为都会受到很大影响，这时孩子很没有安全感，很容易遭到校园欺凌。这个时候，父母不要只忙于自己的事情，不要只顾及自己的情绪感受，要及时给孩子情绪上的安慰、倾听他的感受，要耐心地陪伴、关照他。

当孩子因为父母的工作调动转学的时候，也是最容易遭受校园欺凌的时候，他面临着文化的差异、口音的差异、学校教材的差异，孩子没有朋友，遭受着周边对陌生人的排斥。这个时候，父母一定要好好陪伴孩子，这个陪伴不仅仅是在一起，还要问孩子，"学校的情况怎么样，交没交到朋友"。

家长可以隔三差五地给老师打个电话，还可以在家里开个party，请周围的同学、邻居过来，让孩子迅速地跟周围的孩子建立一种联系。家长还可以让孩子带一些家乡的特产送给老师和同学。总之，家长一定要帮着孩子建立安全感，帮他度过这个变故期。

养成和孩子平等沟通的习惯

京东创始人刘强东和女儿并排趴在地上玩耍的照片曾经引发广泛关注，女儿要学习爬，老爸就跟着女儿的脚步趴在地上，屁股扭来扭去。我们从中可以看出，刘强东在子女教育上的平等观念。

我们前面说过，最早的欺凌发生在家里面，真正制造受欺凌者和欺凌者的是父母，造成这个结果的一个重要原因就是我们不平等，欺凌就是不平等，权利的不平等，力量的不平等，情绪的不平等。如果我们在家里坚持"我是强者，你是弱者，你只有服从，你只能照办，你的话不重要，你的感受不重要，你的情绪不重要，你的声音不重要"，那么孩子就是一个可怜的受欺凌者。

创新工场董事长兼首席执行官、《做最好的自己》一书的作者李开复说："家长如果在孩子面前只是一位高高在上的长辈，把孩子作为成人的附属品，孩子就会变得保守、胆小、被动和听话。这种孩子在30年前很受欢迎，但是今天已经过时了，我们今天希望培养的孩子是快乐的、乐观的，是能够信任父母、能够彼此倾诉、能够爱自己也能爱别人的人。所以，我做爸爸的总是告诉自己要放下架子，像一个朋友一样，拿出时间跟孩子疯玩，让孩子有话都跟我说。"

家长以平等的姿态对待孩子，一方面能培养出自信自尊的孩子，另一方面能激发起孩子独立思考的积极性，让他的不良情绪得到宣泄，同时也为他远离校园欺凌提供了非常好的家庭支持，有利于他形成良好的个性。

平等，意味着家长要尊重自己的孩子，把他当成一个同等的生命个体，不能张口就骂、伸手就打；意味着家长要听取孩子的意见，给他畅所欲言的机会；意味着他是家庭一份子，有权利参与家庭日常活动。平等的沟通，家长就要关注孩子的情绪、关注孩子的感受，告诉孩子他的意见是有意义的。

平等并不意味着孩子可以任意妄为，家长该有的权利和威严还是要有，只是要尊重孩子，把他放到平等的位置上来，认真听取他的意见，理解他的诉求。俗话说"敬人者，人恒敬之"。孩子也是这样，你尊重他，他才尊重你，尊重自己。

Part3 欺凌者父母篇

第 16 章

父母如何预防孩子欺凌别人？

讲到校园欺凌，大家大多关注的是受欺凌者的父母。其实，欺凌者父母更应该得到关注，因为他们在解决校园欺凌事件中起着非常重要的作用。

护犊子 or 严惩孩子？

有一个受欺凌者就一定有一个欺凌者，有一个欺凌者就一定有一双不合格的父母。要知道，父母是孩子的第一任老师，父母的言行对孩子人格的养成具有直接的影响。另外，未成年人特有的模仿性和与生俱来对父母的依赖性，决定了父母的教导对孩子的习惯养成具有权威性的示范作用。杜绝校园欺凌，欺凌者父母必须行动起来。

当自己的孩子是欺凌者的时候，欺凌者父母是很不愿意承认的，承认了孩子是欺凌者，就等于给自己的孩子贴上了一个道德标签，就等于承认了自己的孩子是个"暴力孩子"，欺凌者父母的这种心理，我们称之为"护犊子"。

护犊子的欺凌者父母总是站在自己孩子的角度思考问题，他们会找各种正当的理由为孩子开脱，比如，他们会说"我们孩子这是勇敢，这是自信"，或者"我们孩子在主持正义"，或者"我们孩子在进行自我保护，否则的话会受欺负的，以前孩子老受欺负，现在没人敢了"。

欺凌者父母的这种护犊子心理，我们可以理解，可他们不知道的是，他们不能正视孩子欺凌的事实，以父母意见为天的孩子自然也很难正视自己欺凌别人的事实，长此以往，这种做法会对孩子的未来造成灾难性的影响。

对于孩子的欺凌事实，家长一定要干预，但也要把握好尺寸，如果采用以暴制暴的方式，不但不能制止孩子的暴力行为，还会让孩子的暴力行为更加不可遏制。

现实生活中，有些家长知道自己的孩子有欺凌别人的行为时，会想"别人都知道我家孩子这样，太没面子了，太丢人了"，他们会将满肚子的怒火发泄到孩子身上。还有一些家长认为孩子只有狠狠地教训才长记性，只有狠狠打骂才会听话，才会改好。这两类家长都会采取严惩孩子的手段。

前不久网上有一段国外的视频广为传播，视频讲的是一位母亲发现了自己的女儿是个校园欺凌者，她回家后就用推子把女儿的头发给推光了，整个过程中，孩子在地上拼命挣扎，而她却暴力地掐着孩子的脖子。视频让人看得惊心动魄，孩子的心理受到了怎样的冲击，我们可以想象得到。这位母亲严惩孩子欺凌行为的态度值得赞扬，可这种暴力的方式却让我们忍不住担心，承受着这种暴力的孩子会不会以同样暴力的方式对待比她弱小的人？答案是肯定的。

面对孩子的欺凌行为，家长不能护犊子、逃避问题，也不能严惩孩子、以暴制暴，家长到底应该怎么做呢？

父母如何早期介入？

家长应该干预孩子的欺凌行为，越早干预越好，因为随着孩子年龄的增长，他的问题就会越来越严重，就越来越难以改变。

我们常说"3岁看大，7岁看老"，这是有一定科学道理的。1980年，英国伦敦精神病研究所教授卡斯比同伦敦国王学院的精神病学家们进行了一项实验观察。研究者以当地1000名3岁幼儿为研究对象，先是经过一番调查分析，然后将他们分为5种类型：充满自信型、良好适应型、沉默寡言型、自我约束型和坐立不安型。到2003年，这些3岁的孩子都长成了26岁的成人时，卡斯比教授再次与他们进行了面谈，并且对他们的朋友和亲戚进行了走访。这些3岁幼童的言行竟然准确预示了他们成年后的性格。这一实验为"3岁看大"的说法提供了强有力的证据。

卡斯比教授指出，孩子性格形成和能力培养的关键期就在3岁之前，这个阶段的孩子跟随什么样的人，接受什么样的教育，就将形成相应的性格。和其朝夕相处的成人所说的每一句话，所做的每一个动作都可能会深深地烙在他们的心灵深处。

家长早期干预孩子的欺凌行为应该从学龄前就入手。我们说，欺凌是一种学来的行为，这个"学"不仅仅指从别人身上学到的，还在于孩子在一开始出现欺凌行为时，家长的反应是及时制止还是鼓励，是放纵还是欣赏，家长的后一种态度会强化孩子的欺凌行为，导致欺凌不断升级。在这个过程中，家长的反应是孩子建立行为准则的一个重要条件。

学龄前是欺凌行为模式建立和重塑的关键期，家长一定要抓住这个关键期，对孩子的攻击行为及时进行矫正。

哪些行为在学龄前已经是一种欺凌行为了？这里给大家提供一些参考：

第一，故意摔坏玩具。孩子因为自己不高兴或者这个玩具是人家的，拿过来摔碎了，这种恶意的、故意的破坏就是一种欺凌的萌芽。需要注意的是，很多小朋友经常带着好奇心去毁坏玩具，比如，这皮球里面的气怎么进去的？它怎么会跳？一刀扎进去，球就坏了，这种行为因为没有任何恶意，没有任何情绪，是探索，家长应该鼓励，而不是限制。

第二，故意挑衅或者讨厌其他人。这种孩子平时招猫逗狗的，没有任何原因就打别人一巴掌，动不动就看不惯谁，嫌这个身上脏，嫌那个长得丑，这种孩子身上已经有了欺凌的萌芽，家长一定要及时矫正。

第三，缺乏同理心和道德感。所谓同理心，又叫作换位思考、神入、共情，指的是我们能站在对方立场设身处地进行思考的一种方式，即人际交往过程中，能够体会他人的情绪和想法、理解他人的立场和感受，并站在他人的角度思考和处理问题。在我们身边，有的孩子肆意抢夺别人的玩具，看到别人哭了无动于衷，甚至为了让哭的人住嘴，会威胁恐吓甚至暴力制止哭泣的孩子，这就是缺乏同理心的表现。所谓道德感是一个人对自己或他人的动机、言行是否符合社会一定的道德行为准则而产生的一种内心体验。有的孩子故意推倒路上走得慢的老人，挨了批评，不以为耻反以为荣，这就是一种道德感缺乏的表现。

第四，伤害小动物。美国前联邦调查局犯罪心理学家约翰·道格拉斯认为，孩童时代虐待小动物、超过正常年龄尿床、纵火可以并称为"杀人三合一"的基础。孩子对小动物生命的漠视，反映出了他内心的暴力倾向。孩子伤害小动物有两种初衷：一种是孩子把自己对待小动物的方式当作是对小动物好，虽然小动物很难受；另一种是孩子无视小动物的痛苦，把小动物当成发泄的工具，不高兴的时候就踩它一脚，扎它一下。无论出于什么心理，孩子的做法都是无视小动物的生命，无视小动物的情感，他现在能做出伤害、虐待小动物的行为，以后就能做出欺凌同学的行为，家长一定要重视。

第五，攻击他人。很多家长觉得小孩子攻击别人是因为不知道深浅而不予重视，这是大错特错的。孩子在做出打别人、骂别人、抢别人东西等攻击行为的时候，他能体会到一种情感宣泄的快感，家长如果不及时制止，他会认为这种行为是正当的，长大后的暴力欺凌也就自然而然地发生了。

以上这些是在学龄前孩子身上所呈现的欺凌行为的萌芽，家长们一旦在自己的孩子身上发现这些行为，就要小心了，如果置之不理，这些行为只会越演越烈。那么，家长在干预孩子的行为时，应该如何做呢？下面两个相反的例子可能会对家长有所启发。

阳阳到外婆家玩，外婆家院子里有四五个小朋友在一起玩，他们平时每天都玩在一起，面对外来者阳阳有点排斥。有一个小朋友看到阳阳在玩新玩具就走过来，阳阳很警戒，他抱紧玩具："不给你。"小朋友就下手去抢，阳阳妈妈看见了，就鼓励阳阳说："他抢你的，你就抢他的。"阳阳就真的放下自己的玩具去抢这个小朋友手里的玩具，小朋友不撒手，两个人打作一团，这时，阳阳妈妈又出现了，她抱走阳阳说："咱们不跟他玩了。"

这个案例中，阳阳妈妈的做法是出于对自己家孩子的心疼，可我们从中也可以看出，她对自己孩子的攻击行为持赞赏、鼓励的态度，这对孩子的成长是非常不利的。

我们再来看一个相反的例子：

兄弟俩跟着妈妈逛商场，弟弟被一个鬼怪道具吓哭了，哥哥就笑话他："真胆小，你至于吗？"这个时候，妈妈对哥哥说："弟弟不知道那是什么东西，你不要笑话他，你应该让弟弟知道那个东西是假的，一点都不用害怕，你应该去安慰他。"

这个案例中的妈妈对孩子缺乏同理心的做法进行了及时干预和处理，言辞肯定、坚决地指出了孩子行为的偏颇之处，让孩子第一时间意识到了自己的问题，这种做法是非常好的。

家长在干预孩子欺凌行为时，应该遵循以下两个原则：

一是不能漠视。面对孩子的欺凌行为，很多大人觉得小孩子今天打架了明天又和好了，这是很正常的事情，长大了，他自然会发展出正常的人际交往。实际情况是，可能有一些孩子会，甚至可能多数孩子会健康成长，但是一定有一部分孩子需要家长后天去调整、去纠正。

二是及时、严肃、坚定地纠正。当发现孩子有欺凌行为时，家长越早发现、越早处理越好。在处理时，家长一定要注意保持严肃而坚定的态度，不能出现任何模棱两可的言辞，因为一旦你有一点模棱两可，孩子就会将它当作你对他行为的默认，理解成你对他的行为是认可和鼓励的，他的这种攻击行为就会得到强化。

在具体情况下,我们不能等晚上回家吃饭的时候再跟孩子说"今天你跟人打架不应该",这种做法不及时、不正式,而是应该马上跟他说"因为你嫉妒或者无聊去骚扰别人,这是不可以的;因为你自己不高兴你就摔坏玩具,这是不可以的",以坚定的语气告诉他做错了,不能给他找任何的理由。之后,我们可以说"摔东西不对,有没有更好的方法来表达自己的气愤和不高兴?",给他一个引导,"你可以说出来,你可以嚷出来,前提是你不能伤害到别人"。这时,如果孩子还是不冷静,撒泼打滚、哭哭闹闹,那家长要保持不动摇,可以坚定地告诉他:"给你5分钟在这里冷静一下,冷静完了我们俩再谈你的问题。"总之,要让孩子真正认识到自己的错误。

教育孩子远离暴力节目和游戏

美国心理学家班杜拉有个非常著名的实验——波波玩偶实验。他们将一班孩子分成A、B两组,A组实验人员走进房间,在孩子面前拍打、殴打、摔打波波玩偶,然后扬长而去。B组实验人员走进房间,跟孩子们一起愉快地玩玩具,没有出现任何暴力动作,然后离开。随后,A组的全部孩子出现不同程度的模仿实验人员暴力殴打波波玩偶的行为;B组的全部孩子几乎没有出现暴力行为。最后班杜拉得出这样的结论:孩子们通过观察模仿暴力动作学会攻击,日后他们与同伴相处时,更容易出现攻击性行为;没有暴力模仿源的孩子则较少出现攻击行为。

皮亚杰认知发展理论把儿童在4～7岁归为直觉思维阶段,这个年龄段的儿童无法用抽象的概念思考,凭直觉进行判断。儿童在看多了暴力电视镜头后,就会在自己的脑海中形成一定的认知,常常会误以为暴力情况反映的就是社会现实,以为暴力是解决冲突或达到一般手段不易获得的目的的直接方式,将暴力当成问题的唯一解决方式。暴力镜头对儿童极具暗示作用,儿童长期耳濡目染后，比较容易在类似的生活情景中表现出攻击行为。

某地就曾发生了一起典型的因受电视暴力内容影响而引发的惨剧。一个六七岁的小男孩与邻居家的两个小兄弟模仿《喜羊羊与灰太狼》中烤羊肉的游戏，结果，把两个小兄弟绑在树上，点着火，造成了严重烧伤。

越年幼的孩子，越容易把电影电视剧中的场景当成真实发生的事情，更为严重的是，暴力场景会对孩子的行为产生长久的影响，一是孩子学会了攻击，二是孩子对暴力去敏感化。

心理过敏和心理脱敏是心理学上的两个概念，心理过敏指的是由不良刺激物引起的异常反应，它具有病态特性。例如运动员对临场干扰刺激物反应过敏就会产生疼痛、惊慌、饥饿等不适感觉。通过言语暗示信息，让运动员积极投入带有疼痛感的运动项目中去，以降低某些本体感受的痛觉敏度，这就是去敏感化，也就是心理脱敏。正常情况下，人们会对暴力行为有恶心、恐惧等不适感觉，而长期观看暴力影视作品会产生去敏感化的效果。这样的孩子对暴力行为很少会觉得情绪不安，并且更能够容忍真实生活中的暴力。如果暴力行为引不起孩子任何的情感波动，他们就会更容易成为欺凌者。

现实生活中，"电视保姆"是最便宜和最有效的保姆，的确，对于很多妈妈来说，最缺的就是时间了，只有当孩子坐在电视机前，自己才能做点事情。现在，随着电子产品的普及，很多孩子早早就拿到手机，拿到iPad了，很多妈妈表示"这样孩子就不烦我了"。这些家长需要警醒，电视和其他电子产品里面的暴力节目、暴力游戏将带给孩子不可挽回的伤害，万万不可因为偷懒而将孩子置于这种暴力环境中。

孩子就是父母的一面镜子

以前有个广告非常感人，小女孩看到妈妈给奶奶打了盆洗脚水，她马上就给妈妈也打了一盆洗脚水，说："妈妈，洗脚。"父母是孩子的第一任老师，父母的一言一行都深深影响着孩子的品行。

心理学上有个重要的测试方式，叫"投射"。试验的时候会给你一幅图，这幅图非常开放，无主题，甚至有的时候就在纸上滴一滴"墨渍"，任由它成型，成图，然后就直接作为试验材料，看看你是如何解释、解读、表达这幅图形的，再通过你的讲述和表达看出你内心的想法，透析你的性格特征和你最近的情绪状态等。其实孩子往往就是父母的"投射物"，孩子的一言一行、性格特质、兴趣指向、意志特征等直接投射了父母的状貌，所以才有"每个问题孩子的背后都有个问题父母"的说法。换言之，孩子就是父母的一面镜子。

剖析欺凌者的成长历程，我们能发现：大部分欺凌者父母身上有很多潜在的、看不见的，甚至是十分明显的暴力攻击行为。

中国近代著名的教育家蔡元培说过这样一句话："习惯固能成性，朋友亦能染人，然较之家庭，则其感化之力远不及也。"孩子学龄前大部分时间都跟父母生活在一起，进入学校后，孩子在放学后、寒暑假都在家里解决食宿、完成课后作业、进行娱乐活动，具有充足的时间与家庭成员接触，父母的一举一动都会在孩子面前呈现，他们是孩子后天学习的关键对象。

一般来说，有暴力冲突的家庭，这个家庭的孩子也趋向于有暴力行为。父母动作粗鲁，动辄动手动脚，模仿力正强的孩子看见了就自然学会了。这些孩子最明显的表现是他们在婴儿期争抢玩具时冷不防就给对方一拳，跟小朋友发生冲突也倾向于以殴打对方来解决问题，长大后可能就会通过暴力解决跟同事、配偶、子女及外人的矛盾。

要想教育孩子，父母首先要以身作则，为孩子树立一个好的榜样。无论什么时候当大人们出现矛盾时，绝对不要在孩子面前表现出攻击性行为，父母要清楚，你的攻击性行为看似对孩子没有造成任何伤害，其实会带给孩子难以磨灭的心理阴影，最糟糕的是，他们会形成"暴力是解决问题的最直接的方法"的认知。

很多父母很无奈，"我已经很注意在孩子面前不出现任何暴力行为了，可孩子为什么还是会出现欺凌行为呢？"

欺凌行为的背后是一种文化，根源是我们的孩子缺少包容性、缺少同理心、缺少情绪的自我觉察能力，这些东西在父母没有意识到的时候，悄悄地影响着孩子。

前段时间，宁波动物园野生动物伤人事件引起了人们广泛关注，事件主人公是一位父亲，他没有买票，翻墙进入了动物园，被老虎咬死了，这对于一个家庭来说是一出非常惨烈的悲剧，可有一些家长却在指责这位父亲为了逃票活该被咬，自作自受，家长的这些言论如果被孩子听到了，他的同理心自然会受到冲击。

现在社会上的很多人是非常冷漠的，看到有人跳楼，他们会在下面喊"快跳啊"；看到有人摔跟头，他们会哈哈大笑、幸灾乐祸。还有一些人总是高高在上，把自己当成社会精英，歧视弱者、嫌人家穷、嫌人家是外地人。这些都成了孩子欺凌的脚本。

苏联教育家苏霍姆林斯基说："每个瞬间，你看到孩子，也就看到了自己，你教育孩子，也是在教育自己，并检验自己的人格。"当孩子出现了那些欺负人的、贬低人的、起外号的、看不起人的、显示自己有钱的行为时，父母首先就该想想根源在哪里？这些价值观是谁赋予他的？我们不能说根源一定在父母身上，但是父母作为孩子最亲近的人难辞其咎。作为父母，当看到孩子有这些表现的时候，一定要反观自己，"是不是我有这方面的问题，是不是我过去不经意的举动影响到了我的孩子"。

有这样一句话：父母是原件，家庭是复印机，孩子是复印件。如果父母总是乱扔垃圾、随地吐痰、不体谅他人、自私自利，那么孩子想养成好习惯，该有多难！因此，父母一定要以身作则，行为规范文明有礼，如此，孩子才能养成好习惯，拥有好品质才能在这复杂的社会中健康成长。

停止简单粗暴的教养方式

我国的传统教育一直流行孩子就得打骂的说法和做法，正因为如此，有了"不打不成器"、"黄荆条子出好人"、"棍棒之下出孝子"等教育信条。目前，虽然教育界一直推崇"赞赏式"教育，让家长更注重孩子的心理健康，可"虎妈"、"狼爸"、"鹰式教育"等观念仍旧很受追捧。

"三天一顿打，孩子进北大"，这是有"中国狼爸"之称的萧百佑的育儿口号，他的教育理念是：只要孩子的日常品行、学习成绩不符合他的要求，就会进行严厉的体罚。在这种教育理念下，他的四个孩子有三个被北京大学录取。

针对这种暴力的教育方式，先不论它的结果如何，我们先来分析一下为什么这些父母会使用这种暴力的方式。

萧百佑在一次采访中曾透露："我妈打我，一天起码打五顿，我爸打过我一次，因为我读大学，第一个星期就学人家谈恋爱，我爸一个耳光打过来。"很多"虎妈狼爸"本身小的时候，就曾遭受父母这种暴力的对待，这就是传承，这就是后天习得，这就是"虎妈狼爸"使用暴力的根源。在"虎妈狼爸"的观念里，暴力是最简单的方式，也最有效，因为这种方式会让对方害怕，这种思维方式完全符合欺凌的特点：欺凌者在情绪上占优，将错误归因为对方，并且，欺凌者还有力量感，比对方要强大。

在家里，做父母的觉得孩子小、孩子弱，孩子犯了错，我有权利对他实施暴力。到了学校后，孩子就会转变成欺凌者，他会觉得那些比我弱小的，不听我话的，我看不顺眼的，我就有权利对他实施暴力。以粗暴方式教养孩子的家庭，暴力成了最简单最快速的处理异议的方式，孩子从父母那里传承的不仅仅是一种行为，更是行为背后的对错判断。

在外人眼里，"虎妈狼爸"们战绩辉煌，但鞋是否合适，只有脚知道。生活在这样家庭教育阴影下的孩子，他们内心的疾苦和情感的创伤，可能不是考上个北大清华就可以云开雾散的，许多人背负着沉重的心理负担苦苦走完了一辈子，他们的创伤被自己的婚姻、配偶和子女分担了……

在粗暴的家庭教养方式下成长的孩子更容易发展为校园欺凌者，这是因为欺凌者的父母从不考虑孩子正常的心理需求，对孩子常常抱有过高的期望，孩子的行为一旦不符合要求，父母就表现出自己的愤怒和不亲切而训诫、威示、惩罚，他们经常对孩子持拒绝、否认、排斥的态度。挫折感、愤怒、不满长期积郁会让孩子出现攻击行为，他们或者攻击父母或者攻击同伴。父母需警醒，不恰当的惩罚不但不能抑制有害的、不良的敌意行为，反而会加速这些孩子攻击、侵犯行为的发展，哪里有压迫，哪里必有反抗，只是方式和对象可能不同而已。

随着社会的不断进步和发展，父母教育孩子的方式需要与时俱进。现在的父母必须明白，每个人都有自尊心，尤其是孩子，自尊心特别强，父母的教育要以保护孩子的自尊心，帮助孩子树立自信心为根本，惩罚和斥责伤害深远，父母在教育孩子时，应该以交流思想、肯定成绩、分析不足、逐步改进为指导，要多给予孩子鼓励，让孩子认识到自己的错误，从过去的"要你改"变成孩子自己说"我要改"，这种教育的效果比棍棒好得多。

溺爱会造就以自我为中心的孩子

父母的溺爱会造就一个以自我为中心的孩子，整个世界就是他，他就是整个世界，这样的孩子是没有办法去同理、共情别人的感受的。另外，这样的孩子认为：一切都是我的，我是最重要的，我想要什么，我就要得到什么，我要星星，你就不能给我月亮。到了学校，到了团队里面，他同样是这样，要什么，大家必须马上满足他的需求，否则他就大哭大闹。

溺爱的教养跟暴力殊途同归，都是培养了欺凌的孩子。

20世纪70年代末，我国开始将计划生育作为一项基本国策，到现在，独生子女成为了社会的绝对主流，独生子女在人格养成方面与传统家庭中的孩子相比具有一定的特殊性，表现出两个唯一：一是在独生子女家庭中，无论是父母所付出代价的接受者,还是给予父母各种回报的提供者,都集中在一个子女身上。二是无论何时何地,无论在什么情况下,子女与父母发生互动的对象始终是独生子女一人。"独生子女"式的社会结构更容易滋生溺爱的家庭教育。在这种环境下长大的孩子,被父母视为掌上明珠,享受着长辈的过分溺爱、层层保护,这种孩子从小养成了唯我独尊的心态,社会认知差,缺乏责任心,特别是家庭条件好的孩子大多自我感觉良好,觉得自己高人一等,不可侵犯,如果有同学冒犯了自己,则一定睚眦必报,痛下狠手。要是再结交一些气味相投的朋友,这种孩子就很可能发展成学校的"小霸王",成为校园欺凌的实施者。

苏联著名教育家马卡连柯曾经说过:"一切都给孩子,牺牲一切,甚至牺牲自己的幸福,这是父母给孩子的最可怕的礼物。"父母给孩子恰当的爱才能使孩子健康成长。在日常生活中,父母应该怎么对待孩子,才能避免孩子以自我为中心呢?

(1)不要一切以孩子为焦点。

父母和祖辈不要把注意力全集中在孩子身上,这样很容易溺爱孩子,父母应有意识地消除孩子在家庭中的优越感,要教育孩子在家庭中把自己放在与他人平等的地位,尊重和关心家庭中的每一个成员。

(2)避免隔代溺爱。

很多父母忙于工作,把孩子交给爷爷奶奶照顾,而爷爷奶奶的教育方式倾向于无条件地满足孩子的一切要求。所以,父母应该和老人沟通好,让他们有尺度地疼爱孩子。

(3)让孩子多参加集体活动。

过度保护、封闭孩子会使孩子失去与他人游戏的机会,也会使孩子失去认识他人价值的机会。在集体活动中,孩子能品尝到成功带来的喜悦,体验到与他人合作的意义,从而走出自我的圈子。

(4)帮助孩子克服心理依赖性。

孩子自我中心过重的一个原因就是从小家长包办代替、过分照顾保护和娇惯迁就。所以家长应该要求孩子从日常小事做起,养成爱劳动的习惯,帮助孩子建立科学合理的生活制度，培养其独立能力。

（5）不要轻易满足孩子的所有要求。

当孩子提出的要求不合理时，不能轻易满足。比如：孩子撒娇要家长再给自己买一个比较贵重的东西，这时候，家长绝不能爽快地答应，要不就坚决不同意并说明理由，要不就反过来跟他提条件，例如一个月内如果孩子能管理好自己的生活，就答应买给他。总之，不管怎样做，目的只有一个：让孩子学会为延迟满足，学会为自己想要的事情付出努力。

第 17 章

处理欺凌问题的 7 个应急步骤

如果自己的孩子正在发生欺凌行为，或者被老师告状了，或者被受欺凌的父母和孩子找上门来了，作为欺凌者的父母，应该怎么办？

很多父母看到自己的孩子在众目睽睽之下犯错误了，觉得很丢脸，就气不打一处来，二话不说直接给自己的孩子一巴掌。这种做法不是教育，那叫自私。因为打孩子是为了发泄自己的情绪，是给旁观者看的，而丝毫没有考虑过孩子的感受。当这样的事情正在发生的时候，父母不妨参考下面的应急处理方法，按照这 7 个步骤，问题就可以得到暂时的解决并能保证把伤害降到最低。

直面问题，耐心倾听

《地球上的小星星》是印度一部著名的家庭教育电影，里面有一个情节让人印象深刻：一天，小伊布在看几个大孩子踢球，球滚到他脚边上来了，他就好心地把球捡起来，想把它扔回去。可是因为小伊布的眼睛有问题，他看东西是歪的，于是，他一使劲就把球扔到墙外面去了。他原本想办一件好事，结果办成了坏事，他自己觉得很尴尬，可是那些打球的大孩子们却认为他是在故意添乱，就过来拿手杵他，小伊布也不是善茬，在推来搡去下，他们就打成了一团。结果，小伊布自己吃了不少亏，把对方也打了个鼻青脸肿。回到家时他发现，挨打孩子的家长带着被他打的大哥哥到家里告状，小伊布心想是他先打我，我又不是故意的，就表现得很理直气壮。不料，小伊布的爸爸二话不说上来就是一巴掌，把他扇了一个跟头。小伊布满肚子的委屈没地儿诉说。

小伊布父亲的做法很有代表性，这种做法最大的错误不在于父母有没有打孩子，而在于父母没让孩子把想说的话说出来。父母不去了解真正的缘由就责怪孩子，不让孩子把事情说完就打断孩子，这种做法会造成亲子沟通问题，会激化孩子对父母的逆反心理，很可能父母越是说"不许打架"，孩子越是要打架给父母看。

在日常生活中，当孩子想跟你沟通的时候，当他想跟你表达他愤怒、不满的时候，家长要停下手中的一切事务：你的工作、你的电视、你的手机，甚至你正在吃饭。孩子的问题有时候就是这样，当他想跟你说的时候，一定要及时倾听，否则，你想听的时候也许他却不说了。比如，孩子放学回来，或者在外面出了什么事情的时候，他往往渴望父母在这个时候能够听他说一说发生了什么事。当你的孩子欺负完别人的时候，他自己或许有很多话想说。

当孩子的欺凌行为发生时，父母不要急着训斥孩子，而是蹲下来，与孩子平视，以冷静的口吻问孩子："告诉我发生了什么？"我们不能只听被欺凌者或者其他告状者的一面之词，而不倾听自己孩子的心声。只听片面之词，肯定不能了解事情的全部。

家长让孩子把想说的话说出来，我们才能全面了解孩子的想法和行为，不至于发表不恰当的言论，做错误的决定。这种不倾听孩子的声音就做决定的父母，会让孩子觉得父母武断，或者觉得父母不关注和尊重自己。

无论孩子是否做错，父母要耐心倾听孩子说话，这能让孩子感受到尊重和鼓励，更愿意说出自己的感受。在教育孩子时，倾听能让家长了解孩子的真正想法，察觉孩子的心理变化，能最大限度地避免误会，能缓解亲子之间的紧张关系，能让教育更有效率，更加有的放矢。

在倾听孩子说话时，父母要注意：

第一，尽可能和孩子一样高，与孩子平视。父母站着面对孩子的时候，与孩子的距离不仅是身高上的几十厘米，还是一代人与一代人之间的距离，是一颗心与一颗心的距离。父母能弯下腰倾听，对孩子来说是一种爱护，是一种关心与理解，能营造出民主、和谐的亲子关系，这种关系在亲子教育中是最难能可贵的。

第二，关注孩子倾诉时的情绪。父母在倾听孩子说话时，不仅要听说话的内容，还要留意语言背后的非语言信息，比如面部表情、语调、姿势等等，进而感知孩子的情绪。父母能做到设身处地地为孩子着想，那与孩子的沟通就少了很多的阻碍。

立即警告，绝不姑息纵容

在了解了孩子欺凌事件的原委后，不管事情是怎么发生的，既然已经发生了，你的孩子已经伤害到了别人，你的孩子是欺凌者或者参与了欺凌行为，家长必须立即警告："孩子，我告诉你，我们绝不允许欺凌行为的发生。"家长要以明确的态度告诉孩子这种行为是不被允许的，即使他不是真正的欺凌者，他只是旁观者、参与者，即使他有看似正当的理由，比如"他们之前总是欺负我，我是反击""我只是跟他开玩笑，没想到后果会这么严重"……家长都要郑重地对孩子的行为进行否定。

当孩子出现欺凌行为时，家长万万不可有丝毫的纵容，"孩子还小，长大了就好了"，"孩子没深没浅，本意不是坏的"……当家长为孩子找出开脱的理由时，也对孩子的错误行为进行了正强化，长此以往，受伤的还是孩子。学生时期的轻微暴力行为，家长或许可以通过道歉或拿钱来"摆平"，等孩子长大后闹出人命的时候，家长就只有哭的份儿了。

大错误都是无数的小错误积累而成的。家长在教育孩子的时候，不能对孩子的小错视而不见，也不能放纵孩子的任何错误。孩子年龄小，他的是非观念非常模糊，家长有责任也有义务更有必要让孩子明白什么是对，什么是错，告诉孩子犯了错千万不能给自己找借口，要勇于为自己的错误承担责任。

需要强调的是，有些家长为了教育孩子不许打架，就会对孩子说："不管是人家打你，还是你打别人，回来我都要揍你一顿。"这样警告孩子的人不在少数，家长们的出发点是好的，可这种做法实在是有失偏颇。对孩子来说，我打人家你打我一顿我能接受，人家打我，你回来再打我一顿，这就太冤枉了。这导致孩子不管什么事都不再跟家长说了。因此，家长在警告孩子的时候，一定要分清青红皂白，千万不要泼脏水把自家孩子也泼出去了。

在警告孩子的时候，家长要注意表达方式，不要让孩子把你的警告当成"耳旁风"：

首先，家长口气要坚决，没有丝毫的商量余地。如果态度不够坚决，正在犯错的孩子会理解成：这件事没什么大不了。

其次，家长要就事论事，主题明确。家长东拉西扯一大堆，说孩子这不好，那不对，最后孩子会不明白他到底哪里做得不对。

再次，家长还要注意不要无休止地唠叨。说一次两次，孩子会感受到事件的严肃程度，如果重复的次数太多了，孩子对自己错误行为的认知反而会淡化。

最后，在警告孩子的时候，家长注意口气要强硬，心态要温和。所谓心态温和是指家长不能带着冲动、怨恨的情绪，在这种情绪下，家长就容易不理智，可能弄得孩子一头雾水。所谓口气强硬是指批评的语气要干净利落、直截了当。

家长要明白，警告孩子的目的是为了不让孩子再重复同样的行为。主题不明确，态度又不坚决，孩子下次必定还会"不长记性"，因为家长没有正确地告诉孩子，应该长什么记性。另外，认错需要一定的勇气，有的孩子一下子不敢认错，可能是害怕承担后果，父母应该给孩子安全感，告诉孩子每个人都有犯错误的时候，只要改了就是好孩子，避免孩子产生畏惧感。

爱孩子，是家长的天性，这份爱不仅要包含理智与宽容，更应松弛有度。家长真正爱孩子，就要给孩子在"可以"和"不可以"之间划一条清楚的界线，使他们的行为有章可循。对于孩子的错误行为，家长一定要及时制止，绝不能手软，更不能把宽容演变成纵容。

理性描述，让孩子知道后果

孩子们为什么会犯错？原因有很多，或者是因为孩子的生活经验不足；或者是因为孩子对后果认识不足，有的时候，孩子虽然知道这么做不对，但是却不能很好地控制自己的行为；还有可能是因为孩子对社会规范不够了解。针对孩子的这些特性，家长应该如何做呢？

美国情景喜剧《成长的烦恼》中有这样一个情节：

有一次，小 Ben 在冰球队训练的时候，教练的儿子老是故意绊倒他，教练还很偏袒自己的孩子，Ben 很生气，于是找爸爸诉苦，要爸爸把他们打一顿！

Ben 说：只要把教练打断手脚、打肿嘴唇，就不能再当教练了！爸爸说：万一教练坐着电动轮椅端着枪，找上门来，怎么办？Ben 回答：我们可以弄一挺机枪，将教练干掉！爸爸说：你赢了，你回家了，可没想到教练的太太拿着机枪干掉了妈妈和姐姐……Ben 说：那太糟糕了，那爸爸一定要买一辆坦克，把他们全家都扫平！爸爸说：好的，我坐上坦克冲到他们家，可是没想到，他家门口埋了地雷，"砰"，我也没了，怎么办？Ben 说：太可怕了，现在只剩我和哥哥了……爸爸摇摇头：不不不，当你刷牙的时候，教练的侄子已经偷偷把你哥哥干掉了！Ben 陷入了沉思：这下，只剩我一个人了……爸爸借势说：你看可怕吗？前几天你还拥有一个完整的家庭，可是现在全没了，你觉得这样值吗？

在这段对话中，父亲使用了后果推演的方法让 Ben 意识到靠打架来反击并不能解决问题，如果有可能，应该用别的更好的方法！

坚定地警告了孩子之后，父母应该理性地描述后果给孩子听，比如，"如果你这样下去，你欺负人的行为一旦升级，对方父母会介入，你可能被处分，你可能上不了学"。

说到孩子，人们经常会说不知道天高地厚，的确，孩子就是孩子，他没有很强的逻辑性，他所做的一切只看眼前和当下，不会去想这件事情跟我未来有什么关系，跟我明天有什么关系，很多时候，一时性急，马上就要动手。此时，家长结合自己的经历向孩子描述可能的后果，告诉孩子今天你这样做可能会发生什么。让孩子知道，欺凌行为的后果很可能是他承担不起的，这比简单的吓唬和呵斥要有效。

"你知道这件事情造成的影响吗？"家长可以尝试询问孩子这个问题，引导孩子站在自己的角度和受害者的角度全方位地了解自己的行为对自己和他人造成的伤害。家长要让孩子意识到，欺凌别人的结果是：给别人带去了伤害，要承担治疗甚至赔偿费用，要受到学校老师的严肃批评教育，可能会被学校开除，无法继续完成学业。他的行为很难获得社会（主要是学校和家庭）的认可。那些常在中小学打架，特别是加入到暴力帮派的学生，很多最终都走上了犯罪道路。而他的欺凌带给受害者的伤害有：带来肉体损伤甚至残疾；易造成性格懦弱、自卑、缺乏信心和勇气；造成心理阴影和伤害；厌学甚至辍学。

在这个过程中，家长要让孩子明白，把自己的快乐建立在别人的痛苦之上是不道德的，一个真正内心强大的人是不会欺负比他弱小的人的，家人、老师、同学都喜欢扶助弱小者而不喜欢恃强凌弱者，以此引导他做一个好孩子。

放低身段，去感受孩子的情绪

据调查统计，有欺凌行为的孩子在日常生活中，大多有以下几种行为特征：

（1）总要在同龄人中当"老大"，很强的支配或征服别人的欲望，不能容忍自己的权力和权威被侵犯；

（2）喜欢吹嘘自己的优势，尽管有些优势可能是想象出来的；

（3）脾气暴躁，易发怒，情绪冲动，有很低的挫折容忍力，行为很难符合规则，很难容忍逆境；

（4）时常说谎；

（5）叛逆，对人常表现出不尊重，对人有攻击性行为，包括对老师和家长；

（6）接触到了不好的朋友，融入了"错误的群体"。

除了最后一条外，支配欲、自我感觉良好、愤怒、说谎、叛逆，都跟情绪情感相关。

现代人本心理学的先驱克尔凯郭尔认为，人是由身体、理智、情感意志三者组成的完整统一体，一般我们只关注了人类共同的身体和理智，而忽略了每个人独特的内在情感体验，可正是这些痛苦、热情、恐惧、愤怒、模棱两可的情绪状态才造就了真实的个体。

很多校园欺凌案例都表明人在攻击行为发生时起决定作用的不是理智和知识，而是情感。也就是说，人在很大程度上是一种情感的存在，情绪本身就是一种动机，情绪的激活就会激发相应的动机系统，会直接导致行为的发生。

很多攻击行为不是认知加工偏离的结果，而是情绪加工偏离的结果，情绪反应的特征在很大程度上决定了攻击行为发生的概率。目前的研究认为，愤怒和共情两种情绪体验与青少年的攻击行为息息相关。

父母应放低身段，去感受孩子的情绪。如果你忽视孩子的情绪而不去处理的话，一方面，父母无法真正抓住孩子内心的想法；另一方面，父母只对孩子的行为，而没对他内在的情绪、内心的感受给予疏导，他内心仍然是不满的，仍然是愤怒的，仍然是挫折的，事情过后，他可能仍然会采取实施欺凌这种出气的方式来解决自己的内在情绪问题。

在现实生活中，很多欺凌者是受到严重挫折的孩子，学习上受挫折，不受老师喜欢，经常被同学骂来骂去，甚至还有一些人不得已加入某个团体。无论什么情况，孩子都会累积很多的负面情绪。

当孩子发生欺凌行为时，父母不要纠结于他是否真的在欺负别人，不要追究他有没有占便宜。这种孩子一定有他自己内在的情绪表达，父母要做的就是感受他的情绪，比如他的愤怒、他的不满、他的趾高气扬、他的自我中心，都要去细心感受。

很多有欺凌行为的孩子大多有情绪失调的问题，他们易冲动，控制能力差，情绪调节能力存在缺陷，家长要帮助他们调节情绪，减少和消除他们的不良情绪，发展他们的社会适应性行为，抑制冲动行为。

不要体罚，避免恶性循环

了解清楚了事情的原委，感受到了孩子的情绪，接下来就是教育孩子。很多家长为了给受欺负的孩子及家长一个说法，也让自家孩子长长教训，最惯用的做法是暴力体罚孩子。这种做法需要绝对杜绝。

前面我们也分析过，体罚会强化孩子的负面情绪和攻击行为。哪些孩子容易欺负别人，成为欺凌者？正是那些在家里面经常遭受暴力体罚的，经常被父母打骂的孩子，他们从父母那学会了这样一种快速舒缓自己情绪的方式。当孩子有欺凌行为时，父母一个巴掌拍过去，无形当中，又给了孩子一个非常反面的、不正确的示范。退一步讲，孩子或许会因为害怕惩罚而停止自己的暴力行为，可是他极有可能会利用别的办法来满足内心深处对"报仇"的渴望，将暴力转化为别的更加隐蔽的行为。

很多父母的口头禅是"孩子不听话？打一顿就好！"，可现实是提倡暴力教育的家庭，往往要经常使用暴力，孩子并没有像他们所说的"打一顿就好"，而是进入了"三天不打上房揭瓦"的无休止循环中。

美国人类学家乔纳森·弗里德曼曾做过一项实验：他们给在不同房间的 A、B 两组孩子提供了看着很好玩的机器人，实验人员以暴力的言词严厉威胁 A 组的孩子"不许玩"，对 B 组的孩子则是"温柔地告诫"，两种方式都有效地阻止了孩子玩机器人。几周后，一位陌生的实验者进入了房间，他们让孩子们尽情地玩那个机器人，曾经被严厉威胁的 A 组孩子有 3/4 很快就开始玩了，而 B 组到最后仍旧有 2/3 的孩子拒绝玩。这个实验表明，温柔告诫比暴力威胁更有效。

父母以暴力或威胁恐吓的手段教育孩子，孩子被迫改变行为，可他内心并没有接受这种改变，新的行为方式也就不会内化成为孩子的意识，孩子便会出现屡教不改的情况。在他们的观念里，父母不暴力强迫自己，自己便可以由着性子来。而那些接受温柔教育的孩子，他们在父母温柔和耐心的开导中，往往能理性地思考父母的劝告，当他们内心接受父母的劝告后，会有意识地做出合适的行为，这种行为将会保持一致性，不会轻易改变。

暴力体罚会陷入恶性循环，而温柔告诫才能起到真正的教育目的，父母一定要端正对孩子的态度，以爱心和耐心感化孩子，让亲子关系进入良性循环中，让麻烦越来越少，快乐越来越多。

配合老师，做好善后处理

在企业经营中有一个危机应对 24 小时法则，它指的是在危机发生后，企业要在 24 小时内做出应对，不然，就会造成信息真空，让各种误会和猜测产生，尤其现在是网络时代，信息在短短几秒内就可以扩散到全球各个角落，如果不做出及时应对，只能是被动挨打。

同样道理，在处理孩子的欺凌事件时，立即性原则从始至终都很重要，要知道，受欺凌者如果能够第一时间听到欺凌他的人的道歉，这对于他整个身心的调整和安抚有巨大的作用。另外，欺凌者第一时间给出一个明确的道歉态度，也能有效安抚受欺凌者家属的情绪，如此，大家才有机会静下心来协商解决。

要想及时进行处理，欺凌者家长最好的方式就是与老师合作，有的家长会说："为什么我们不能直接去跟对方家长见面呢？"我们不建议、也不鼓励这么做，因为受欺凌者的家长在知道自己孩子受欺凌的时候，肯定会很气愤，如果欺凌者家长直接去面对的话，可能会承受很大的压力，很容易让事情恶化。此外，在欺凌事件中，双方可能涉及法律纠纷，资金、精神的补偿，这些东西显然不是当事双方能直接解决的。在校园欺凌事件中，学校应该发挥重要的协调作用。

在欺凌事件发生后，欺凌者家长应第一时间做好两件事：第一，带着孩子跟老师一起到受欺凌者的家里去，向孩子表示歉意。在实际生活中，家长可以做得更人性化一点，比如，带一些水果和点心表示慰问。如果对方孩子受了轻微伤害，受欺凌者家长可以陪着对方到医院去做个检查。总之，欺凌者家长一定要拿出明确的态度，你的孩子给人家造成了伤害，你就要承担后果，孩子犯错，家长作为监护人，是要承担最大的责任的。

第二，接下来，欺凌者家长通过老师这个重要的中间人，和对方去协商怎么处理，怎样向对方道歉，怎样弥补给对方造成的损失，包括经济上的和精神上的。在后续处理的过程中，欺凌者家长不能大包大揽，而是全程让孩子参与其中，让孩子亲身体验他的行为带来的后果，这对孩子是一次难得的教育机会。这样做，孩子才会有更深的感触，才会印象深刻。

抓住关键，解决孩子适应不良的问题

家长要清楚，欺凌事件背后很可能是孩子的情绪、人际交往出现了一些问题，为了避免欺凌事件再次发生，家长需要帮助孩子解决适应不良的问题。

心理学研究表明，同伴群体关系会对校园欺凌行为产生重要影响。校园欺凌者群体常因学业失败走到一起，大家一起逃课、逃学、玩网络游戏、打架斗殴。由于行为特征的相近或者空间的接近，青少年同伴互动非常频繁，甚至开始出现拉帮结派现象，那些受拒绝的、经常欺凌他人的青少年学生容易与其他欺凌者结成团伙，从而导致欺凌行为的增加。

家长可以在老师的帮助下分析孩子是否有结交不良朋友的迹象，如果有这种迹象的话，家长就应当及时给予教育和警示。要注意的是，家长在教育孩子时，切忌态度蛮横、语气生硬，以防激起孩子的逆反心理，而是应该耐心说理，要以孩子最容易接受的方式谈话。家长实在无力管教，可以配合学校将孩子送工读学校，由学校严加管教，以防孩子陷入深渊。

有的孩子之所以有欺凌行为是出于一种压力的宣泄，课业、升学压力或者人际交往的压力让他们不堪重负。针对这种情况，家长应与学校联合起来，竭尽所能开导孩子，为他们创造出一个释放压力的出口，比如，让孩子参加打球、跑步、拳击等体育运动，能有效地宣泄压力。家长还要注意及时与孩子谈心，倾听孩子的苦衷并适当安慰，尽可能不要提及孩子感到紧张的话题，尤其不能给孩子施加不必要的压力。

孩子犯了错是否运用惩罚措施呢？正确的做法是，要对孩子进行合理的惩罚。合理的惩罚有助于孩子形成坚强的性格，能培养孩子的责任感，磨炼孩子的意志，增强孩子抗挫折的能力。需要强调的是，这种惩罚首先要排除体罚，合理的惩罚应该以孩子不再犯错为前提，具体实施上，家长可以减少孩子的零用钱，限制孩子的娱乐活动，让孩子做出书面保证等，也可以让孩子自己选择惩罚方式。另外，孩子的心理发育尚未成熟，可塑性强，家长在行为准则上对其规范的同时，也要适当给予肯定和赞美，当孩子逐渐有了克制脾气、放弃暴力等进步时，家长要及时表扬，让孩子真正认识到暴力并不是解决问题的办法。

第 18 章

避免孩子欺凌别人的同理心训练

孩子的欺凌行为跟家庭环境、成长经历、教育方式都有关系，还跟孩子的内在情绪、情感有关，所以孩子的问题不是一次就能解决的，需要一个不断教育、不断影响的过程，最积极和有效的方法仍然是训练——科学的认知训练和行为训练。

共情教育，尝试去理解

欺凌是一种独特的冲突，人类社会很多冲突的根源都在于差异性，语言不同、文化不同、习惯不同，甚至小到动作方式不同、说话的节奏不同、学习成绩不同，这些都会引发冲突。从心理学上来说，凡是和我不一样的，未知的领域，那就意味着不安全，意味着对我的威胁。快的不喜欢慢的，安静的不喜欢躁动的，优异的不喜欢低劣的，很多的欺凌就这样发生了。欺凌者会想：我是最正确的，只有我的东西才是最好的。他们对与自己不同的东西不理解，这成为了欺凌的起源。因此，要避免孩子欺凌别人，一定要从根本的内在着手，首先，我们要做的就是共情教育。

所谓共情，也称为移情、同感、同理心、投情等。共情是由人本主义创始人罗杰斯提出的概念，指的是站在对方的角度来理解对方，就好像感受到对方的情绪体验一样，并用恰当的方式表达出对对方的理解。

　　发展心理学家认为，共情意识可以溯及婴幼儿时期。研究学者发现，不到1岁的宝宝看到其他小朋友跌倒，会眼眶泛泪，然后爬到妈妈怀里寻求慰藉，好像跌倒的是他自己。1岁多的孩子看到玩伴在哭，会拿出自己的毛绒玩具安慰她，如果小伙伴继续哭，她会拉着妈妈去安慰对方，尽管对方的妈妈可能就在身边。2岁大的孩子看到小伙伴的手受伤了，会把手伸进嘴里，看看自己是否也会痛。可随着孩子的长大，受外部环境的影响，孩子的共情意识会慢慢发生改变。

　　共情意识强的孩子，能够从细微信息中觉察到他人的需求，能关心别人、体谅别人，发生误会时替他人着想，主动反省自己的过失，勇于承担责任。共情意识弱的孩子，对别人的痛苦视若无睹，甚至幸灾乐祸，他们总是高高在上，自我感觉良好，这为欺凌行为埋下了隐患。

　　一个具有共情能力的人在看到别人受伤害时，会有心痛的感觉，这不仅会阻止他产生伤害别人的动机，而且会使他及时控制住自己，使事态不至向更糟的方向发展。从这个角度看，共情是一个社会能够和谐发展的重要条件之一。

　　叛逆、捣蛋的孩子情绪是非常敏感的，他们的内心冲突及困惑比其他孩子更强烈，承受的心理冲击更大，所以，他们更需要家长悉心引导。在家庭教育中，欺凌者家长一定要重视共情教育，可以从小就教给孩子们一些这样的观念，比如人是独立的，是平等的，人并不归属于谁，不管你是不是有钱，不管你是什么阶层，你是什么学历，不能因为你有这样的优势就认为别人该听你的，就要服从你，就要为你所利用，每一个人都应该是独立的存在。

尊重每一个人的差异性

　　著名心理学博士唐纳德·克里夫顿在《飞向成功》一书中，讲了这样一个寓言故事：

> 为了像人类一样聪明，森林里的动物们开办了一所学校。学生中有小鸡、小鸭、小鸟、小兔、小山羊、小松鼠等，学校为它们开设了唱歌、跳舞、跑步、爬山和游泳5门课程。第一天上跑步课，小兔兴奋地在体育场上跑了一个来回，并自豪地说：我能做好我天生就喜欢做的事！而看看其他小动物，有噘着嘴的，有沉着脸的。放学后，小兔回到家对妈妈说：这个学校真棒！我太喜欢了。第二天一大早，小兔蹦蹦跳跳地来到学校，上课时老师宣布：今天上游泳课。只见小鸭兴奋地一下跳进了水里，而天生怕水、不会游泳的小兔傻了眼，其他小动物更没了招。接下来，第三天是唱歌课，第四天是爬山课……学校里每一天的课程，小动物们总有喜欢的和不喜欢的。

这个故事强调的是个体的差异性是普遍存在的。

所有的生命都是有差异的，有高有矮，有胖有瘦，有黑有白，有大眼睛有小眼睛，有大鼻子有小鼻子，有大嘴有小嘴。世界上你找不到两片完全相同的叶子，也找不到两个完全相同的人。我们要接受人的这种差异性。

曾经有媒体报道：华裔李先生在洛杉矶工作，有一次，他与一位男同事在公司洗手间前偶遇，出于礼貌打招呼，他拍了一下男同事的肩膀。不料，这一拍却拍出了大麻烦。男同事控告他对其动手动脚"性骚扰"，李先生因此被警方拘押起诉，他倍感冤枉，可又无力反驳。李先生之所以身陷困境正是因为东西方文化、习惯不同，双方对拍肩膀这个简单动作的认知不同。

差异性的存在很容易滋生冲突，理解并和与自己截然不同的人互动，是一件困难的事儿。可为了在社会中立足，我们必须包容这种差异。每个人都有被倾听、被了解、被尊重的权利，再大的差异都不能成为欺凌别人的理由。因此，欺凌者不听对方的解释，张嘴就说"你怎么这么胖"、"你怎么这么笨"，这是非常霸道的，人家就是这样一个情况，你有什么权力提出异议呢！

我们总是跟孩子强调自尊，自尊就是尊重自己的同时，也尊重自己以外的所有生命。所有人都是平等的，人与人之间也是有差异的，接受彼此的不同，彼此尊重，这就叫自尊。如果你只认为你是高贵的，你是正确的，别人都是错误的，这叫自大，这叫自恋，这叫唯我独尊。

尊重别人，不是用嘴巴说，孩子就能领悟到的，很多东西都是无痕的教育、无声的教育。在日常生活中，家长一定要以身作则，做到理解你的妻子（丈夫），理解你的父母（公婆），理解你的兄弟姐妹，孩子就能看到、体悟到。

以别人的角度看问题，设身处地

要让孩子真正地感同身受，去理解，做到共情，有一点很重要，就是要理解对方成长的经历，知道对方为什么这样，不管对方脾气好也好，学习差也罢，当我们了解了一个人过去的经历的时候，我们才能真正理解他和尊重他。

小文在某重点中学读高中，他平时的穿戴给人的感觉就是一个纨绔子弟，家里应该是有钱有势的。后来学校组织了一次家长会，老师了解到小文的妈妈就是在街边卖小吃的，显然小文家里的情况和他表现出来的截然不同。老师就跟小文妈妈讲："你能不能把你的经历讲给孩子们听，讲给我们的家长听？"小文妈妈同意了。一开始，小文特别抵触，他一直在掩饰自己的自卑，掩饰自己的贫困，妈妈的话相当于戳破了他的谎言。后来，妈妈还是在所有家长和同学面前讲述了自己的经历：凌晨2点起床的辛苦，用心做饭的执着，虽然贫困却不屈不挠的信念。妈妈讲完后，小文哭了，他一下意识到自己原来并不理解妈妈，他总觉得他应该拥有更好的生活，总觉得家里欠他的，现在他理解了妈妈。他周围的同学知道了真相后，也才真正理解他，大家非但没有瞧不起他，反而更愿意去帮助他，更愿意做他的朋友了。

每一个人的经历最终会成就自己，等孩子把别人欺负了，再讲同理心的问题，为时已晚。生活即教育，社会即学校，孩子同理心的训练应该在他成长过程中一点点融入进去，随时随地都可以进行。

具体实施上，家长们可以这样做：

在地铁里，你看到一个孩子正被他的妈妈大声训斥，就悄悄地问你的孩子："你觉得要是你，你什么感受？"孩子说："太没面子了，在那么多人面前训斥我，太让我下不来台了。"你可以追问："还有没有其他感受？"孩子说："我一定很伤心、很气愤，这是我亲妈吗？"这就是同理心训练，看别人的事想自己的感情。

大雨天，你跟孩子隔着窗户往下看，有很多人没带雨具，被淋得跟落汤鸡似的，你可以问孩子："你说那些被大雨淋湿了的人什么感受？"孩子可能会说："人家都有雨伞他们没有，衣服还贴在身上，他们一定觉得很冷，也很尴尬。另外，他们一定很着急往家里赶，不然的话，他们肯定找地方避雨了。"这也是一种训练。

你跟孩子在散步，看到一个姐姐在河边上坐着，你就可以问孩子："你觉得她在干吗呢？"孩子会说："也许她在欣赏蓝天、落日，也许她在写诗，也许她很孤独，正在伤心……"孩子可以感受到很多东西。

如果家长能经常这样训练孩子的话，孩子很可能会成长为一个人际交往的高手，一个真正意义上的高情商领袖。

第 19 章

避免孩子欺凌别人的情绪管理训练

"我的孩子怎么会这么做呢！"当知道自己的孩子是欺凌者的时候，很多家长总是难以相信，孩子的这种行为太出乎意料了，跟孩子平时给自己的印象太不一样了。家长之所以会这么想不是想护犊子，而是因为很多欺凌者的攻击行为都是情绪失控的反应，他们很可能一直以来就是校园欺凌的受害者，过多的负面情绪累积到了极限，而以攻击别人的方式表现出来。因此，家长引导孩子做好情绪管理是避免孩子欺凌的一种有效方式。

训练以思考取代直觉的能力

欺凌者的情绪反应通常都非常过激，一个同学从身旁经过，多数人会认为，这是因为道路太窄了；而欺凌者会认为，对方是有敌意的，是来伤害他的，是对他有不良企图的，于是，他会一拳挥过去，欺凌行为就这样发生了。欺凌行为与欺凌者的情绪反应有很大关系，所以，避免孩子欺凌别人，做好孩子的情绪管理训练非常重要。

据生物学家研究发现，人类情绪和逻辑思考力分别由脑边缘系统和脑皮质来管理。具体来讲，脑边缘系统负责管理情绪、注意力和记忆；脑皮质负责管理语言、计算和逻辑分析。脑边缘系统比脑皮质的反应速度快八万倍，所以，情绪总是比理智来得快。

情绪在多数时候是不为我们的意识所控制的直觉反应，所谓"无名火"、"头脑发昏"之类都是如此产生的。我们被情绪控制的最典型的例子是买彩票。任何人进行理性思考都会明白中大奖的概率极低，低到接近于零，但大奖那一连串零所引发的情绪高涨、兴奋却是最直接、最有效的，以至于我们可以忽略科学计算，一往无前地往里砸钱。

欺凌者大多是受害者，他们曾经受过爸爸妈妈或者是同学的伤害，他们有被伤害的记忆，所以他们会把别人当成是蛇。别人一抬手，他们就会紧张、害怕，情绪会第一时间做出反攻击反应。欺凌者要想控制行为，就要掌控情绪，而掌控情绪的方式就是以理性思考取代情绪发泄，用逻辑分析代替直觉判断。

我们要引导孩子在做出反应之前感受一下自己的情绪，而不是直接做出反应。比如，我们可以这样对孩子说："对方碰了你一下，你的感受是什么？"孩子会说："我吓了一跳，我有点儿紧张，有点儿生气。"或者"我感觉无所谓"。我们要通过这种方式引导孩子在遇到事情的时候，先感受再做出行动，而不是给出直接反应，你打我一下，我打你一下，你给我一刀，我给你一棍子。

接着，我们可以引导孩子说出自己的感受，比如，我们可以这样告诉孩子："对方说了一句话使你不高兴，你可以把你的感受告诉对方：你这么说很不好，我不舒服！"我们要告诉孩子，要习惯用话语沟通，而不是用暴力回击。

当孩子习惯用感受情绪、话语沟通的方式处理事情，而不是直接暴力反击的时候，他就能控制自己的情绪了。

心理学上有个著名的"费斯汀格法则"，是由美国社会心理学家费斯汀格提出的：生活中的10%是由发生在你身上的事情组成，而另外的90%则由你对所发生的事情如何反应所决定。换言之，生活中有10%的事情是我们无法掌控的，而另外的90%是我们能掌控的。当我们掌控好情绪的时候，我们就掌控了自己的人生。

训练对欲望的控制能力

当看到同学拿着一部新款的高档手机时,有的人会想:别人有的我必须有,别人没有的我也得有。这就是欲望,当有了这种欲望后,他就会气愤,就会嫉妒,就会有暴力抢夺的行为。

家长可以训练孩子察觉并转移自己的欲望。比如,我们可以告诉孩子:"你想要他那样的手机,但是你从别人手里抢是不对的,你可以跟对方商量,'手机不错,我特别喜欢,我看那个游戏挺好玩的,借我玩玩',或者,你可以跟对方聊聊,'这手机不错,我也想买一部,多少钱?哪里买的?让我看一看里面有什么功能,是不是我喜欢的'。"首先让孩子反思自己抢夺的欲望是不对的,然后引导孩子将抢夺的欲望转化成"借"或"聊",这个时候,孩子自然不会有攻击行为了,最主要的是,通过这种方法,孩子可以把欲望跟社交技巧巧妙地结合在一起,既可以控制情绪,又能处好同伴关系,可谓一举多得。

美国船王哈利在将公司的财政大权交给儿子小哈利之前对他进行了一项考验:让他带着2000美元进赌场,出来的时候不能输光。一开始,小哈利输红了眼,把父亲的话忘了个一干二净,没通过考验。后来,小哈利开始赢,他又把父亲的话忘到脑后,到最后出来的时候又输光了,还是没通过考验。后来,小哈利给自己定了规矩,输赢都控制在10%以内,不管输到10%还是赢到10%,他都会坚决离场。他完全按照这个规定做,不但保住了本钱,而且还赢了几百美元。看到这一幕,哈利激动地将上百亿的公司财政大权交给小哈利,他说:"能够控制情绪和欲望的人就掌控了成功的主动权。"

控制你的情绪,否则它将控制你。我们都有过这样的经历:情绪在逐步强烈、高涨的时候,我们做出了令我们后悔的决定;情绪阻止我们进行思考,情绪促使我们的行为混乱而难以控制。当我们能控制住自己的欲望,能掌控自己情绪的时候,就会发现,世界一下子开阔了很多。每个人都应该学会控制自己的情绪，任何时候都要做到头脑冷静，行为理智，抑制感情的冲动，克制急切的欲望。

减少孩子对他人的控制欲

校园欺凌事件的一个主要成因就是欺凌者有一种控制别人的欲望，比如说我是篮球队长，你们就得听我的；我是班里公认的老大，你们就要听我的；我是班里个子最高的，你们要听我的，否则就怎么怎么样。这就是一种控制欲。

控制欲强有多种表现，最常见的有两种：一是一定要让别人听他的，按照他的意愿行事；二是一定要表现出自己的行为更加正确，别人都是错误的。

控制欲强的孩子可能两三岁时就会有所表现，比如，进出商店时，孩子要自己关门，别人关门了，他就会很愤怒；跟小朋友一块玩滑梯，孩子说轮到谁就是谁，如果其他小朋友不听指挥，他就会用暴力解决。

孩子的控制欲强是怎么形成的呢？

（1）以自我为中心。有的孩子是家里的小皇帝，习惯了事事以自己为中心，养成了任性、霸道、独占的习惯，形成了一种"我想要的就是我能有的"物概念，这种思想表现在行动上就是"别人的东西如果我想要，也可以得到"，所以他在集体中也要小伙伴都听他的，甚至常欺侮别人。

（2）家庭教育不当。有的家庭缺乏民主作风，奉行暴力沟通，爸爸妈妈常常使用强制的手段来对待孩子或者对待对方，在这种环境下成长的孩子很容易就模仿爸妈的行为，凭借自己个高力大或其他优势条件就盛气凌人，强迫别人按照自己的意图行事。

孩子欺凌同学的行为背后有一个错误认知，他认为，只有自己是对的，只有自己能够享受这些东西，所以他才会有这样的一些情绪，才会有这样的行为。因此，为了避免孩子的控制欲望对别人造成伤害，家长应该在孩子幼年时期就对其进行恰当的引导。

首先，家长要教孩子学会分享。比如，当孩子训斥小朋友不遵守自己制定的游戏规则时，家长可以这样给他说："我发现你真的特别愿意领导别人，而且你也有一定的领导才能，但是领导能不能轮流当，你当一会儿队长，让别人当一会儿，你玩一会儿，让别人玩一会儿。"家长要通过这种方法提醒他，他愿意承担、愿意管理是值得表扬的，但同时也要学会分享，不能事事以自己为中心。家长可以多给孩子创造交往的机会，让他多和同伴一起玩耍，在这个过程中慢慢学会分享；还可以多带孩子参加社交活动，如其他孩子的生日聚会等，让孩子在愉悦的氛围中产生建立良好人际关系的欲望。

另外，孩子最初的成长和学习以模仿为主，无论是有意识的模仿，还是无意识的秉承。一般来说，家长是什么样的人，孩子就是什么样的人；家长希望孩子成为什么样的人，家长首先要成为那样的人。因此，家长要为孩子创造一个和谐健康的家庭环境，一种民主平等、亲切和谐的交往氛围，当家庭成员之间发生矛盾或者有意见分歧时，要以一种努力解决问题的态度面对，冷静地商讨并提出可行的办法。避免当着孩子的面发生争执，那不仅会让孩子感到紧张、恐慌，还会使孩子在不知不觉中学到一些负面的交往方式，如恶语攻击对方、动手攻击对方等。要让孩子明白，产生矛盾与冲突不可怕，可怕的是不能正确处理。

中国青少年研究中心通过多项全国性少年儿童调查发现，当代城市独生子女家庭教养方式分为6种类型：溺爱型、否定型、民主型、过分保护型、放任型和干涉型。最有利于孩子成长的是民主型的教养方式。在这样的家庭中长大的孩子，自我接纳程度较高，人际交往能力、学习能力都比较突出。

第 20 章

避免孩子欺凌别人的有效沟通训练

无数事例证明，有欺凌行为的孩子大多有人际交往障碍，他们不会换位思考，不懂得分享，不知道怎么表达，正是由于交际能力的欠缺，才导致了冲突的发生。因此，为避免孩子欺凌别人，家长给孩子做好沟通训练就非常必要。

需要强调的是，家长沟通能力强的话，耳濡目染之下，孩子的沟通能力也会很不错；孩子的沟通出现问题，一般来说，家长的沟通方式也有问题。因此，对孩子的沟通训练，应该是家长同孩子一起学习、共同成长。

训练孩子的语言表达能力

思维专家告诉我们：每个人说出来的话都只是他的感受。一个人在表达一种意思的时候，只是表达了自己的感受，这种感受往往会带着自己的偏见，很难客观地说明事物。同样，别人在听的时候也只是得到了他的感受，这种感受也必然带着他的偏见。这两种感受如果是一致的，这种沟通就是成功的，如果不一致，就产生了各种各样的矛盾。

在校园欺凌事件中，因语言沟通不畅产生的冲突有以下几种表现形式：

一是孩子不善于语言表达，他们更倾向于用肢体来表达。当碰到问题时，他们会想：说半天说不清楚，与其表达得那么费劲，不如用拳头来解决。

二是孩子心口不一，他们心里想的是一回事，表达出来的却是另一回事。比如，他们越是喜欢某个人，越是喜欢欺负他。

三是孩子不能准确地表达内心的感受和需求。比如，孩子心里不喜欢一个人，他的沟通方式是给人家起外号，或者骂人家，而不会告诉他"你做了什么事，我不喜欢"。如果他心情比较抑郁，想静静地待一会，他不会清楚地表达"我想安静一会，别吵我"，而是直接过去给别人狠狠的一击。

四是孩子不明白侮辱性语言带给别人的伤害。相关数据分析结果显示，在校园欺凌中，言语欺凌的发生率最高，有将近一半的初中生遭受过言语形式的校园暴力，其中被同学骂或说难听的话的发生率最高，占36.4%；被同学叫难听的外号的发生率占34.5%。当孩子看到同学头发少，他的内心其实是好奇的，他或许想要表达的是：你头发怎么这么少，是不是你很聪明？可他说出来的话却是这样的："你这个秃驴"或者"你应该叫和尚"，很多孩子觉得这样的语言更形象，却不知道这是骂人、侮辱人，是会深深伤害别人的自尊的。

有的人说话叫人舒服，但是有的人说话就叫人冒火，家长要注意训练孩子的说话技巧，就能减少很多不必要的冲突。

1. 用简单的语言、易懂的词汇来传达讯息

有一个秀才去买柴，他对卖柴的人说："荷薪者过来！"卖柴的人听不懂"荷薪者"（担柴的人）三个字，但是听得懂"过来"两个字，于是把柴担到秀才前面。秀才问他："其价如何？"卖柴的人听不太懂这句话，但是听得懂"价"这个字，于是就告诉秀才价钱。秀才接着说："外实而内虚，烟多而焰少，请损之。（你的木材外表是干的，里头却是湿的，燃烧起来会浓烟多而火焰小，请减些价钱吧。）"卖柴的人因为听不懂秀才的话，于是担着柴就走了。

这个故事告诉我们，在日常沟通中，最好的沟通方式是根据说话对象的情况，用简单的语言、易懂的词汇来表达自己想要说的内容，以免引起误解。

2. 说话音量不能太高也不能太低

当说话声音太小时，对方听不见你说的话，只看得见你的表情，他会猜测你要表达的内容，就很容易引起误解。如果说话声音太大，让对方觉得你在高声叫嚷，这种声调本身就带有暴力的倾向，很容易刺激到对方，也会刺激到自己。因此，我们说话时，音量一定要适度，要让对方听到，而且要听得清楚，但又不能声音太高，要平和地表达自己。

3. 说话语速要适当

西方人认为说话时语速太快，会显得缺乏诚意，语速太慢，则会让人不耐烦。另外，说得太快和太慢，都会让对方听起来十分吃力，容易听错或是发生误会。因此，我们与人说话时，要以清楚为原则，不能太快，也不能太慢。

4. 与人讲话要注意互动

在和别人交流沟通的时候要注意与对方互动，如果你说的太多，对方会感觉你总是以自我为中心，不尊重他；如果你说的太少，则会冷场，很可能就无法继续交谈下去。互动的最好方式是适当地重复对方刚才说过的话，这能给对方一种你在认真倾听的感觉。

5. 不要用鼻音和尖音说话

用鼻音说话，具有破坏性的效果，往往会给人一种无精打采的厌烦之感；而尖音刺耳，使人神经紧张，容易破坏谈话的气氛。因此，在和其他人交流的时候，我们要注意不要用鼻音和尖音。

"楼梯效应"与肢体沟通

除了语言沟通外,肢体沟通在人际交往中也有着很重要的作用。

在肢体沟通中,眼神是一种非常重要的肢体语言。

眼睛是心灵的窗户,人类很多的挑衅行为从眼神中就能读出。现实中,很多欺凌事件会发生就是因为一个眼神。相信这样的情景我们都不陌生:一个人隔着马路看了另一个人一眼,马路对面的人就冲过来说:"你看什么看,找揍啊!"

翻看校园欺凌案例,我们会发现一个现象:楼梯是最容易发生欺凌行为的地方。这是为什么呢?两个人,一个上楼梯,一个下楼梯,上楼梯的人从下往上看,下楼梯的人眼神是一种半眯的蔑视;下楼梯的人从上往下看,上楼梯的人是翻着白眼的。虽然双方都没有要蔑视谁或者对谁翻白眼的意思,可因为空间距离上的悬殊,导致了彼此产生了不舒服的感觉。另外,楼梯大都比较狭窄,两人擦肩而过难免会有身体上的碰触,再加上之前眼神上的误解,如果两个人中有一方是敏感的不接纳差异的人,双方就很容易起冲突。

这种由于楼梯上的空间差距造成的眼神上的误解而引起的冲突,我们可以称之为楼梯效应。楼梯上爆发的歧视、欺凌、排斥,几乎比比皆是。

小A是一个学习不太好的孩子,经常挨老师的批评、受同学的歧视。小B是班里的学霸,除了学习好之外,书法、绘画都在市里拿过奖,是老师的宠儿,同学拥戴的对象。这天,小A上楼梯,小B下楼梯,原本水火不相容却又一直相安无事的俩人在楼梯上碰到了。小A原本对小B就有点嫉妒,总觉得这种学霸瞧不起自己,他在楼梯下看小B耷拉着眼睛看他,就很火大地质问:"你看什么看?"小B回了一句:"我没看你。"这是真话,他只是正常走路而已,对于小A这种跟自己不在一个频道的人,他一直都是视若无睹的。可这句话到了小A的耳朵里,他更加确信了小B瞧不起自己,在蔑视自己,于是,冲过去对着小B就是狠狠一脚。这一脚,把小B的左侧睾丸踢碎了,送到医院抢救后,左侧睾丸被切除了。后来,小B受不了精神肉体的双重痛苦，一个月之后自杀了。

这是一个真实的故事，它凸显了同学交往中眼神的重要性。

除了眼神外，一些常见的肢体动作在交流中也有很大的作用，比如，叉腰、抱胸，做这种动作往那儿一站，给对方的感觉是：我就是比你大，我就是比你强。这些动作带有明显的敌意，很有攻击性。

除此之外，还有哪些肢体语言容易引起对方的反感，我们应该避免的呢？

（1）打呵欠、坐时身体后仰：表示没兴趣、厌烦，一点也不想待在这。这是不尊重对方的一种表现。

（2）双臂或双腿交叉：表示你与对方之间竖起了一道屏障，你对谈话没有持开放态度。有了这种动作，即便你与对方交谈得很轻松愉快，对方仍然会有被排斥的感觉。

（3）皱眉或其他不开心的表情：这种表情传递出心烦意乱的信息，即便你的心情和交谈者不相干，交谈者仍会觉得你的坏心情和自己有关。

（4）夸张的手势：表示你内心很焦虑，让对方觉得你在掩饰真实想法。

校园欺凌者一般都有标签化的肢体动作，比如，紧握拳头、竖起中指、叉腰、抱胸，这种肢体语言就是说"我不可一世"，行动上当然就暴力了。还有一种是皱着眉头、噘着嘴、叼着烟，看上去就很凶恶。生活中，我们要训练孩子避免做这些容易导致冲突的动作，孩子就会变得温和、自然，就会非常容易融入一个集体。这是从长远的、基础的层面上去防范校园欺凌的有效方法。

"刺猬效应"与安全距离

我们常看到这样的场景：两个人吵架，越吵越近，一个的口水喷到了另一个的脸上，一个的鼻子尖挨着另一个的鼻子尖，一个的眼睛瞪着另一个的眼睛，然后，两个人就动起手来。

在肢体沟通方面，大家要注意一点，那就是安全距离。所谓安全距离，指的是孩子们在进行交流的时候，为了避免和对方发生肢体冲突，一定要保持在一米左右的距离，让对方可以自由地去表达自己。如果离得太近，很可能会因为一个无意的动作就引发一场冲突，就会导致欺凌甚至欺凌的升级。这点在楼梯效应中也有体现，楼梯太过狭窄，身体上的偶然碰触，很可能会成为欺凌行为的导火索。

一位心理学家做过这样一个实验：一个刚刚开门的大阅览室，当里面只有一位读者时，心理学家就进去拿椅子坐在他（她）旁边。试验进行了整整80人次。结果证明，没有一个被试者能够容忍一个陌生人紧挨自己坐下。当心理学家坐在他们身边后，很多被试者会默默地移到别处坐下，有人甚至明确地问："你想干什么？"

这个实验给出了这样的结论：没有人能容忍他人闯入自己的空间。人与人之间需要保持一定的空间距离，即使最亲密的两个人之间也是一样。任何一个人，都需要周围有一个能掌控的自我空间，这个空间就像一个充满了气的气球一样，如果两个气球靠得太近，互相挤压，最后的结果必然是爆炸。

有这么一个故事：

> 两只刺猬，由于寒冷而相拥在一起。但长长的刺刺痛了彼此小小的身体，无奈之下，它们只好保持足够的距离，默默地忍受着寒冷。可是天气越来越冷，两个小家伙谁都受不了刺骨的寒风，下意识地又凑到了一起。经过一番努力，它们终于找到一个最合适的距离：既能获得对方的温暖而又不至于刺痛彼此。

这就是人际交往中著名的"刺猬法则"：与人交往，应该保持适当的距离。保持了适当的距离，彼此之间就可以很好地协作，同时可以获得彼此的尊重。如果距离太近的话，双方很容易就会刺伤彼此。

心理学上几个有关距离的概念——亲密距离、个人距离、社交距离和公共距离，我们可以学习一下，在实际交往中灵活运用。

亲密距离一般在 15～45 厘米之间。处于这一距离中的两个人，很容易就能接触到对方的身体，所以，这一距离只适用于情侣、夫妻、父母与子女或绝对要好的朋友之间。可想而知，这种距离是绝对私人化的，是绝对禁止外人进入的。

个人距离一般在 45 厘米到 1 米之间。处于这一距离中的两个人，不容易接触到对方的身体，只有握手时才可以接触到对方。这一距离通常用于熟悉的朋友。如果想向对方表示一种亲近感时，也可以采用这种距离。

社交距离比较灵活，可近可远，可在 1 米左右，亦可在 3 米以上。这种距离通常适用于关系一般的人际交往，处于这一距离中的两个人，通常隔几步远打招呼或寒暄几句便又分开。

公共距离一般都在 3 米以外。人们在公共场合经常采用这种距离，如公园散步、路上行走等。这种距离经常被演讲者和教师采用。

从上我们可以看出，和不太亲密的同学交流时，如果你和对方的距离靠得太近，就会让对方觉得不安全，很不舒服，就比较容易起冲突。

了解了交往中人们所需的交往距离，我们在人际交往中注意保持，就能发挥"距离产生美"的效用。

训练孩子如何去倾听

有一位著名的节目主持人，在一个谈话节目中设置了这样一个情景：一架飞机满载乘客，飞行途中没油了，可飞机上只有一个降落伞，他问参与做节目的孩子，这伞给谁用？孩子几乎不假思索地回答："给我自己用。"这时，台下一片骚动，很多观众想：多么自私的孩子啊！可是主持人没有急于下定义，而是蹲下来，耐心地问孩子："为什么呢？"孩子满脸泪水，清晰地说道："我要跳下去，找到油后，回来救飞机上所有的人。"

在与人交流时，我们是否听懂了他要表达的意思呢？现实生活中，很多人犯了故事中大多数观众的错误，他们听话只听一半，并把自己的想法投射到别人所说的话上。这也是导致校园欺凌发生的一个重要原因。在众多欺凌事件中，许多欺凌者往往对别人的话听都不听，甚至把对方的意思完全扭曲了，很多时候，如果欺凌者不是二话不说一脚踢过去，而是能追问一句："你是什么意思？"很多冲突可能就化解了。

倾听在与人沟通中能发挥重大的作用。首先，倾听是对别人最好的尊敬。当我们耐心地听对方把话说完时，对方会有一种被重视、被赞美的感觉。其次，倾听能全面掌握对方要表达的信息。每个人都有不同的生活经历、兴趣爱好、文化背景，这导致了人们的表达方式也千差万别，有的人说话喜欢开门见山，有的人喜欢绕半天才说到正题，只有耐心地听完才能全面了解对方要表达的信息。比如上面故事中的小男孩，如果我们没有听完他的话，小孩就背上了自私的骂名。最后，倾听的同时可以静心地观察对方的肢体动作及表情，有时肢体动作和表情可以表达出比说话内容更真实的意思。

蒲松龄因为虚心听取路人的述说，记下了许多聊斋故事；唐太宗因为兼听而成明主；齐桓公因为细听而善任管仲；刘玄德因为恭听而鼎足天下。孩子学会了倾听自然能处理好同学关系，减少欺凌的发生。

倾听不是单单听着就好了，真正的倾听，除了用耳朵去听之外，还要用心、用眼睛去听，正常的人际交往中，一个善于倾听的人一般都要掌握以下倾听技巧。

（1）要聚精会神地倾听。

如果沟通的一方萎靡不振，精力不集中就会抓不住重点，这样是不会取得良好的倾听效果的，只能使沟通质量大打折扣。

（2）要及时用动作和表情给予呼应。

谈话时，应善于运用自己的姿态、表情、插入语和感叹词。如微笑、点头等，这会使谈话更加融洽。

（3）必要时保持沉默。

沉默是人际交往中的一种手段，蕴含着丰富的信息，就像乐谱上的休止符，运用得当，就可以达到"无声胜有声"的效果。但沉默一定要运用得体，不可不分场合，故作高深而滥用沉默。而且，沉默一定要与语言相辅相成，才能获得最佳的效果。

（4）适时适度地提问。

适时适度地提出问题是一种倾听的方法，它能够给讲话者以鼓励，有助于双方的进一步沟通。

（5）切忌随便打断别人讲话，要耐心地听对方讲完。

当对方说话内容很多，或者由于情绪激动等原因，语言表达有些零散甚至混乱时，你也应该耐心地听完他的叙述。即使有些内容是你不想听的，也要耐心听完。千万不要在别人没有表达完自己的意思时，随意地打断别人。当别人正谈话时，随便插话打岔，影响说话人的思路，或者任意发表评论，都被认为是一种没有教养或不礼貌的行为。

需要强调的是，家长要想教会孩子倾听，自己首先要为孩子树立起榜样，做一个懂得倾听孩子说话的家长。当孩子要跟你沟通的时候，你一定要认真地看着他，跟他不断地交流，甚至确认"你的话是这个意思吗？我说的对吗？"然后再一步一步往下交流。

倾听是保证孩子在人际交往中获得别人的尊重和接纳，并跟他人建立起一种积极关系的有效方法，家长一定要给予足够的重视。

Part4

学生应对篇

第 21 章

正确认识欺凌这件事

受欺凌的确是一件很倒霉的事情，但是没有我们想象得那么严重。只有少数欺凌事件特别恶劣，造成无可挽回的局面。俗话说，福祸总相依。虽然欺凌事件让孩子受到了伤害，但是孩子可以从中学习到很多，比如怎么保护自己，怎么学会人际交往，怎么变得勇敢、自信、坚强，怎么才能让类似事件不再发生等，这对孩子将来的人生是大有裨益的。

对方是在欺凌你吗？

孩子们社会化程度欠缺，就难免会发生各种摩擦或冲突，如："今天你占了我的地"，"你怎么踩了我一脚"，"你怎么把我橡皮碰地上去了"，如果大家把这些行为统统都认为是欺凌的话，那孩子就无法融入社会了。

为预防被欺凌，我们要懂得识别校园欺凌。

（1）看对方是不是故意的。

对方故意把你的橡皮扔到地上，故意把你的铅笔折断了，故意把钢笔水洒在你身上，故意拿油笔画你衣服，故意拿东西扔你，这些行为都属于恶意找你麻烦，如果长期持续性地发生，就属于欺凌。

（2）看对方是不是蓄意的。

所谓蓄意，就是他对你的欺负是已经设计好了的，比如，专门在学校门口等你，专门趁没人的时候抢你的钱，抢你的东西，这种蓄意的行为，就是欺凌。

（3）看你跟对方是不是力量悬殊。

对方带着一群人把你堵在一个偏僻的角落里，跟你借东西，这个时候对方的行为已经不属于借了，而是跟抢差不多了，这就是欺凌。

（4）看对方的行为有没有违背你的意志。

对方把自己的意志强加在你的身上，你必须这样做，你别无选择，这样的行为就属于欺凌。

凡是让你不舒服的、让你害怕的、让你恐惧的、让你感觉到与对方之间力量对比悬殊的，这些都是欺凌行为。具体来说，起外号、起哄、借钱不还、交保护费、被朋友孤立，还有被强迫吸烟、喝酒等等，这些行为都属于校园欺凌。

欺凌跟平时交往中出现的小摩擦是截然不同的，日常交往中的小摩擦不是常常发生，双方是平等的，双方的力量是对等的，不存在谁欺压谁，谁迫害谁的问题，这点非常关键。

没有人应该受欺凌

受欺凌者大多都缺乏自信，他们很容易就把过错归结到自己头上，总是觉得自己之所以被欺负，是因为自己不够好，自己需要改进。而欺凌者大多意志力很强，从不觉得自己欺负别人是错的。两种极端的性格碰到一起，欺凌者会把欺负他人当成一种习惯，受欺凌者会自我认知过低，两者都会受到伤害。

对欺凌者来说，长期有欺凌别人的行为，随着时间的推移，即使是没有犯罪行为，他们也会养成对别人颐指气使的习惯，进入社会后，他们的这种"我就是对的,别人都是错的"的做法会招致很多人的反感。这种行为还会带到家庭中去,欺凌者习惯对家人指手画脚,就会制造许多受欺凌者。

对受欺凌者来说,长期受欺凌的直接后果是心情抑郁,忧虑,恐惧,这种负面情绪会影响到学习,甚至影响受欺凌者的世界观、人生观,他们会认为这个世界上都是坏人,没有值得信赖的人,没有朋友,自己是孤立无援的。

其实,不管是欺凌者还是被欺凌者都要明白,人与人是平等的,任何人都没有权利去剥夺另一个人的权利,包括交朋友的权利、学习的权利、人身自由的权利等等。尤其是受过欺凌的孩子,必须明白一件事:受欺凌不是你的错,不管你学习成绩如何、身高如何、外表如何,任何一个人都没有权利对你实施暴力,你被欺凌跟自己没有关系,是欺凌者有问题。

同样,我们还要知道,欺凌者也是一群需要帮助的人,他们可能在学校里曾经被欺凌过,也可能在家里就是暴力的受害者,他们不知道怎么与人交往,不知道怎么与人沟通,所以只能采取欺凌别人的行为来证明自己。

因此,当你被欺凌时,所要做的不是躲避、生气、抱怨或者立即报复,而是快速寻找积极的解决方案,让自己摆脱困境,也让欺凌者的行为得到有效的制止,这也是在帮助他们。

不做欺凌事件的围观者

2011 年,芬兰学者克里斯提娜·萨尔米瓦利调查研究发现:旁观者的存在对校园暴力行为来说并非一堵无意义的背景墙。她对比了不同班级之间的欺凌频率与班级成员的旁观者态度类型,结果发现:旁观者的态度类型与班级欺凌频率之间有着强相关,持协同欺凌或沉默态度的旁观者越多,班级中的欺凌行为就越多(正强化),持反对欺凌态度的旁观者越多,班级中的欺凌行为就越少(负强化)。

根据学术研究对旁观者的定义,其可以分为四种不同的角色:

第一，跟随者，指协助、跟随欺凌者参与到欺凌行为中的人；

第二，强化者，指通过某些行为方式来强化欺凌者的行为的人，比如，起哄，煽风点火等；

第三，助人者，指帮助受欺凌者的人，比如，制止欺凌行为或安慰受欺凌者；

第四，围观者，指保持中立，什么也不做的人。

跟随者和强化者的行为与欺凌者一般无二，助人者能缓解受欺凌者受到的伤害，三者都不算纯粹意义上的旁观者，很多人觉得围观者是真正的旁观者，是与欺凌事件完全不相关的，事实上，并非如此。

其一，围观者的存在会助长欺凌者的欺凌行为。

欺凌者实施欺凌的目的之一是为了获得更高的同伴地位，满足统治欲，在同伴群体中展现地位优势。当有人围观的时候，欺凌者会有这样的心态，"让你们都见识见识，我是老大，我有权利，我很勇敢，我很棒"，围观者无形中助长了欺凌者的欺凌行为，成为了他的喝彩人。

其二，围观者会加重受欺凌者的伤害感。

校园中不少欺凌的出发点是践踏受欺凌者的自尊，让他没面子，而围观者的存在让这一伤害加重了许多，在受害者的眼中，围观者站在欺凌者的身后，就是欺凌者的协同者。

在日常生活中，孩子们要拒绝做欺凌事件的围观者，看到欺凌事件发生，要赶快向老师报告，以防事态发展恶劣。

第 22 章

做好自己，让欺凌者不敢靠近

提到防止被欺凌，很多孩子摩拳擦掌，"我去练跆拳道、练散打，有人欺负我，我就打回去"。先要说明，我们并不提倡以暴制暴，最积极的办法是做好自己，让欺凌者不敢靠近。

远离校园"死角旮旯"

学校里面，有一些地方经常发生欺凌，所以，孩子们要尽量远离。

1. 学校里的厕所

为了保护我们的隐私，厕所往往不安装探头，所以，一到下课放学的时候，厕所里面往往会发生一些"神秘"的事情，就是欺凌。

另外，用来装笤帚的库房，或者平时人迹罕至的实验室，也具备没有探头、地处偏僻的特征，很容易发生欺凌。一般来说，越是偏僻、阴暗的地方，越能把人们阴暗的心理给诱发出来，再加上这些地方具有隐蔽性，不容易被别人发现，就更容易诱发欺凌。

2. 寄宿学校的宿舍

宿舍也是没有探头的地方，在一些寄宿学校，到了晚上，大家都可能和欺凌者一起，趁黑把谁打一顿或者骂一顿。

宿舍里经常发生的还有社会性排斥，欺凌者看某人不顺眼就号召所有人孤立他，这种欺凌者多是班干部、学霸等有些权势的人。

3. 校园门口

有些人不敢在学校里面怎么样，他们知道有老师，有探头，所以他们就在学校门口的拐角处、胡同里等着受欺凌者，等他们放学出来的时候，对他们进行攻击，要钱，抢东西。所以，走出校门后，孩子应该尽量结伴而行，而且要走大路，这能有效避免欺凌的发生。

4. 校园周边的经营场所

按照相关的法律法规，校园周边200米之内不可以摆摊设点。但是很多地方没那么严格，不少小卖部、游戏厅、网吧等专门建在学校周边，赚孩子们的钱。这些地方也为欺凌提供了屏障。

5. 操场

操场是健身的地方，也是最容易施展暴力的地方。因为操场很开阔，老师看不过来，所以操场的角落里就容易发生欺凌。另外，在比赛的时候，比如篮球、足球比赛，如果欺凌者输了，他很容易找茬攻击弱者，甚至在操场上欺凌完还不解气，还会在回家路上堵着对方，没完没了地欺负对方，让对方不敢再赢比赛。所以，操场上的事情，教师一定要谨慎处理。

6. 楼梯上

前面讲过了，楼梯是最容易发生欺凌的地方，这叫楼梯效应。在走楼梯的时候，大家一定要按照秩序走，不要打闹。

利用资源，武装自己

中国公安大学的一个教授，曾经是全国的散打冠军。他身材瘦小，眼睛却非常有神，瞪你一眼，就让你不寒而栗。因为身材瘦小，他小的时候总是被别人欺负，后来被欺负得狠了，就去练习散打，他想等自己有能力了就去当警察，保护更多的人不再受欺负。就是在这样的信念下，他的身体越来越强壮，不仅练就了一身本领，保护了自己，同时也实现了保护别人的梦想。所谓坏事变好事，其实就需要我们把愤怒和害怕变成积极的行动，充分利用身边的资源，保护好自己。

受欺凌者抵御欺凌可以利用自身的两种资源：

一是生理资源。生理资源指的是身体素质，身体强壮、跑得快、跳得高等。欺凌者大多都是恃强凌弱的，当我们具有身体优势的时候，他们也会发怵，自然不会主动找上我们。就算他们找上我们，凭借身体上的优势，我们也能第一时间保护好自己。

如果我们自身条件比较差，可以通过后天的锻炼来弥补，通过勤奋的锻炼来增强自身的体质，并学会保护自己。

二是心理资源。心理资源包括我们的意志力、我们自己对这件事的评价、我们的态度、自我修复和自我肯定的能力以及自尊感等，这些东西都是一个人重要的心理资源。

一个人容易被欺负，有一个重要原因就是他心理资源不够，自我支持不足，他总是怀疑自己，甚至认为自己就应该被别人欺负，认为是自己有错才被欺负。而内心强大的人则是自信的、勇敢的，他会认为，我应该得到尊重，即使受到伤害，我也爱我自己。这种心理素质保证了他在受到欺凌后能快速恢复过来，不至于一蹶不振。

除了增强自身体质外，还要增强心理素质，它能给我们一种"我很厉害的感觉"，这种感觉会形成一种强大的气场，让欺凌者不敢小觑。

此外，受欺凌者抵御欺凌还可以利用社会资源，这些资源包括爸爸妈妈、老师、专业工作者。比如，可以打求助热线、心理热线、12355青少年心理与法律热线，寻求帮助。可以去找心理老师、心理咨询师寻求帮助，还可以通过法律手段来维护自身的合法权利。

其实，每个人身边都有以上三大资源，如果能把它们运用好的话，就能成功远离校园欺凌。

挺胸抬头做个自信的孩子

预防校园欺凌最有效的手段就是做一个自信的人。不自信的孩子会低头含胸，眼睛不敢看人，走路磨磨蹭蹭，当你以这种姿态走在校园里，无形中给了别人一种暗示：欺负我吧，我怂，我胆小。自信的孩子一定是挺胸抬头，两眼放光，走路铿锵有力的，这样的孩子走在校园里，会给别人一种暗示：我是强而有力的，我是不可侵犯的。

欺凌者最主要的一个动机就是通过对别人的欺凌，获得一种胜利感、控制感、成就感。如果你是一个很自信的人，他看到你时就会觉得，"这个人不是我的菜，这个人征服不了"，他自己都被比得自卑了，自然不会再欺凌你。

自信，说起来很容易，做到却很难。对孩子来说，从一个弱小者走向成人的过程中，会遇到无数困难、挫折和失意，这很容易造成他们的自卑，如果他们的学习成绩再差一点，在家里面经常遭到爸爸妈妈的各种贬低，自信心就会越来越弱。

孩子需要记住和学会的是：坚决不要让自己的自信心建立在别人对自己的看法上。我们来到这个世界上，就给这个世界带来了一份欣喜、一份欢乐，这是独一无二、没有人可以替代的一份贡献，我们完全可以因为自己这份独特的存在和贡献而感到骄傲。当我们心里这样想的时候，才会呈现出一种自信的状态。

唯有自己才能将自己贬低，也唯有自己才能提高自己的自信。与其把自己看得太低，不如相信自己有足够的能力去应付所遇到的问题，用行动和不断的努力来让自己更优秀、更有能力、更富有创造力。

爱迪生说："我最需要的，就是做一个能够使我尽我所能的人。尽我所能，那是'我'的问题，不是拿破仑或林肯的所能，是尽'我'的所能。我能够在我的生命中贡献出最好的，抑或是最坏的，能够利用我能力的10％、15％、25％，抑或90％，这对于世界，对于自己，都可以生出很多差异来。"做一个竭尽所能的人，我们就能释放出超乎想象的能量。

别做让人盯上你的事情

犯罪学中，有一个被害人被害性的概念，它指的是在一定社会历史和自然条件下，由被害人的生理因素和心理因素，如性格、气质、素质、能力、人格倾向等主观条件构成的，足以使其受害具有总体上的内在倾向性。在校园欺凌中，受欺凌者也有着一定的被害性特征。

在受欺凌的孩子里面，有一个很普遍的现象，就是有钱，主要表现在以下几个方面：一是家里有钱的孩子，他们的穿着打扮、学习用品一看就是值钱的，让欺凌者觉得抢一个就够本。二是每天车接车送的孩子，这样的孩子往往没有什么朋友，很容易被人嫉妒。三是本身没多少钱，却天天证明自己有钱的孩子，这样的孩子今天请大家吃这个，明天请大家玩那个，想花钱买友谊，却不知道友谊是买不来的，当他们这样不断卖弄，不断显摆的时候，很容易就被人盯上了。

这三种孩子都很容易招致一定程度的欺凌。因此，在日常生活中，无论有钱没钱，学生就该有个学生样，穿着打扮、手机、文具等一定要符合学生的身份。

除了外在招摇外，穿比较另类的服装，留个性的发型，言行粗俗等，这些不符合学生行为规范的言行都会招致别人的欺凌。孩子们要注意，追求个性，可以等成年之后，或者在家里的时候，不要在学校里表现出来，让欺凌者觉得扎眼，这只会增加被害性。

第 23 章

防止被欺凌：朋友多了路好走

当孩子进进出出总是一个人的时候，居心不良的欺凌者很容易打他的主意。当孩子常常和一群朋友在一起的时候，即使别人想欺负他，也得想想这样做的后果，想想自己有没有能力战胜多人。所以，防止被欺凌的最好办法就是交朋友，提高孩子的社交能力，这样才能更长远、更有效地防范欺凌的发生。

训练"好印象"

以前有位同学在班里总是受欺负，有一天家里来客人了，客人还带着一个小孩，小孩一见面就对这位同学伸出手来："你好，我是×××。"当时这位同学就愣了，觉得对方太"爷们"了。从那以后，这位同学就明白自己的社会化程度很低，交往能力不足，他开始着重练习自己这方面的能力，举手投足、微笑、点头，都尽量做到给人一种自信、乐观、友好的印象，后来，他交到了很多朋友，欺凌也再也没有发生在他身上。

在心理学上，有一个第一印象效应，指的是人与人在第一次交往中留下的印象会在对方的头脑中占据着主导地位，进而影响两者以后的交际程度。第一印象效应在结交朋友时有很大的作用，一个无心的眼神、一个不经意的微笑、一个细小的动作都能决定一个人对另外一个人的印象是友好，还是抗拒。

在日常生活中，为了给别人留下一个好的第一印象，我们应该怎么做呢？

第一，微笑是最具有魅力的身体语言，是不需要花一分钱而迅速改变局面的绝妙武器，是快速拉近人与人距离的最佳工具，是使人心情愉悦的最佳方法，是最有益于人际交往的面部表情。有新同学来班里了，有新人到自己所在的社团了，我们要主动做出友好举动，主动打招呼、给对方个笑脸，同时主动介绍自己。想想看，假如我们是新同学，安排好座位后，同桌却好似没有看到我们一样，对我们爱答不理的，我们是不是会觉得很尴尬。多做一些这样的换位思考，我们就能赢得许多同学的喜爱。

第二，给人留下一个自信、友好、可爱的形象是需要训练的。我们可以在家里冲着镜子练习说"你好"，不断地练，直到见到对方时，我们能很自然地把手伸向对方，而不是显得动作僵硬、语言尴尬。握手是很国际化的交往手段，我们可以学习握手，微笑着做自我介绍，每个人都会喜欢这样的人。适当的寒暄能打破初次见面的尴尬，当然也需要注意：第一次见面最好不要谈一些很隐私的问题。

第三，西方的服装设计大师认为："服装不能造出完人，但是第一印象的80%来自着装。"穿衣是"形象工程"的大事，能体现出一个现代文明人良好的修养和独到的品位。作为学生，不需要穿太花哨的衣服，但平时一定注意自己的着装要干净整洁，否则会给人一种邋里邋遢的印象。

第四，君子之交淡如水，与人交往要保持一定的距离，不是疏远对方，而是在交往过程中，学会尊重别人，这样才能避免不必要的误解和摩擦。对于刚认识的朋友，我们注意不要侵犯他们的隐私，手不要乱动，比如，不能把手搭在对方肩膀上，不要乱翻对方的东西；对方让你看他手机里的一张照片，你看这张照片就行，不要随便滑动手机看别的照片，如果对方有不愿意让你看到的，你这么做就会让对方反感了。

总之，我们要明白，好印象更多是来自自身的好习惯，文明礼貌，有分寸，这样的人，走到哪里都会被人接受，欺凌现象就会少很多。

加入某个小团体

交朋友最有效的方法就是加入一个团体，学校里有很多社团，加入某个团体，我们一方面获得了新的知识和技能，另一方面获得了结交朋友的新渠道。通过社团我们可以不断扩大自己的朋友圈，无形当中就有了很多的朋友。另外，社团将有同样兴趣爱好的人聚集在一起，这样的人群会有很多共同语言，会更容易成为朋友。

加入社团，扩大朋友圈，最难的是结交的过程。据科学统计，平均每10人中就有一人为社交恐惧症所累。有社交恐惧症的人对于在陌生人面前或可能被别人仔细观察的社交或表演场合，有一种显著且持久的恐惧，他们会恐惧被别人注视，恐惧自己会做出丢脸的言谈举止，害怕自己在别人面前张口结舌。在面对陌生人时，他们会焦虑、面红、心慌、震颤、出汗、恶心、尿急等，进而回避见人、回避所有集会、回避在公众场合表达自己。当然，我们加入社团后如果一直在那里闷着不说话，不主动与别人打招呼，不主动参与到活动中，甚至从不敢开口说话，显然是不行的。这样做别人会觉得我们高冷，不愿意搭理人，我们非但没有结交更多的朋友，反而招致了更多对我们有抵触情绪的敌人。

社交障碍的成因究其根本是我们喜欢将别人作为镜子来照自己，我们生怕自己表现不佳，影响了自己的形象，不允许自己有一点点不好的表现，常常会想，别人是怎么看自己的。这种担心像包袱一样压在心里，让我们在人前不能自如地表现。这种"患得患失"让我们产生了自卑、猜忌、怯懦、排他、逆反、冷漠等心理，这些心理使得我们在交往中与别人形成隔阂，在一定程度上会影响正常的人际交往。

因此，在日常生活中，我们一定要正确认识自己，要明白每个人都有缺点和不足，这些缺点正是我们的特点。在面对陌生人时，我们应该树立这样的观念，每一次见面都可能是"永别"，所以不必担心不能给别人留下什么好印象，反而要尽可能充分、真实地表现自己，珍惜与大家相处的每一次机会，主动与人交往。

如果有机会去参加一些陌生人的合法集会，我们一定不要拒绝，在确保自己安全的前提下，完全可以把这样的机会当成是对自己的锻炼。我们可以先找一下现场有没有自己比较熟悉的人，这对于消除紧张心理、稳定情绪很有好处，万一找不到熟人，也不必紧张，可以先用耳朵和眼睛去听、去看，去仔细打量每个在场的陌生者。如果我们发现在场的陌生人中，有一个人也没有熟人，而且比较胆怯，孤单单地坐在角落里，就要立即抓住这个机会，主动坐到他旁边，向他介绍自己，同他低声交谈几句。一般情形下，我们这时准保会受到他的欢迎，最重要的是，双方都为摆脱了当时的窘境和孤单而感到高兴。有了这块小小的根据地，再设法慢慢加入全体的谈话，就不是很困难的事了。

不要总谈论自己

有的人很担心：我的口才不好，我的表达能力不行，是不是就无法交朋友了呢？答案是否定的，很多时候我们不需要会说，会听更容易交到朋友。

有些人一见人就说：你看我这手表怎么样？你看我今天这个妆怎么样？你看我今天这裤子怎么样？全是我，对方会厌烦。交谈是两个人的对白，你滔滔不绝不顾别人的感受，别人就不愿意跟你交朋友。所以，学会倾听是很重要的。

美国内战时期，林肯总统写信给他乡下的老邻居，请他到华盛顿来，要和他讨论一些问题。这位老邻居来到白宫后，林肯同他谈了自己对释放黑奴的各种想法、担心和焦虑。几个小时后，林肯与他的老邻居握手道别："经过您的开导，我的思路清晰多了。"事实上，这位老邻居并没有发表任何意见，只是充当了友善的倾听者角色，可以让林肯没有任何压力地发泄心中的苦闷。

我们加入团体、结交朋友不是为了炫耀自己，不是为了证明自己比别人优秀，越想证明自己比别人优秀，越说明我们内心没有安全感，那就离欺凌者没多远了。加入一个团体或者结交朋友，首先要做一个好的听众，会听的人比会说的人更受欢迎。

伏尔泰说："耳朵是通向心灵的道路。"从人性的本质来看，每个人都有向人诉说的需求，他们喜欢讲述自己的故事，希望别人听到与己有关的信息，倾听，不仅仅是对别人的尊重，也是对别人的一种赞美。

倾听有几个小窍门，我们可以学习一下。

第一，当对方兴致勃勃地跟我们谈话的时候，无论对方的话题是否吸引我们，我们都要表现出很感兴趣的样子，不要打断他，也不要表现出不耐烦，要暂停所有事情，向他传达很感兴趣的信号。

第二，光听也不行，还要适当地提问，比如问他"为什么呢"，这会让他更有兴趣谈下去，因为他觉得我们是在认真听。

第三，很多人都不在意别人说什么，只关注对方和自己的见解是否一致，如果不一致，就会提出反驳，这会令对方不高兴。有意见的话，我们可以等到别人说完之后再发表意见，随意打断别人的话，提出反驳的观点，是非常不礼貌的。

第四，为了告诉别人我们在认真倾听，可以适量加入一些简单的词语作为回复，比如"有意思，后来呢……"、"然后……"或者"比如……"。我们还可以重复对方的观点，确保我们的理解是正确的。这些都可以让对方愿意跟我们交谈，和我们成为朋友。因为他知道好朋友一定是能倾听对方说话的。

学会示弱的技巧

生活中有很多这样的例子：一些在各方面都表现优秀、近乎完美无缺的人，往往在人际交往中不太讨人喜欢；相反，那些虽然很优秀，却偶尔犯小错误的人深受人们的青睐。这种现象在心理学上被称为"犯错误效应",也叫作"白璧微瑕效应",即小小的错误反而会使有才能者的人际吸引力提升,白璧微瑕比洁白无瑕更令人喜爱。

如果想要和朋友更进一步成为亲密朋友的话,我们可以善用犯错误效应,大胆暴露一下自己的缺点,可以把自己一些无伤大雅的糗事讲给朋友听。比如,我们可以告诉朋友,"那天我在餐厅不小心摔了个大跟头,弄得浑身都是菜汤子,脑袋上都是,跟狮子头似的",我们把这些糗事告诉对方的时候,对方无形中有一种成就感,会更加乐意跟我们交往。

我们都喜欢相声、小品,它们有一个根本性的规律,就是演员作践自己,把自己说得很卑微,说得很笨,说得很可怜,这样的演员格外受欢迎。卓别林就是一个典型,他专门演小人物,把最底层的人物演绎得淋漓尽致,观众就特别喜欢他,觉得"还有不如我的人,还有不如我的美国人"。这种把自己的弱点暴露给别人的做法让对方觉得亲切、安全,能赢得别人的喜爱。很多时候,技巧性示弱比凌驾于别人之上、以强硬的态度示人,更容易让别人接受。

当然,示弱不是软弱,不是认怂,是重新认识自我、重新定位自我,适当的示弱,是一种积极的人生态度。不过,我们示弱也需要看人,如果对方利用我们的示弱耀武扬威、侮辱我们,这样的朋友根本不懂得尊重人,只想从我们身上找乐子,对于这样的朋友,我们最好还是敬而远之。

真正的朋友听了我们的糗事会一笑而过,或者跟我们分享他的糗事,我们之间的距离会因此拉近,成为更好的朋友,俗称"死党"。有了"死党"的人,欺凌者一般都不敢下手。因为"死党"不仅形影不离,而且双方更是好得像一个人,欺负一个就等于欺负两个。

说话算数不吹牛

有人在中小学生中做过一个调查,调查题目是"你最看重朋友的哪些方面"，70%以上的孩子认为，排在第一位的是守信，也就是要说话算数，这样的朋友才是可以信赖的。

假如我们爱吹牛，说话从来不算数，今天说"明天给你带个好东西，这个东西是舅舅从国外给我带回来的"。结果第二天，人家眼巴巴地等着呢，我们倒完全没放在心上，早就忘了，一来二去，谁还会相信我们，早就被冠上"大话王"的称号了。没有人愿意和"大话王"做朋友，因为人家掏心掏肺地对我们，我们却说话不算数拿大话来哄骗人家。

"大话王"的名号一出，我们离欺凌也就不远了，因为这代表我们没有好朋友，而且名声很差。欺凌者觉得欺负了我们也不会有人愿意出面帮忙，甚至觉得他自己在某种程度上是在"惩恶扬善"，他的欺凌行为是"快意恩仇"，这会让他欺负我们上瘾。

> 东汉时期，书生张伯元和范巨卿是好朋友。二人到京城同游太学，分手时，两人约定两年之后的某月某日，范巨卿到张伯元家拜见张母。两年后的约定之日，张伯元请母亲杀鸡煮黍，准备招待巨卿。张母说："时过两年，地隔千里，他今天一定会来吗？"伯元说："巨卿是我的好朋友，他说过的话不会失信。"就在这一天，范巨卿果然如约来到了张家，升堂拜母，鸡黍为餐，尽欢而散。

这便是几千年来人们交口称誉的"鸡黍之约"，这样的友谊真让人赞叹。

人是群居动物，任何人没有朋友都会过得艰难。我们想要什么样的朋友，就要先做什么样的人，因为物以类聚、人以群分。在日常生活中，我们怎么做才叫说话算数、信守诺言呢？

在任何情况下，对任何一个朋友，我们都应该信守承诺，朋友提出了要求，我们能做到的就答应，做不到时，要实话实说，不要开空头支票。答应了朋友的事，不管多困难，我们都要想方设法去完成，若情况有变，实在无法完成，则应根据实际情况，向朋友做出必要的解释、说明，求得朋友的谅解。

举例来说，你答应A朋友去聚会，后来，B朋友给你打电话，邀你同一时段上网玩游戏，两个都是你的好朋友，怎么办？因为你首先答应了 A 朋友去聚会，你就应该直接告诉 B 朋友："对不起，我特别想去玩这个游戏，但是我先答应别人了，这次就没法一起玩了，下次我请你玩游戏，跟你大战一场。"这样合理的拒绝，不仅不会得罪人，还跟朋友约定好了下次一起玩，两边的关系都能妥善处理。

如果你特别想去上网玩游戏，并且这一局游戏非常重要，你还可以尝试给 A 朋友打电话："我一个好朋友约我上网玩游戏去，你想不想一起去？"如果对方说："我也想去。"那一拍即合，三个人一起去，两全其美。如果对方说："不行，我对咱们的聚会有其他安排。"那你就要回复："那没关系，我一定去参加聚会。"这就是说话算数，你一定要坚持最基本的原则和底线，不能重色轻友，见利忘义，否则被大家嫌弃。

需要注意的是，有的时候我们急于证明自己，急于交到好朋友，什么都答应，"行，没问题"，结果转身发现这件事自己根本做不到，不得不对朋友失信，这就不好收场了。

替朋友保守秘密

罗斯福任美国总统以前，在海军部供职。某日，一位朋友问及海军在大西洋的一个小岛上筹建基地的秘密计划。罗斯福特意向四周望了望，然后压低声音问："你能保守秘密吗？""当然能。""那么，"罗斯福微笑着说，"我也能。"

人们结交朋友的一个重要目的，就是能够找个可以倾诉并理解自己的对象，有些话他们闷在心里实在难受，就会向知心好友倾诉。朋友将自己的隐私告诉我们，那我们就要替朋友保守秘密，做到打死也不说，嘴比谁都严实。

有些人听了朋友的秘密，转身就跟第三个人说："我告诉你个秘密，千万别对别人说。"第三个人又跟第四个人说："我告诉你个秘密，千万别跟别人说。"结果全世界都知道了。最后，朋友伤心不说，可能还会引起意想不到的连锁反应，平白无故地制造出人为矛盾；而我们的形象也会受损，成为严重失德的人。

朋友把自己的隐私告诉了我们，即使没有叫我们保密，也表明了他对我们的极度信任，我们有为他分忧解愁的义务，没有把他的隐私张扬出去的权利。交朋友的一个重要原则就是要懂得替朋友保守秘密，现实生活中，很多要好的朋友就是毁在了这上面。

如果我们实在管不住自己的大嘴巴，那在朋友讲他的秘密之前，我们就要直接告诉他："你可别告诉我，告诉我就等于告诉全班了，我的大嘴巴你又不是不知道。"我们将话说在前头，朋友可以选择告诉还是不告诉，他告诉我们了，也就意味着他不介意我们将他的秘密说出去，这就不会影响到双方之间的情谊。

关键时刻要仗义

朋友们聚在一起难免会办砸点事，尤其是男孩子聚在一起。当事情发生以后，我们千万不要指指点点的，更不要当事后诸葛亮，说上一些诸如"我说了吧，我早这么说，就是没人听"之类卖弄和泄愤的话。万一有脾气不好的同学，很有可能直接回你一句"事后诸葛亮，跟猪一个样"，一句话就把你噎回去了。

我们要知道：没有朋友会想把事情办砸了。做错事后对方已经很难堪了，他最需要的是我们一起出主意想办法，甚至能主动分担些责任，减轻他的心理压力，而不是自作聪明，用没用的话把自己摘出去，把错误和责任推给别人。

如果朋友有件事情做得很好，我们也别说"你看，都是我说的吧"，这样也叫事后诸葛亮，很招人讨厌。我们得懂得分享，懂得把荣誉让给别人，"就是因为大家的一个想法，这件事才有这么好的一个结果"，这才是我们该说的。越是在关键时刻表现大度的人，越是不会磨灭自己的价值和贡献，反倒让大家觉得这个人够意思，关键时刻总是把别人放在前面，这才叫仗义。

不要当评论家，也别当事后诸葛亮，因为这两种做法背后都反映出一种心态，就是不愿意承担、不愿意负责任，把所有的问题都推到别人身上去。谁喜欢和这样的人在一起呢？

朋友相交，不就是讲个义气吗？为人仗义，该承担的绝不找借口，有了荣誉不忘一起努力的伙伴。越是困难的时候，越是关键的时候，就越是考验我们的时候。你对别人仗义，别人就会对你仗义。如果有人欺负你，那你的朋友必定会帮助你。

不参与八卦谣言

小金和小明从小学开始就是很好的朋友，六年级的时候，小金和好几个同学一起参加了小明的生日会。然后班里就开始传播谣言，说小金和小明是恋爱关系。要么是小金喜欢小明，要么就是小明喜欢小金。两个人听到谣言，就开始刻意保持距离，彼此疏远，再也没有了交集。

后来大家升了初中，尽管还是时不时见面，但俩人就像陌生人一样，从没有说过话。初三的时候，有一次小明参加篮球赛，小金和大家一样为他加油。结果类似的谣言又冒出来了，小金和小明开始拼命解释，结果谣言却越传越凶，甚至惊动了教师和家长，小金一气之下就转学了，谣言这才慢慢平息。

众口铄金，积毁销骨。谣言让两个好朋友分道扬镳，甚至不得不在初三这个关键时期转学逃走，承受了人言可畏所带来的无妄之灾。也许在那些传播谣言的人眼里，只是几句玩笑而已，何必当真！如此这般轻描淡写的一带而过，绝不是因为传播谣言者真的很大度，而是因为当事人不是他们自己。将心比心，如果是自己身处八卦谣言的风波里，还会认为是几句玩笑而已吗？这是一种言语的欺凌，更是一种言语的暴力，对当事人的伤害很大。因此，我们不要参与任何八卦和谣言，尤其是女孩子在一起的时候，更容易说一些张家长李家短之类的闲话,一定要管住自己的嘴巴。

当我们身边的朋友去八卦别人、离间朋友的时候,我们应该马上告诉他们"我们不能这样做",一定要站出来表达我们的意见,可能在当时大家会不理解、不接受,会拒绝我们,但是时间长了,大家就明白了。因为我们没有在关键时刻落井下石,而是顾全大局地帮助大家冷静思考,保住了大家的友谊。

学会沟通,学会协商

学会协商和沟通,在很多事情上都会让我们事半功倍。在面对一些冲突,面对一些两难的问题时,我们可以通过协商顺利解决。比如说一个朋友约你去游泳,但是你又想去打台球,两件事撞在一起怎么办?那我们就跟对方说:"能不能咱们上午去游泳,下午去打台球呢?"这就是一种良好的沟通方法。

协商的前提是要尊重对方,要明白对方的诉求是什么,如果这样解决问题,对方会怎么想?自己是否也有同样的感受?如果对方做出了让步,自己应该怎样做?我们需要在换位思考的基础上尊重对方的想法。因为协商的本意就是既可以维护自己的利益,又不伤害他人,达到与他人友好相处的目的。必要的时候,我们是可以做出些退让的。

协商在为人处世之中有很重要的作用,比如在商场买了一件东西,但是又不想要了,要协商着进行退货。协商也可以让朋友友好相处,建立和谐的人际关系,减少欺凌现象的发生。

协商本身就是一种自信的表现,是一种锻炼人际交往能力的手段,它和妥协最大的区别在于,它可以维护我们的利益,让我们的个人价值得以实现。人与人之间是有差异的,所以学会协商解决问题是一种能力。这种能力,无论是在朋友之间,还是将来走上社会,对我们的工作、生活都是大有好处的。

勇于道歉和原谅真心朋友

阿拉伯传说中，有两个朋友在沙漠中旅行。有一天，他们在旅途中吵架了，一个给了另外一个一记耳光，被打的人觉得受辱，一言不发，在沙子上写下：今天我的好朋友打了我一巴掌。他们继续往前走，遇到了危险，被打巴掌的那位差点送命，幸好被朋友救起来了，被救起后，他拿了一把小剑在石头上刻了：今天我的好朋友救了我一命。一旁的朋友好奇地问道："为什么我打了你以后，你要写在沙子上，而现在要刻在石头上呢？"被救的朋友笑笑说："当我们被一个朋友伤害时，要写在易忘的地方，风会负责抹去它；相反，如果我们被朋友帮助，要把它刻在心灵的深处，那里任何风都不能抹灭它。"

这个故事提醒我们朋友之间会有摩擦，更会有互助，前者是友谊的插曲和见证，而后者是友谊的主旋律。

我们在与朋友相处时难免会有磕磕碰碰，如果是自己做错了，就要勇敢地跟对方道歉，对朋友说"对不起，我做错了"。不要别别扭扭的，想要道歉又拉不下面子，很多同学明明做错了还在想别的办法，让别的同学转达道歉，或者写个纸条，不用搞得那么复杂，就直接说"我错了"，错了就是错了，敢于承认错误的人是最有勇气的人。

同时，我们要学会原谅别人，当别人跟我们道歉的时候，当别人已经说"对不起"的时候，我们就要大度地说"我原谅你了"，不要没完没了地抓着事情不放，这样会让对方尴尬恼火。我们原谅对方，自己心情也会变好，也就放下这件事情了。大度的朋友，特别受欢迎。

还有很重要的一点，我们要学会识别朋友。如果你的朋友今天帮你打架，明天你就帮他去打架，不分青红皂白是非对错，这样的朋友是基于交换关系的朋友，一旦没有利益，没有互惠互利，这份友谊可能也就很难维持了，这样的朋友显然并不是真正可以相交一生的挚友。那么，真正的朋友到底是什么样的？

真正的朋友是尊重我们的人，他绝对不会把自己的意志强加在我们身上，尊重我们、包容我们，接受我们的优点，也接受我们的缺点。

真正的朋友是公正的人，对就是对，错就是错，绝不会做什么手脚。

真正的朋友是维护我们的人，在关键时刻，能够保护我们，能够替我们说几句话，哪怕是我们做错了，他也会说"某某某不容易，下次注意就行了"。而不是说"就怨你，就是他"，或者三下五除二上去就把对方打一顿，只为了袒护我们，这样的朋友才是真正对我们好的人。

朋友是不会强求我们的人，他会征求我们的意见，如果我们拒绝，他也绝不会有什么看法。

总之，我们要把握一个原则：交朋友并不是以牺牲自我和泯灭个性为代价，朋友之间应该是相互理解基础上的关注和友爱，每个人都是一个利益与责任的实体，存在着这样或那样的差异，做朋友是互相取长补短的双赢过程，而不是相互左右。

第 24 章

如何化解欺凌行为？

当欺凌不幸降临到了我们身上，我们应该如何化解？我们要做的就是保护自己不受到严重伤害。能逃走就逃走，不能逃走就保护好自己的要害部位，如果在人群中或者学校里就大声求救，让别人知道我们需要帮助。欺凌开始的时候可能只是挑衅行为，对于这些我们应该想办法化解，而不是针锋相对，那样会导致欺凌事件升级为暴力欺凌。

三十六计，走为上计

如果欺凌不幸降临到我们身上，欺凌者找到了我们，那么不管我们身体有多么强壮，有多么勇敢，有多少朋友，这个时候，我们最好都不要直接和欺凌者发生冲突，不要让事件升级，包括不能有肢体上的冲突。为什么呢？

其一，欺凌者往往不是一个人，可能是一个人站到你面前，但他身后早就有一群随时有可能扑上来的人，比如他的哥们儿，他的朋友。

其二，欺凌者是蓄意的，他知道什么时间和什么地点恰恰是我们一个人的时候，他会在没有人帮助我们的时候突然出现在我们面前。有备则制人，无备则制于人，这个时候，我们的战斗值和对方根本不在一个水平上。

其三，欺凌者是有预谋的，他们有可能带着利器，如刀子、棍子、鞭子、绳子、电棒、石头等等。而我们书包里除了书，没有别的东西，一旦事件升级，他们就可能用这些利器来对付我们，我们赤手空拳肯定吃亏。

因此，面对这样的事情，不管我们有多么勇敢，直接反击和对抗都是下下策。大丈夫能屈能伸，以卵击石是不明智的行为。三十六计，走为上计，我们一定不要去激怒对方，要采取息事宁人的态度，先躲过去再说。

在电影《阿甘正传》里，当阿甘被孩子欺负的时候，他的做法就是拼命跑，他的腿上有矫正带，一开始跑不动，后来他使劲挣脱了束缚，跑开了，奔跑就此成为了阿甘成长的一个重要方法。当欺凌发生时，我们可以效仿阿甘尽力地奔跑，冲出欺凌者的包围圈，甩开他们。

一旦对方将欺凌升级为暴力行为，已经对我们拳打脚踢了，该怎么办呢？我们可以利用学校里教的一些防御方法，也可以学习下面要讲到的最直接有效的防御方法。

保护好要害部位

当对方一群人对我们进行肢体攻击的时候，我们一定要尽可能让自己的身体不受到伤害，身体哪里最重要？头部、颈部、腹部等都是要害部位，我们要想办法保护好。

如果可能的话，我们一定要躲到一个墙角里去，并与墙角空出一点距离。躲到墙角后，我们只有一面面对着欺凌者，身体受保护的面积就大了，如果我们还能彻底转过身去抱住自己的脑袋把后背对着对方，那就更好了。因为这样的话，无论他怎么打我们，也打不到要害，这种做法能够有效地保护我们，不至于受到全方位攻击，而空出的距离可以让我们有一段缓冲距离。

我们还可以藏在桌子下，或者一些低的地方，我们钻进去，欺凌者怎么打，也不能发挥全部的力量，在教室里面，这种方法是比较有效的。要注意的是，我们钻进低处后要抱着头，并且保持全身紧绷的状态，这样可以减少伤害。

如果我们所处的是空地，无处可藏，那么可以双手抱头侧躺在地上，把腿屈到胸前，让身体蜷起来，就像数字"5"一样，这个姿势能使我们的受力面减少，从而减少伤害。另外，我们倒在地上的姿势，无形当中就传递了一个信号：有人在欺负我们，而且有人受伤了。这样就会有人去报警。

这里有一个小窍门，如果我们发现某个人打得特别狠、特别用力的话，一定要尽量过去缠住他、贴近他，让他的腿发挥不了威力，因为腿踢的力度比用拳头打的力度大得多。

当遇到暴力侵犯时，我们能够做到的就是尽最大努力保护好自己，不让这些暴力伤害到我们身体的要害部位，抱头蜷身，是能够有效保护头部、腹部及内脏的有效手段。

一般而言打群架，对方有 20 个人，可能打到我们的只有 10 个人。我们一定要沉住气，扛过这段时间，避免激起他们更强烈的攻击。当他们打累了的时候就基本不会再打了，这时候，我们就相对安全了。

另外，我们平时一定要多交朋友，树立正确的人际交往观念。这样才能在被群殴的时候，有朋友以最快的速度去寻求老师的救援。如果在暴力事件发生之前，我们就知道今天可能躲不过去，那么就要提前跟朋友、老师打好招呼，一有危险立即找人来救援。这种做法能有效避免我们遭受更多、更长时间的暴力侵害。

"大喊大叫"策略

当我们遭遇暴力时不要惊慌，要认清自己所处的环境，如果欺凌现场是在人群当中，在校园里面，我们一定要大喊救命，怎么喊能够传得更远，让更多人关注，我们就怎么喊，千万别张不开嘴。

在我们开办的自护训练营里训练的时候，有80%的孩子张不开嘴，喊不出来。老师说："来，站在这里喊救命。""救命啊，救命啊！"老师说："你们这是猫叫啊！"为啥我们的学生使劲喊却喊不出来，或者喊出来的声音很无力很压抑呢？因为自信心不够。

很多同学都说"到了那个时候，被逼的没办法，我就喊出来了"，可现实是，大部分受欺凌者在遭受欺凌的时候根本喊不出来。所以，喊叫也需要训练。喊叫出来，才能让别人知道我们需要帮助，才能压住欺凌者嚣张的气焰。参加完自护训练的孩子，再遇到暴力事件的时候，一边抱头蜷身，一边大喊"救命"，当时就吸引了旁人的注意，帮他报了警。

喊叫必须勤加训练，要克服羞涩的心理，才能在关键时候喊出来。没事的时候，我们可以找个没人的地方喊救命，把勇气信心都喊出来，喊出来一种感觉，一种气势，把嗓子练出来，到了关键时刻，我们就能够喊出声了。

需要注意的是，在紧急情况下，在我们身体受到了攻击的时候，如果我们身边没有任何资源，也不见任何来往的行人，那我们千万不能大喊大叫。因为我们一叫，可能会招致更大的伤害。

平时敢于说"不"

永远都不要给人好欺负的感觉，我们自以为是的宽容、包容，都是在纵容欺凌行为的发生。我们要清楚什么是真正的宽容，宽容是别人不小心碰了你一下，你原谅了他，而不是别人故意碰你一下、绊你一下、骂你一下，你还马上原谅他。日常生活中遇到欺凌时，我们应该清晰地、坚定地说出我们的感受，要告诉对方：我不喜欢这样，不许这样对待我，我不舒服，我很疼。而不是躲避、讨好或者装作很大度。

欺凌行为往往一开始是偶然的、轻微的，慢慢就会变得越来越无所忌惮。在受欺凌的时候，如果我们敢于说"不"，清晰地告诉对方"你不能这么对我"，对方就能接收到"这个人不太好惹"的信息，即使他不能马上住手或者住嘴，内心也能感受到一些压力和畏惧。相反，如果别人故意绊你一下，你扭头走了或者在那哭，很可能会招致更大的欺凌，因为你给人家的暗示是"我好欺负，欺负了也不敢回击"。所以，我们感觉不舒服的时候，就要说出来，要告诉对方："你碰疼我了！"

很多时候我们不习惯说"不"，因为这代表着拒绝。我们总是希望自己能够被所有人认可，宁愿委屈自己也不愿意拒绝别人，生怕拒绝了别人，在别人眼里自己就不够好了。其实，人与人相处不必这么小心翼翼，当我们带着善意接触别人时，别人自然会以善意回馈我们。我们需要珍惜对我们好的人，同时也需要对那些欺凌我们的人勇敢说"不"，这样我们才会慢慢强大起来，让别人不敢轻视。

幽默化解法

学校是一个小社会，这个社会里的人际关系总是困扰着我们，很多的欺凌行为都是因为人际关系处理不当引发的。当我们拥有幽默感的时候，就拥有了校园人际交往的"润滑剂"，它不仅有助于我们和同学、老师之间和谐相处，而且可以极大程度上防范和化解校园冲突甚至欺凌。

英国著名作家萧伯纳的新剧首次演出成功的时候，有人在剧终时对他进行挑衅："萧伯纳，你的剧本糟透了！谁要看这个破戏！赶快停演吧！"观众都大吃一惊，以为糟糕了，要吵起来了。结果，萧伯纳彬彬有礼地向那个人深深地鞠了一躬，笑容满面地说："我的朋友，你说得对，我完全赞同你的意见，但遗憾的是，这么多观众不同意，仅凭我俩反对，能禁止这个剧本的演出吗？"这句话引得全场哄堂大笑，紧接着响起暴风骤雨般的热烈掌声。

幽默感就是这么神奇，面对挑衅行为，我们只要幽上一默，就能够化干戈为玉帛。

同学之间的许多矛盾、冲突一开始都是可以得到解决的。比如，有人绊了我们一下，对方说："对不起，踩着你了。"我们给他一个台阶下，可以说："你没看清吧，你是不小心的。"这样也给自己一个台阶下。有人想要欺负我们说："今天你这衣服真够烂的！"我们可以说："谢谢你们，我就是想让别人看到我，我终于做到了。"这种自嘲会让欺凌者觉得我们无懈可击。最常见的是别人嘲笑我们肥胖，我们可以幽默回应："好在没吃你家饭，你千万别跟着着急呀。"很多时候欺凌者只是想找我们麻烦，我们一笑而过，他没有达到目的，也就无所谓了，一场更严重的冲突或者欺凌也就戛然而止了。

越是身处紧张的人际关系之中，就越考验我们的幽默感和逢凶化吉的智慧。有研究者将幽默感看作是一种认知—情感转换的工具，并认为幽默感可以帮助人们减轻压力，减少烦躁、焦虑等负面情绪。幽默感越高的人，与人相处的就越和谐，发生欺凌的几率就越小。

暂时置之不理法

孩子之间的小冲突一般都没有主观上的恶意。我们并不提倡面对任何冲突都要打回去。现在很多家长都教育孩子"挨了打，不打回去就是吃亏，必须打回去"，其实这种教育方法容易引发更大的冲突。对我们来说，最有利的做法是保护好自己，这比打回去要有意义得多。

儿童心理学家认为：施暴者在欺负别人的时候，常常喜欢从受害者那里得到一些反馈，如果对方哭了、求饶了，他会更加得意！可是当你对他置若罔闻的时候，他会觉得很失望，他没找到原本期许的快感，将来很可能就不会以你作为欺凌目标了。

置之不理，这就需要我们会装傻充愣，先是对欺凌者的挑衅暂时置之不理，然后回头可以根据这件事情的大小来选择是否要告诉老师或者父母。这样做的好处是：首先，挑衅欺凌我们的人会觉得欺负我们没意思；其次，教师批评欺凌者一通，他们也能知道我们不是好欺负的，我们不怕他们。

置之不理的精髓就是要控制好自己的情绪，保持冷静的头脑和平稳的心态，这个时候我们千万不要跟他们对峙，否则很容易导致欺凌升级为暴力事件。

一旦事件升级，我们就没法控制了。因此，我们在任何情况下都要保持冷静，能不理会就不理会，躲开是非之地。

及时打报告

前面我们讲过，旁观者在面对欺凌事件时心态复杂，他们既羡慕欺凌者，又害怕有一天同样的事情会落到自己身上。无论何种心态，旁观者面对欺凌事件大多会选择保持沉默，这么做的原因有以下几个：

其一，觉得将欺凌事件告诉家长、老师是一种告密行为，老师不欣赏，家长也不喜欢。

其二，很多家长会教育孩子：别管闲事，管好你自己就好了。他们担心家长怀疑自己学坏了。

其三，很多的欺凌者会威胁旁观者，"你要敢多管闲事，要是敢告诉大人，我就怎么怎么样"，孩子怕欺凌者报复自己而选择了沉默。

旁观者要明白，对自己最好的保护，就是将欺凌事件告诉最信任的人，可以是父母，可以是老师，也可以是最好的朋友。替那些欺凌者保密，他们会更加有恃无恐，越发无所忌惮。只有我们不断把这样的事情告诉周围越来越多的人，真正的欺凌者才会越来越少。另外，如果我们及时去报告了，不仅保护了受欺凌者，还保护了欺凌者，因为如果他不断欺凌别人，暴力手段越来越升级，就有可能会走上犯罪的道路，我们的做法无形当中挽救了一个即将失足的少年。因此，我们要记住面对欺凌，一定不要沉默。

阻止自己还手或者报复的 12 个方法

正是因为自己找不到更好的解决问题的方法，许多受欺凌者慢慢就发展成了欺凌者。那么，当我们想伤害、攻击、欺凌或者报复曾经欺负过我们的欺凌者的时候，怎么用更好的方法来代替我们即将发生的欺凌行为，给这种危险的行动踩刹车呢？

1. 暂停

我们知道手机、录音机、电视遥控器上有一个暂停键，按了它，所有的节目就不动了。我们大脑里面也有这样的一个装置，我们先给自己按下暂停键，然后再慢慢思考，如果我们伤害别人的话，那会承担什么后果。

2. 允许自己愤怒

当对方的行为伤害了我们或侮辱了我们，我们要告诉自己"他们的这种行为让我很愤怒、很悲伤、很恐惧，我有理由愤怒"，这叫读懂自己的情绪，识别出自己的情绪，接受自己的情绪，然后我们要明白，伤害别人是错的，愤怒不一定要带来攻击行为，愤怒有很多表现方式，我们可以找别的方式去宣泄。

如果我们伤害了别人，那我们就要承担后果，所以一定要告诉自己，愤怒没有错，我们没有办法去制止情绪的自然产生，但是我们可以控制好我们的行为。

3. 告诉对方住手

有的时候对方并不知道他的行为激怒我们了，或者他不知道他在做的事情让我们感觉很不舒服，当我们明确地告诉对方，我们不喜欢，让他停止的时候，在一定程度上就可以遏制住对方的行为。

4. 管住自己的手

人愤怒的时候，肾上腺素在分泌，呼吸在紧张，血管在扩充，拳头在握紧，全身一副准备战斗的架势，这个时候暴力是呼之欲出的。我们要控制住自己的行为，就要把握紧的拳头放在兜里，把关注点转移到我们的脚上，可以使劲蹦一蹦，跳一跳，通过运动释放自己的情绪。

5. 干脆就走开或者赶快跑开

对方情绪眼看要失控，这样下去后果将不堪设想，这时，我们可以果断离开让我们难受的这个环境，离开刺激我们的那个人，摔门而出是一种方法。尽管这种做法可能让对方不舒服，也会显得我们胆小怯懦，但至少对我们来说是很好的一种保护。

6. 深呼吸

当我们情绪紧张的时候，大脑缺氧，思维就跟不上。深呼吸可以给大脑补给氧气，我们可以好好思考一下。同时，我们可以想象把愤怒通过吐气从身体中吐出去，"出去吧"，然后深深地一吸再一呼，愤怒就消散了。我们平时可以训练这种方法，它可以有效消除我们内心的愤怒。

7. 找信赖的人倾诉

"我特别难受，我特别愤怒，当时我恨不得一拳把他的狗头打碎"，我们怎么说都没关系，只要我们当时不做就可以了。让我们信赖的人来安慰安慰我们，对于我们心情的平复有很大的帮助，同时他们还会给我们很多的建议。

8. 冷思考

这个冷思考其实是冷静下来，我们可以用想象的手法让自己冷静，我们可以想象把脑袋放进了冰水里，或放进冰箱里面，然后从头到脚开始发冷，愤怒的火焰被浇灭了，如此，我们就开始一点点冷静，冷静的时候我们就不容易做出格的事情了。

9. 自我安慰

我们可以想象喜欢做的事情，而且想象我们正在做，正在完成这件事。比如在足球场上一脚射门了，在篮球场上来一个三步跨栏，反正去想一想高兴的事，不要让这件事情影响到我们。转移一下我们的注意力，就好比从这个房间进那个房间，这个房间正愤怒着，那就到另一个房间去凉快凉快。

10. 用画画或唱歌来宣泄愤怒的情绪

一般愤怒的画都是黑色和红色混在一起，像火山爆发的岩浆一样，代表一种愤怒，一种激烈的情绪。所以我们可以用红色和黑色的笔勾画起来，让我们的心绪得到平复和宣泄。

用唱歌来发泄愤怒的情绪。比如唱《大刀向鬼子们的头上砍去》，这样的歌虽然老，但唱起来很解气的。

11. 相信自己

相信自己能够处理好这件事情。我们完全可以选择不伤害别人也不伤害自己的方式来解决问题，我们要给自己一个积极的、正能量的暗示。

上面这些方法可能不会全都适合我们，但总有几个能用，能让我们在关键时刻放弃暴力，以更好的方法解决冲突。

12. 巧妙借用其他资源来疏导心结

叫停自己还手或者报复欺凌者的想法和行为，这事儿说起来容易做起来难，愤怒狂暴的情绪在那里奔涌着，怎么说没就没呢？除了自身努力克制外，我们还可以恰当地借用其他资源。

首先，我们可以找心理辅导老师，现在很多学校有，如果学校没有，社会上也有。如果找一个好的值得信赖的心理辅导老师，就可以好好地跟他说一说，宣泄宣泄，让他帮我们分析分析。

找心理辅导老师倾诉和找父母倾诉是不同的，因为父母有的时候不够客观，搞不好还说我们一顿。而心理辅导老师会为我们进行客观的分析，会用科学的办法帮助我们。

其次，找老师，告诉老师"我心情不好是因为怎么怎么样了，而且我特别想这样报复，我知道这样做不对，但是我一直很难受。老师，您能不能给我点儿时间，听听我的想法，给我点儿建议"，相信老师会帮助这样积极主动来求助的孩子的。

再次，找大队辅导员或者德育主任，跟她们说一说，哪怕她们说"没事，至于嘛"，也至少有人在听，有人在关注我们，那也是一种宣泄和解脱。

另外，父母也是我们求助的一个对象，有的时候父母出于气愤，可能会说我们几句，骂我们几句，但是我们要相信父母是爱我们的，是真心为我们好，所以我们可以在最难受的时候，把我们的痛苦告诉父母，通过跟他们协商来想出解决方法。注意，我们一定要跟父母协商，千万不要让他们替我们去做，他们按照自己的思路去帮助我们解决这件事，很可能会把简单的事情搞砸了。

最后，我们可以打专业心理热线寻求帮助，把我们的知心话告诉他们，他们会认真地倾听，反正他们也不知道我们是谁，我们也不需要说出我们真实的姓名和所在学校。这样做的好处在于我们可以畅快地说出我们的痛苦，说出我们的委屈，可以尽情地宣泄，甚至骂两句话都没关系。

孩子们一定要了解这些方法，如此才能理性、智慧地面对校园欺凌。

第 25 章

给欺凌者的忠告

这一章主要是针对有欺凌冲动或者是有欺凌行为的学生。欺凌行为对孩子以后的人生发展非常不利,而且欺凌行为本身对孩子自己也是一种心灵上的伤害,这种行为的发生就说明了孩子需要学会换一种方式去面对自己内心的愤怒,去释放体内多余的能量。

测一测你是不是潜在的欺凌者

校园欺凌中,不是欺凌者就是受欺凌者,受欺凌者也会变成欺凌者,只要没有欺凌者就没有了校园欺凌现象。看看下面的这几个问题,测测你是否是个潜在的欺凌者吧。

第一,你会欺负比自身弱小的人或动物吗?试想一下,你是否在小的时候把猫给摔地下了,把狗给踢一边去了。你发火的时候,是不是谁弱就欺负谁,二年级的欺负一年级的,三年级的欺负二年级的。

第二,你喜欢嘲笑或者讥讽别人吗?"你看今天你这大鼻涕流的","你看你裤子这儿开了条缝,都看见屁股了","这个人怎么那么瘦，瘦得跟刀螂似的，跟集中营里出来的似的"，"这个人屁股怎么这么大"，你喜欢不喜欢这样？如果经常这样的话，那你就是个喜欢用言语欺凌别人的人。

第三，你喜欢看到别人害怕的样子吗？见到别人害怕，你会很高兴，为了凸显自己很勇敢，你会故意去惊吓别人，把人家吓得尖叫吗？如果你经常这样做，那很可能是个潜在的欺凌者。

第四，别人出丑的时候你觉得可笑吗？举个例子，冬天，一位女士遇到一条小河沟，她想迈过去，结果冰化了，她一下掉进去了，从里面爬出来，又是泥又是水地在前面走，那时候都穿棉裤，水流着，非常狼狈。有两个小孩在旁边追着人家看，哈哈大笑。人家本来就很尴尬了，他们还笑。欺凌者有一个特征，他们麻木，感受不到别人的痛，感受不到别人的情绪状态，别人出丑的时候他们觉得好笑，这也是欺凌者的一个重要特征。

第五，你爱嫉妒别人吗？比如说好朋友家的蚕养得特别好，你就悄悄地偷回家了。本意并不是说想改良品种，而是觉得凭什么他的长得比你的好，单单因为嫉妒就夺人所好，这也是欺凌者的一个主要特征。

第六，你喜欢占有别人的财物吗？别人的铅笔不错，橡皮不错，小手链也不错，没事儿拿过来，要么借两天，要么就直接把人家的东西拿走了，这是欺凌者的惯常做法。

第七，你想让别人觉得你是最狠的人吗？我们身边可能就有这样的人，他们一拳把人打一个跟头，一砖头把人脑袋打流血了，然后特别得意，就觉得"这才叫男人，这才叫爷们儿"，他觉得这是一种很勇敢的行为，觉得很多女孩仰慕下手狠的人，这种人很容易成为欺凌者。

第八，你常常发火吗？动不动就发脾气，动不动就摔东西，动不动就指责人家、骂人家。

第九，你喜欢报复伤害你的人吗？人家碰你一下，你给人家两拳，人家胳膊肘碰了你一下，你给人家一大胳膊肘，足球场上、篮球场上经常看到这样的报复行为，生活当中如果你喜欢报复，那也有欺凌者的潜质。

第十，竞技活动的时候，你能不能接受失败？乒乓球、篮球、足球比赛，甚至下棋、跳房子、跳皮筋等活动，你是不是一输了就发脾气，然后就攻击对方，"都是你们做手脚"，不能接受输的事实。

第十一，你能不能接受和你不一样的人？长得不一样，习惯不一样，语言不一样，脾气不一样，总而言之，除了男女不一样之外，你是不是都不能接受，你是不是觉得所有的人都应该跟你一样，只有跟你有同样脾气秉性的人，才能接受？

以上十一条中，如果你有三条的答案是肯定的，那么你就是一个潜在的校园欺凌者，甚至就是一个欺凌者。退一万步讲，且不说你是不是欺凌者，如果有三个以上上述行为，这对你的人际交往也是非常不利的。

尊重别人做事情的方法

欺凌者必须明白，上帝为每一个人都造就了独特的外表、能力和技能，每个人都有独特的不可替代的东西，只不过在学校里面，我们可能没有这么多的施展空间和证明自我的机会，倘若给我们一个更大的舞台，让每个人把自己的才华展示出来，那学校会呈现出一派百花齐放、百家争鸣的景象。因此，我们要尊重别人，也要允许别人拥有差异。

每个人都有自己做事情的方法，比如吃苹果，有的人先把皮啃着吃了，再吃果肉；有的人拿刀子把皮削了再吃；有的人不削皮，直接拿过来就吃。每个人成长的经历不一样，有自己独特的做事方法，我们要理解这种差异性。再比如，20世纪70年代有个教师这样说："我吃苹果从来不削皮，以后你们谁削皮，把皮给我，我吃。"原来，这个老师小时候家里很穷，勤俭节约惯了，所以他看不惯浪费苹果皮的行为，这就是成长经历不同导致的认知的差异。

如果因为看不惯别人的行为模式，就欺凌别人、攻击别人，这是不对的。这种做法说明你在犯错，你不懂得尊重别人，需要改进。只要别人没有按照你说的那样来做就是错了，这种道理听着就觉得荒谬，理性的人都能做出合理的判断。

别把不安全感投射到别人身上

很多欺凌者都缺乏安全感，总觉得对方有意针对自己。比如，张某挤公交时不小心踩了后面一个人的脚，他想回头道歉，结果头回到一半，车颠簸了一下，他马上转回头，稳定自己的身体，刚稳住脚，头上就挨了一拳，后面被踩脚的人气汹汹地吼叫："让你瞧不起我！"张某当时就蒙了，和那人扭打在一起。经过众人调解才拉开了架。被踩脚的人说："他踩了我就算了，毕竟人多，可他还给我白眼看，这不是瞧不起人吗？"张某听了，觉得太冤枉了。

现实中有很多这样的欺凌者，他们总觉得"这事是故意冲我来的，他在斜着眼看我"，其实人家眼睛就是斜的，看什么都是斜的，根本不是故意想招惹他们，但是因为他们内心自卑，就会觉得别人是故意招惹他们，别人吐一口痰，他们也会觉得"这是跟我叫板呢"。

很多人打架，就是因为对方吐了一口痰，欺凌者觉得"你冲我吐痰啊，你跟我过不去"，也有可能是对方大声说了一句话，欺凌者觉得"你故意吓我呢，在挑事"，这些欺凌者的共同特征是内心没有安全感，他们把自身的不安全感投射到别人身上去了。

不安全感通常与自身的心理素质有关，心理不够强大，敏感脆弱。深切渴望别人的认同，又害怕别人看透自己的弱小不安的人，都是心理素质有待提升的人。这样的人看到别人的言行很容易紧张，总觉得是针对自己的，甚至别人的一句话也能影响自己好几天。他们心理的不安通过外在表现出来就是易怒，唯恐别人看到自己的弱小，一有风吹草动，就立即发怒，以此来掩饰自己的不安，表现出一种张牙舞爪的气势，让别人害怕自己，假装自己很强大。这种欺凌行为，就是将自己的不安全感投射到了别人身上导致的。

你的欺凌行为早晚会出事

为了防止欺凌者走上有恃无恐、行事手段越来越恶劣的不归路，我们需要向欺凌者提出几个建议。

第一，欺凌行为不会被社会和别人接受的，没人喜欢欺凌者。对待欺凌现象，学校零容忍，社会零容忍。至于欺凌者的父母，就要看自身的道德水准了，我们相信，父母也不会希望自己的孩子将来成为一个让人讨厌的人。

第二，欺凌行为持续下去，就有可能升级，甚至演变成犯罪。在北京市未成年犯管教所采访了几十个犯罪少年之后，我们得出结论：他们100%受过欺凌，100%欺凌过别人。注意是100%！最开始只是因为一个小小的摩擦，慢慢升级为团伙作案，最后升级为刀枪剑戟，杀人放火。所以，千万不要小看今天一个小小的举动，如果不加以限制，会慢慢升级为犯罪。

第三，欺凌从来都不是一个片面的事件，无论是对受欺凌者还是欺凌者都会产生影响，欺凌者的"暴民心态"是一种非常危险的心态，它会让人无法适应社会生活，很难在社会中立足。学生时代对欺凌者最常见的处罚就是开除，而一旦到了成年，这样的行为就会招致刑罚，屡教不改的后果就是葬送了自己。这就是老人们经常说的"小时偷针，大时偷金"，小时候不加以克制，长大之后就容易犯罪。

合理释放自己的荷尔蒙

一位儿童专家曾对4000多名男性小学生进行统计，其中在学校被称为"问题男孩"的竟然占到70%以上。这些男孩除了有学习问题之外，更多的是个人行为问题，他们好像总是那么精力充沛，一刻都不想停下来：上房揭瓦、下河摸鱼、爬树、满院子追逐、欺负女生、与小伙伴打架……因此，有些家长经常不由自主地叹气：养个男孩真麻烦，时时刻刻都在惹事。

如果你也是这样一位精力旺盛的男同学，千万别太责备自己。好动不是过错，也不是故意捣乱，而是因为体内大量荷尔蒙的存在致使你必须做更多的运动来释放。但是在学校里面，教师们为了保护学生不发生意外，往往没办法放手让大家去运动，而为数不多的体育课和课余活动时间，对男孩来说并不够。

其实，爱玩、顽皮、淘气本是男孩的天性，学校不能给男孩提供释放能量的机会，如果在家里，家长再要求他"停下来"、"安静"、"学习去"……那男孩与女孩的区别又是什么呢？换言之，如果男孩的行为表现同女孩一致，那性别的意义又在哪里呢？如果男孩天天坐在座位上，他的荷尔蒙就释放不出来，就会缺乏阳刚之气。

最重要的是，如果男孩明明精力充沛，却找不到合适的方法宣泄，就容易发展或者演变成一个欺凌者，这是最糟糕的结果。因此，男孩子一定要想方设法多参加体育活动和竞技活动，到球场上、运动场上释放能量。当我们将体内的能量都释放干净了，我们自然没力气欺负别人了。

换种方式证明你的强大

同学在一起，难免会有磕磕碰碰，我们要明白，打人并不能证明自己的强大，只能证明自己的野蛮，甚至无能。

很多人都有被欺凌的经历，被欺凌的感受很不好，会影响人的一生。既然如此，己所不欲勿施于人，我们不愿意承受的也不要强加给别人，所以，当我们在承受被欺凌的痛苦时，首先要做到让这种痛苦在自己这里停止，不要再把这种痛苦转嫁到别人身上。

真正强大的人不会被暴力传染，我们不要当欺凌者，如果想证明自己的强大，可以参与社团、班级活动，通过团队荣誉来证明自己的强大。我们还可以保护别人，帮助别人，多为弱小的同学做一点事情，用友谊来获得朋友的尊重。这同样可以证明我们的强大，同样可以证明我们的存在感和价值感。这种方式比通过拳头让人怕我们有意义得多。

另外，内心的强大才是真的强大，越是想通过欺负别人来获得成就感的孩子，越是内心弱小的人。我们可以通过积极的行动充实我们的内心，比如，培养一些兴趣爱好和技能，这能让我们变得自信。换一个思路，如果我们的专注力都放在学习和兴趣班上，那么即使有容易被欺凌的孩子在我们身边打转，我们也会觉得很没意思，不如那些刚刚发展起来的兴趣爱好吸引我们。此时此刻，我们的内心充实而自信，根本不需要通过欺凌别人来证明自己的强大。

Part 5 教师应对篇

第 26 章

教师如何发现班级欺凌？

为什么在校园欺凌发生之后，教师常常是最后被告知的人？为什么教师总是不能在第一时间发现欺凌现象？因为欺凌的前提就是不想让教师看见、听到。不过，无论是欺凌者还是受欺凌者，他们都是学生，师生关系原本就是校园中最亲密的关系，所以，只要教师有一定的耐心，总能发现欺凌的蛛丝马迹。

教师要克服的 5 个观念误区

校园欺凌具有隐蔽性，所以，欺凌现象虽然频频发生，但教师往往很难提前发现，不过，它也不是全无踪迹。只要留意，教师也可以在班级里发现欺凌现象，要想做到这点，教师们首先要克服几个观念误区。

1. 不要盲目自信

当大象出现在卧室，我们要么以为是幻觉，要么觉得它不是真的大象。很多教师也以同样的态度看待欺凌。当发现校园欺凌的苗头时，他们会直觉性地否定：我们的学校管理非常严格，对学生的纪律也有严格的考核标准，我们班级不可能出现欺凌现象。任何一个国家、任何一个学校，都有不同程度的欺凌事件发生，对于学校或者班级的盲目自信，是导致教师不能第一时间发现欺凌现象的主要原因。

2. 认识欺凌和冲突的区别

当某些校园欺凌发生的时候，许多教师都有这样的想法：有点事情怕什么，让学生自己解决，成人不要插手，孩子们不是缺少与人相处的能力吗，这正好是个机会，让他们去解决吧，干吗一定要说是欺凌呢？

虽然教师期待学生自我成长的良苦用心值得赞赏，但是，我们必须明白：欺凌和学生冲突有一个本质的不同，冲突是平等的，两个人势均力敌，因为偶然的一件事情发生了冲突；欺凌则是蓄谋的、经常的、力量不对等的。教师一定要充分认识两者的区别，认识到孩子有很多事情是需要我们帮忙的，科学地插手、引导、疏通和干预并不会妨碍他们的成长和进步，反而会避免他们遭受更多的伤害。

3. 不能用欺凌对孩子进行挫折教育

孩子在成长过程中要面对许多问题，而遭遇挫折也是其中一项，很多教师将欺凌看作是对孩子的挫折教育，认为小孩子遭遇挫折后自行解决，对他的抗压能力是很好的锻炼。这种观念如果扩大化，绝对化，一定会给孩子的成长带来很大的创伤。因为挫折和欺凌有本质的不同，许多时候，挫折是一种客观上经历的失败，是人人都要经历的考验和困难，挫折面前人人平等。而校园欺凌的本质是人对人的欺负，是人为的羞辱和灾难，是同龄人之间所发生的不平等的行为，它的发生是蓄谋的，作为弱者很少有机会反击，很少有机会翻身。所以，它对孩子的负面影响以及造成的心理创伤远远大于挫折。教师一定要克服自己观念上的误区，及早发现欺凌现象，否则，一旦发生严重的欺凌事件，很可能会影响孩子一生的人际交往和身心健康。

4. 任何学生都不该遭到欺凌

"凡是遭欺凌的孩子，一定是招人讨厌的，先欺凌别人的"，很多教师都有这样的误区：这个孩子调皮捣蛋，总是惹事，所以别的孩子才总是欺凌他，只要他变好了，肯定就不受欺凌了。其实，无论这个孩子有什么样的毛病，不管学习有多糟糕，他都不应该遭受没完没了的欺凌，这是孩子作为未成年人的基本权利，保护这种权利也是成年人对孩子应尽的义务。

5. 站在儿童的角度正视欺凌

专业调查数据表明，在同一所学校，三个月之内，同学们反馈的欺凌事件为 89%，教师对欺凌事件的反馈为 10.65%。这么大的差距是怎么来的？就是因为同一件事情，教师认为已经圆满解决了，而孩子认为没有解决，他们并没有得到真正的帮助。儿童的欺凌只有儿童自己才看得到，因为他们身在其中，教师必须设身处地站在儿童的位置观察，才能及时发现欺凌现象，及时和家长沟通，制止欺凌事件扩大至无法挽回的地步。教师只有真正地重视欺凌，才能及时制止这种现象，而不是等到事态严重到无法控制时，才恍然惊觉。

学生可能被欺凌的 7 个信号

下面我列举出 7 个可能发生了欺凌的信号，教师可以此作为观察和判断的参考标准。

1. 预警信号

预警信号指的是事件已经发生了，受欺凌的学生在身体上会出现反应，比如说这个学生开始频繁生病。当一个人遭受了剧烈刺激之后，为了避免再次受到同类刺激，他的心理就会暗示自己生病了，因为生病会使自己不用遭受此类刺激，这类暗示会导致身体真的出现不良反应。如果一个同学开始经常生病，那么可能是受到了欺凌。

2. 容易紧张

当一个学生突然开始多了很多小动作，如咬指甲、脸抽搐、爱哭、口吃等，这个学生可能遭受了欺凌，正是因为心里强烈不安，让他时刻保持高度紧张的状态，所以他会不自觉地做出小动作。当然做同样小动作的孩子很多，需要教师一一辨别。孩子受到欺凌后，是不会主动告诉教师的，所以需要教师练就一双火眼金睛。

3. 害怕上学

一个正常上下学的学生，突然开始迟到、早退、旷课，这是受到欺凌后最正常的表现，迟到、早退都是因为害怕，为了避免再次遭受欺凌，甚至于以旷课来避免。对于这类学生，教师不应该用纪律规范来看待，因为他很可能是遭受了欺凌。

4. 成绩突然下滑

如果学生的成绩一直很平稳，突然间开始下滑，上课听讲也不够专注，作业也完不成，这个时候教师要注意，他很有可能被欺凌了。当然，不排除其他事件，但是多一个视角来看，对我们及时发现校园欺凌是有很大帮助的。

5. 衣服破损

很多教师认为孩子衣服破损多半是淘气弄的，比如登高爬低，但还有可能是遭受欺凌所致。教师对此要多一些关注，不能一概而论地认为是孩子淘气，欺凌事件也偶有发生。

6. 丢三落四

学生丢三落四的，一会儿找不到文具，一会儿找不到书本，他很有可能遭受了欺凌，因为欺凌者会把他的书本藏起来，或者扔了。如果有些同学的文具或者书本出现了一些这样那样的问题，他很有可能被欺凌了。

7. 尝试和讨论自杀

每一年都会出现一些自杀或者自杀未遂的学生。在自杀之前，这些孩子很可能跟人讨论过，或者异常关注这方面的事情。教师要注意，他们可能是遭受了欺凌，心里想不开。还有一类学生正相反，他们遭受欺凌后，就开始欺凌比他们弱小的学生。教师对这两类学生一定要给予重点关注，避免悲剧的发生。

在学校安插观察员

因为欺凌者总是在有意避开教师的前提下进行欺凌，教师很难及时发现，发现不了，就无法进行有效的保护，无法制止事件的进一步扩大。教师再认真仔细也是一个人，精力总是有限的。俗话说人多力量大，恰当地运用群众的力量，才能真正做到事半功倍。

那么，谁才是最适合的帮手呢？

我们可以拜托学校的门卫帮忙，因为门卫天天盯着门口，所有人的一举一动他都看得很清楚。

体育老师也是很好的帮手，体育课上大家自由活动多，很容易发生肢体冲突，我们通过体育老师可以知道谁与谁经常发生冲突，力量是否成正比。

操场的监管员也是很好的选择，很多学校为了保证操场的安全，专门安排了监管员看护，有的时候他发现学生打架斗殴，会上前拉开，但是他不会做进一步的处理，如果教师能去问问他，多让他留意自己班级的情况，就能了解到很多不知道的事情。

学生们面对不是自己班主任的其他教师，总是容易放松警惕，暴露出自己无所顾忌的一面，所以，我们可以拜托手工课的老师、餐厅的工作人员、探头监视员，还有保安，让他们帮助自己多留意学生。这等于在整个学校都有了自己的"眼线"，哪个学生抢夺别人的饭碗，哪个学生在楼道口欺负别人，你统统都知道，那么自然而然就能分析出哪个学生正在遭受欺凌，哪个学生是欺凌者。

没有人愿意孤军奋战，在应对校园欺凌这种大事的时候，教师更不能孤军奋战。我们要调动起所能想到的人，拜托他们当我们的观察员。虽然欺凌行为总是避开教师的视线，但是总有另一双眼睛在帮我们盯着。

鼓励学生来报告

学校里的"告密者"向来不为人们所喜爱，因为"告密者"的目的是让别的学生惹上麻烦，甚至为了让别的学生惹上麻烦而故意胡编乱造，对此教师一定要分清楚。我们鼓励学生来报告关于欺凌的情况，是为了发现班级里的欺凌现象，以便进行干预。要让学生明白，我们是为了保护别的学生才鼓励大家来报告，不是为了让他们惹上麻烦的。

教师对待向自己报告的学生，一定要注意三点：

第一，要仔细倾听，用提问来理清一些细节，比如说谁参与了，发生了什么事情，发生在哪里，还有没有别人看到。当然我们一定要进行记录。

第二，要给报告者保密，很多孩子在报告时，都会说，"老师，你一定替我保密"，我们要回答，"我一定保密"。我们要说到做到，避免孩子因为报告而成为下一个受欺凌者。另外，我们要感谢学生愿意向我们报告，这种行为体现了学生的责任心和正义感。

第三，给予足够的重视。为什么在发生欺凌之后，很多学生不想告诉教师，这是因为很多学生报告的时候，教师没有认真对待，囫囵吞枣似的把事情就给处理了，让他们认为"你没有帮到我"，一来二去，教师就失去了学生的信赖。如果向教师报告的人是受欺凌者，那么教师就要更加重视起来。

除了刚才那些观察员之外，如果把学生们调动起来，有那么多双眼睛在帮教师盯着，教师就能及时发现问题。

第 27 章

紧急处理欺凌的步骤与原则

当教师发现了欺凌现象,一定要及时进行处理,在最短的时间内处理好,就能将伤害降到最低。所谓的及时处理,不是张口就问受欺凌者"为什么他不打别人,就打你",也不是将欺凌者训斥惩罚一顿。为了更好地应对欺凌现象,教师可以参考以下几种紧急处理办法。

不可不知的被害学三段论

关于校园欺凌的处理,我们可以参考被害学三段论,被害前、被害中、被害后。被害前就是这件事情怎么让它不发生、少发生,提前预警,提前防范;被害中,正在发生的,我们如何把这件事情的危害降到最低,及时制止,及时调整;被害后,很多人容易把后面的事情轻描淡写,我们必须特别强调,恰恰是后面的小事没做好,整个处理过程前功尽弃,被害后的处置是非常关键的。

被害前如何预防,我们前面已经详细讲述过了。被害中,当孩子正在遭受欺凌,我们的第一反应应该是马上制止!无论是不是我们班级的学生，只要我们听到哪里发生了欺凌，哪怕他们讨论的只是不确定的消息，或者被夸大的消息，我们也应该马上奔赴现场，强制干预，将受欺凌者解救出来。

干预之后呢？很多教师都是问受欺凌者："有事吗？没事就回去上课吧。"这样轻描淡写的处理方式，只会刺激欺凌者更加暴虐，认为欺凌别人也不会受到惩罚，会变本加厉。而受欺凌者则认为自己得不到合理的保护，身心都受到强烈刺激，会对教师失望，对学校失望，甚至以后会对社会失望、对自己的人生失望，当他被负面情绪包围的时候，非常容易产生不可逆的后果。因此，如何对受欺凌者和欺凌者进行后续处理是非常关键的，毋庸置疑，双方都应该接受专业的心理辅导。我们要让欺凌者承担起应有的责任和惩罚，而对受欺凌者要给予足够的安抚，并教他再次面对这样的事情时应该如何保护自己。

帮助受欺凌者的 9 个方法

当受欺凌的孩子站到我们面前，愿意告诉我们他的遭遇时，我们一定要注意以下 9 点，这 9 个方法对于我们发现欺凌现象和保护孩子有很大的帮助。

1. 要有耐心

受到欺凌的孩子身心都处于极度紧张不安之中，他们讲述事情经过的时候可能语无伦次，或者是一边哭一边说，这些孩子还很可能是不善于表达的孩子，我们对他们一定要有耐心，他们不可能一次就条理分明地讲清事情，我们要鼓励他们，实在不行的话，可以这次说一点，下次继续再说，不要逼迫他们。

2. 不要提问太多

提问太多会给受欺凌者很大压力，下面这样的提问更是严格禁止，如"是不是你招人家了，是不是你怎么着了"，"明明他是初一的，你是初二的，你们俩怎么碰到一起去了？"这样的问题等于暗示对方"这是你的错"，孩子肯定就不愿意再跟我们继续说下去了。所以，我们不要提问太多，要尊重孩子，给予他话语权，哪怕他说话啰唆没有条理，也要认真听下去，不要用提问干涉他。

3. 要有亲和力

所谓的亲和力，是指在孩子絮絮叨叨毫无头绪的叙述中，我们恰当地引导他，间接地帮他接近主题。要让孩子知道我们是可信赖的，是愿意倾听的。基于受欺凌者的紧张不安心理，我们一定不要逼他，那会适得其反。

4. 不要轻易打断叙述

受欺凌者在叙述中，我们不要提什么建议和意见，因为他很可能是第一次被欺凌，自己还处于茫然无措的状态中，你一会儿提个建议，一会儿提个意见，很容易将他弄懵了。哪怕心里有再多的话，我们也要忍住，慢慢听孩子讲述。

5. 要镇静

我们教师都有同情心，但是见到受欺凌者的时候，千万不要"哎呀，打成这个样子了"，这会把孩子吓到，真以为自己被打得非常严重，他心里本来就害怕，这么一说会让他更加害怕。我们可以展现我们的人性关怀，但要镇静，不能夸张："你是不是很难过，你是不是现在还委屈着？"类似这样的话最好不说。我们需要用合适的方法对孩子的遭遇感同身受，但是不能用言语或动作吓到孩子，在孩子面前还是要保持镇静，这样孩子才愿意跟我们娓娓道来。

6. 给予信任

任何人都需要信任感，无论是受欺凌者还是来报告的学生，都要给他们信任感，让他们知道我们相信他们说的话，不会带着怀疑的态度来看待这些事情。信任是相互的，只有我们相信他们，他们才愿意多说。

7. 询问学生有没有采取什么保护自己的措施

询问受欺凌学生有没有采取保护措施，本身就是在给他一些正面积极的建议，让他知道以后无论发生什么事情都得先保护自己，如果他采取了保护措施，我们就可以进一步引导他了。

8. 询问学生是否需要帮助

教师们不要小瞧这种询问，这绝对不是一句废话。虽然很多孩子需要教师的帮助，但有的时候，学生只是需要有人倾听，有人相信他说的事情就好，他不见得有什么大事，就是想让别人知道自己受了欺负，很委屈，想让别人听一听，他并不需要别人过分的干预。所以，我们一定要问问，如果需要我们的帮助，我们才能进行干预和保护。

9. 事态严重时一定要寻求专业人士帮助

如果学生的话中提及或者暗示自己受到威胁、想自杀之类的，那么我们一定要认真对待，要立即报告学校的相关领导和专业人士，寻求帮助。

当受欺凌者走向我们，面对我们讲述欺凌事件时，我们的态度决定了一切，只有我们真心去关注这件事情，进一步去保护他们，才能让更多的受欺凌者相信我们，愿意站到我们面前寻求帮助和保护。

紧急处置欺凌的 4 个步骤

发生欺凌后有 4 个紧急处理的步骤，这 4 个步骤有一个共同点，即立即性原则，就是马上处理，绝不拖延。

1. 立即制止

当你听到或者看到欺凌发生时，你要立即采取行动，具体行动分为以下几个方面：

第一，赶快把双方隔开，隔开，指的不仅仅是身体，还有他们的视线。因为人类的挑衅行为都是通过眼睛来释放和接收的，彼此看不到，情绪就会稍微平和。这是很关键的一点。

第二，疏散围观者。欺凌者之所以很嚣张，很霸气，是因为他渴望有围观者，渴望大家在旁边喝彩，这样可以满足他的虚荣心、权利感以及控制感。所以，教师到场后要立即疏散围观者："上课去，回教室，不许出来。"

在发达国家，预警系统里一旦发生校园冲突事件，一个原则就是谁也不许出教室，全部在教室里面。我们校园可能没有这种系统，而且我们中国人有看热闹的特点，越是有事，越是要围观。所以当教师赶到现场后，第一时间利用你的权威让孩子们都回教室，消减欺凌者的气焰。

第三，如果发现是恶性打斗，双方持械，比如说有棍子、刀，那我们就不要轻举妄动，一定要马上找救援。我们可以找男老师，或者找保安，告诉学校领导，启动学校的紧急预警预案。如果放学了，到处找不到人，也可以打110报警，让警察来处理。要注意，不要找学生帮忙。

2. 立即约谈

平息双方纠纷后，就进入了约谈环节。教师要分别与欺凌者和受欺凌者谈话，但是不要把两个人凑在一块儿谈。在分别约谈的时候，第一要让欺凌者明白，他的行为是绝对不能够被接受的，无论是教师和学校都会采取行动，全力阻止这件事情再次发生。只是制止他，显然约束力不够，还要告诉他"我希望你做什么，我希望你去做哪些事情"，要告诉他教师和学校的期望。第二是让受欺凌者明白，教师和学校不接受任何针对他的欺凌行为，而且这不需要任何理由。要安抚孩子"这不是你的错"，只有教师不断强调这一点，孩子才会信任教师，才会觉得他是有支持者的。教师也可以告诉孩子，"你没有找麻烦，而且你不要一个人单独来面对，我一定会陪伴你，帮助你，不仅我会，别人也会的"，给他巨大的精神和心理安慰，防止孩子滋生任何事端。

当孩子的情绪处于很冲动，很激动的时候，他们什么都听不进去。所以我们要通过约谈给他们冷静的时间。

等到双方情绪都稳定下来，能够理性对待自己行为的时候，我们再把两个人请到一起来，目的是让欺凌者去倾听受欺凌者的感受，比如让受欺凌者说哪里很疼，很难过，很害怕，很冤枉，让他大声诉说自己的委屈和感受。同时也让欺凌者听完之后谈谈他自己的感受，要求他立即道歉，一定要当场道歉。

很多人在面对孩子的问题时都习惯用钱来打发。教师们至少要保持一个原则，就是尊重每个孩子的人格。很多受到欺凌的孩子不接受钱，也不接受对欺凌者的批评，他们就是要一个道歉，这是对自己人格的尊重。教师们要保证受欺凌的孩子得到应有的尊重，保证他们得到应有的道歉，而不是任何物质补偿。

3. 立即见监护人

教师还要立即找双方监护人，就是双方的父母或其他监护人，争取做到当天见面。因为信息在传播的过程中会发生扭曲，会被加工、被放大。如果不能及时处理好，这件事情传到学生家长耳朵里后，就会发生本质的变化，进而更难处理。所以要立即找双方监护人。对于监护人也要分开谈，不能凑在一块儿谈。

首先，先与受欺凌者的监护人进行谈话，告诉他们所发生的事情及欺凌行为。先告诉他们孩子有没有受伤，没有受伤的话，家长心里的大石头就落地了，他们才有心思继续接下来的谈话。告诉家长事情的起因以及怎样制止的，跟他们解释学校的政策和班级的规则，告诉他们这种行为的处罚措施是什么。

教师要跟家长进行有效的沟通解释，给他们吃一个定心丸，"这件事情我一定要帮助您的孩子，保护您的孩子"。同时要明确告诉受欺凌者的家长，欺凌行为绝对是禁止的，在你的学校，在你的班级里是绝对不允许它再次发生的，告诉他们你会与他们保持密切的联系，让他们知道事情最后是如何解决的。

安抚好受欺凌者的家长后，再与欺凌者家长谈话。因为欺凌者的家长知道自己的孩子没有吃亏，所以他们并不是特别着急。教师在向欺凌者的家长说明这件事情的情况后，也要跟他们交流相关的信息，并且告诉他们你一定会尽力帮助孩子改变行为，你同样也需要家长的帮助。

4. 立即提供心理咨询

我们应该明白，当孩子受到欺凌后，他的心理会受到很严重的创伤，这种伤害一方面是当时的应激反应，很愤怒、很恐惧、很紧张、很害怕，之后还有可能会引发其他方面的一些心理反应，所以受欺凌者应该马上接受心理辅导。如果学校里没有心理辅导老师，就选择优秀的教师来替代。这种教师应该有丰富的教学经验，且有亲和力。

给教师和孩子一个单独的房间，不需要教师说些什么，只要坐在孩子的身边听他诉说，或者不说，陪着他，安抚他就可以了。教师临时充当一个陪伴者，一个倾听者，一个辅导者。一定要选择有亲和力，让孩子信赖的教师去陪伴，避免产生不可逆转的心理阴影。

如果孩子的问题特别严重，已经出现了精神异常，那一定要及时送医院精神科去接受治疗，刻不容缓，千万不要被眼前的现象所迷惑，"没事，孩子能有啥事，打完架就好了"，千万不要大意，一定要做专业的精神鉴定。

坚守"5项基本原则"

孩子出现问题之后，最焦心的就是父母。尽管我们可以利用教师的权威、工作权限、资源处理好孩子之间的问题。但是，当我们面对焦心的父母时，很难进行有效沟通。所有的父母都有一个特性：自己孩子的利益能多争取就多争取，其他孩子与我无关。

基于欺凌者和受欺凌者的背后离不开家庭的原因，我们面对家长处理问题时，一定要坚守以下几项原则。

1. 禁止贴标签

对于惹出事情的欺凌者，教师千万不要跟家长说：你们孩子品质太坏了，经常打架骂人，将来会怎么怎么样。孩子是父母的心头肉，你这么说很容易引起家长的愤怒。所以，我们不要妄下定论，就事论事，把情况说清楚，既要明确地告诉家长欺凌行为不对，又要让家长知道我们相信孩子是能够去面对和解决这个问题的，千万不要把责任全部推给家长。

2. 与家长充分共情

面对受欺凌者的家长，我们一定要了解他们的心情，他们很焦虑，很愤怒，很担心，这是必然的。焦虑是因为害怕孩子受伤，愤怒是因为在学校发生了这样的事情，担心是唯恐以后这样的事情再次发生。这些都是天下父母者人之常情。所以，我们需要站在他们的角度来接受他们的情绪，理解他们的感受，并表达自己的共情，比如，我们可以说"我也很心疼这个孩子，我也渴望去保护他，我会尽我的全力，请相信我"。

欺凌者的家长，也很关心学校怎么来处置他的孩子，会不会借此机会给孩子一个处分，其他孩子以后会不会孤立他。对于这样的担心，我们有义务告诉他们"孩子这种行为是不对的，我们要找到原因，需要父母的全力配合，我们不会给他乱扣帽子，也不会去孤立他，我们相信他是个好孩子，只是没有找到合适的方法去解决问题"。

无论如何，我们绝不能小看共情的重要性。许多校园欺凌事件本身并不大，但后来逐渐升级、裂变，出现了很多意想不到的失控的结果，就是因为老师只关注如何去界定和处理这件事情，没有关注受欺凌者的情绪和感受，老师可能会心急火燎地问孩子："你为什么不第一时间跟我说？为什么不告诉我？不告诉我我怎么帮助你？"我们理解老师的心情，但这种态度会让孩子更加难过和害怕，当孩子回家再跟父母一讲，父母当然就不能接受了，"你怎么反而赖我的孩子，明明是你没有保护好"。如此一来，事情就陷入恶性循环的怪圈，最后牺牲的还是孩子的身心健康。

所以说，任何事情都要在一个合理的前提下才能得到解决。这个前提就是感同身受，换位思考，安抚情绪。教师们要坚守共情的原则，体谅家长的心情，给予他们最合理的回答，这才是息事宁人该有的态度。

3. 切忌大包大揽

教师绝对不要说"你不用管了，这事我来办"。教育的事情都需要双方家长的紧密配合，何况是两方冲突的大事？并且人家想要的结果也许并不是你所想的结果，大包大揽往往会让教师自找苦吃。因为牵扯到两个不同的家庭，所以教师一定要密切联系双方，促进事情顺利解决。

4. 不要推卸责任

在事情发生以后，很多教师生怕引火上身，担心家长把责任推到自己身上，往往一出口就是"这跟我没有关系"。纵然究其原因是教师许多时候被冤枉了，不敢承担责任了，但是，这样推卸责任依然会激起家长的愤怒，家长们会认为：什么都跟你没关系，可我们的孩子是交给你的！古语说：一日为师，终身为父。教师在这个时候推卸责任，是非常不应该也是不明智的，只会火上浇油，惹火烧身。

只要教师拿出解决问题的态度，有理有据地和家长认真沟通，相信大多数家长也愿意配合学校把这件事情尽早尽快地合理解决。

5. 绝不徇私，按规章办事

如果欺凌者实施暴力情节严重，已经构成违法犯罪，那么教师就应该按公安、司法机关的相关制度进行处理，不能扭曲事实以求对欺凌者从轻处罚，这对受欺凌者是不公平的。所以面对欺凌现象，一定要做到公平合理，以便对这类事件形成积极正面的教育作用。

Part6

学校应对篇

第 28 章
学校如何干预校园欺凌?

虽然说教师与学生的关系最为亲密,但也不能将欺凌事件都交给教师去处理。学校有义务建立完善的系统,保护学生不受欺凌。很多学校将学生之间的冲突都看成"小孩子打架不知道分寸,教育教育就行了"。其实不然,近年来校园欺凌所产生的家校冲突越来越多,部分原因就在于学校对此不够重视,而教师有心无力。所以,我们呼吁学校要干预校园欺凌,将学校重新变成学生的乐园。

建立一套危机干预系统

校园欺凌的发现、预防和处理,应该成为学校的系统工程。面对欺凌,单单靠教师是远远不够的,只有我们将全校所有人都调动起来,才能真正做到及早发现、及早干预、及早保护。

2013 年 4 月,广东顺德某中学某班在上体育课,其中一个 14 岁男孩因为没穿校服,无法参加当天的篮球比赛,就一个人留在了教室看书。比赛结束后,大家都回到教室,有几个学生说:"我丢了 100 块钱""我丢了饭票""我丢了 50 块钱",唯一待在班里的这个男孩成了怀疑对象。老师把他叫到办公室，问他拿没拿，男孩说没有拿，但是没有人相信。事情总是要处理的，于是老师就说："叫你的爸爸妈妈过来谈一下。"放学后，这个14岁的男孩从三楼跳下去摔成了重伤。

后来采访这个男孩的时候，他就说："我很委屈，就因为我在教室里，丢了钱就是我偷的吗？这两者一定有必然的因果关系吗？再者说了，谁能证明我拿了，我没有拿，我是清白的，我用这种方式来证明我真的是清白的。"为了一个莫须有的罪名，孩子付出了惨重的代价。

教师们一定要清楚，青春期的孩子情绪波动得非常厉害，在处理此类事情的时候稍有不慎，就会导致不可预见的后果。这个悲剧事件的发生固然有教师处理不当的问题，但是如果学校有一套危机干预系统的话，马上启动，马上干预，相信结果应该会好很多。

2016年4月，国务院教育督导委员会办公室向各地印发了《关于开展校园欺凌专项治理的通知》，要求各中小学校针对发生在学生之间蓄意或恶意通过肢体、语言及网络等手段，实施欺负、侮辱造成伤害的校园欺凌事件进行专项治理。

这个文件就是告诉我们要加强法制教育，严肃校规校纪，规范学生行为，促进学生身心健康，建设平安校园、和谐校园。它要求各个学校一定要建立校园欺凌事件的应急处置预案，包括公布救助热线，确定相关负责人，专项治理发生的欺凌事件。在处理过程中，要及时通报，及时追责，然后监督整改。另外，任何通知、政策最重要的就是"落实"，如果不能落实，再好的政策也只是空谈，没有办法起到应有的作用，学生们还是得不到保护。

学校相关人员都要清楚，从心理学上讲，欺凌事件本质上是一种人际关系的攻击行为，影响深远，会使受欺凌者产生低自尊、高焦虑，甚至可能产生深度的悲伤和情绪低落。这种被欺凌的经验会使学生害怕、被孤立，还有可能导致严重的心理疾病，如果不及时处理，甚至处置不当，就会升级为更大范围的、更严重的社会冲突事件，到了那一步，学校才会明白事情的严重性。

在电影《我不是潘金莲》里面有一句著名的台词：许多人栽跟头，没栽在大字上，皆栽到小字上。或者，没领会小字的深意。同样的道理，孩子面前是没有小事的。

有这样一个例子：一个女生跟其他两个女生发生了一些冲突，被那两个女生欺负了，女孩回家就跟爸爸说了，爸爸王某听完之后非常生气，于是说："走，我们到学校找她们去。"带着女儿骑着自行车就出门了。在路上正巧碰到那两个女孩也骑自行车过来，爸爸就过去质问她们："你们为什么欺负我闺女，而且不是一次了，你们要道歉。"两个女孩也很嚣张，根本不理他，结果这位爸爸一气之下就动手把她们给打了，一个被打成重伤，一个被打成轻伤，最后这位爸爸被追究了刑事责任。

这起事件虽然没有发生在校园内，但是它是由校园事件引发的，如果我们在学校时就发现了这一情况，及时进行干预，也不会出现这种结果。

星星之火可以燎原，孩子之间无小事，一旦发现了这类事件，学校一定要及时进行干预。校园欺凌事件的预防和处理，单单靠一个班级、一个老师、一些家长和孩子，是不能完全控制好的。学校必须建立起一套完整的干预系统，才能更好地控制欺凌事件的发生。

三级干预监护

在欺凌事件发生后，学校要配合专业工作者开展干预工作，使受欺凌者安全度过危机。具体的干预，可以分为三级。

第一级是班主任和任课老师的监护。因为他们是距离学生最近的，也是最了解学生情况的，学生信任他们，所以他们能够给予学生最及时的保护，无论是从时间上、情感上、空间距离上，他们是最容易发动和调动的。

第二级是各年级的年级组、教研组、学校科研室领导的协调监护。因为有些情况涉及班与班之间、年级与年级之间，所以第二级的监护要把年级组、教研组，以及各个科室的领导全部调动协调起来，并对整体情况进行评估。千万不要小瞧这件事，觉得"不就两个孩子的问题，班主任就可以解决了"，就如之前举的那几个例子，哪一个事例都不是班主任自己能够控制的，班主任只是一级监护。

第三级是心理专业教师的监护。他们毕竟是专业工作者，在关键的时候能够及时、有效、科学地给予专业方面的支持和干预，并决定和评估是不是有必要向相关的医疗机构和人员转接。

对于处在危机下的学生，最需要的不是道理、道德和法律，而是周围人的支持和理解，这就需要教师、同学、朋友给予他们情感上的支持，得到他们的信任。

有些教师总是说"其实这些受欺负的孩子老招别人"，如果我们的教师带着这样的态度，那么孩子就会收到心理暗示"这是我的错，既然这是我的错，既然你们不信任我，那我为什么要信任你"，本来孩子就处于心理波动非常厉害的时候，再这样一想，就会生出极端的行为。

我们先给孩子情感上的支持，然后再和他讨论解决的方法，"这件事情怎么办你觉得更好一点？你希望怎样解决？你是想报复他吗？你想怎么报复？报复的后果是什么？"全部要了解清楚。如果孩子不配合讨论，我们就要通过他最信任的人来转达，或者让专业的心理辅导机构接手，给予有效的干预。

尽可能避免二次伤害

我们在处理校园欺凌事件时，一定要尽可能地保护当事人，避免其遭受二次伤害。二次伤害是指事情在还没有解决好的时候，欺凌者和受欺凌者又见面了，他们的情绪开始爆发，欺凌者再次对受欺凌者进行欺凌，或者别的人对受欺凌者进行指责、质问、批评。我们要确保当事人的人身安全和心理安全，要尽可能将事情解决好，不要将事态扩大。

具体来说，我们要把握三个及时原则。

第一，我们要及时发现和掌握学生面临的变化和危机，如孩子的情绪有哪些变化，是越来越消极还是越来越愤怒，我们要通过观察他的行为，掌握他的情绪变化。或者通过考虑他即将面临的情况，预料他会发生怎样的变化，这都是需要我们细心留意的。

第二，我们要及时给予力所能及的保护和干预，可能这个学生不是我们班级的，但也必须管他，不能说"你不是我们班的学生，你去找你们老师去"，作为教师，我们至少要把孩子送到有责任帮助他的人那里去，如他的班主任、学校的领导、心理老师等。

第三，我们要及时向有关人员汇报情况，所谓及时就是发现学生异常情况后，要在1个小时内向有关人员汇报情况，同时即刻采取干预措施。接到汇报的有关人员要在1个小时内制定措施，实施干预，48小时之内如果干预无效，大家共同协商如何开展下面的工作。

由教育部、公安部、民政部等九个部门联合发布的《关于防治中小学生欺凌和暴力的指导意见》中明确指出，要"消除未成年人违法犯罪不需要承担任何责任的错误认识"，也提出了关注学生有无精神恍惚、爱哭暴躁、焦虑紧张等情绪，为的是有效避免孩子受到二次伤害。

学校是孩子长期学习的环境，为了最大限度地保护学生安全，学校要推进视频监控系统全覆盖，不允许任何形式的欺凌存在，如果发现了欺凌现象，更要惩戒和教育一起进行，必须防止当事人受到二次伤害。

暴力事件处理的7个步骤

如果发生了严重的暴力事件，牵扯到械斗、围殴、有人严重受伤等，就已经脱离了你碰我、我推你这种肢体冲突，需要进行严肃处理。这类事件的处理步骤大概可以分为以下7个。

第一，现场处理。所谓现场处理就是了解现场情况，找到发生冲突的学生，并初步判断发生冲突的原因，这对教师来说是一个很大的考验。

第二，采取适当的行动，阻止冲突再度扩大，并安抚情绪最激动的学生。情绪最激动的学生有可能不是受欺凌者而是欺凌者，但是不管是谁，先安抚情绪最激动的学生。在面对严重的暴力事件时，教师的力量可能略显单薄，可以请学生前来协助阻止，总之，必须以最快的速度控制住局面。

第三，对于身体受到伤害的学生，首先要检查他的伤势，及时了解他受伤的程度及部位，运用各种急救方法，控制伤势的恶化，并立即将其送往医院。

第四，不要急于批评行凶者，相反，要先安抚行凶者的情绪，避免再度刺激他，引发更为严重的后果。

第五，紧急联络支援的人或单位。如果教师在现场处理不能脱身，可以设法让学生帮忙向相关的领导、相关的部门求助，寻求其他教师和保卫人员的帮助。

第六，由保卫处的人员通知110或者医疗机构，必要的时候，教师也可以自行拨打110。

第七，由辅导室或教导处通知肇事学生的家长到达现场。

可能本班教师不是第一个奔赴现场的人员，但是上面的步骤是在最紧急的情况下应该采取的必要措施。

做好紧急处理后，我们还需要从以下几个方面采取行动：

首先，我们要将事情发生的起因、经过、结果汇报给上级领导，最快的途径是打电话，书面报告可以后续再整理。

其次，如果事态过于严重，我们有必要请公安部门参与处理，我们要配合警方或检察院协助调查，并以法律的途径解决。所谓的依法治校，不单单是针对学生，还针对校园里所有的行为，我们必须在符合法律的前提下去解决事端。

最后，如果有必要进行调解的话，我们必须通知双方学生的家长到学校来，由学校组成临时调解小组，如果冲突并没有那么严重，则由教师同行政人员协助解决。

以上都是学校相关人员面对紧急情况处置的方法和原则，整个处理过程需要调动学校全部的资源，有步骤、有分工地来解决，并且要逐级向领导汇报，在必要的情况下，要邀请司法机关介入调查和处理。

铲除校园欺凌的滋生土壤

对于校园欺凌，学校必须有长期的安全计划和长期预防校园欺凌的策略。如果这项工作做得好，不仅能有效预防校园欺凌的发生，对整个学校的教学和课堂质量都有很大的提高。

校园欺凌的发生并不是一个偶然现象，不仅仅是家长没有教育好，也不仅仅因为孩子们经常玩所谓的暴力游戏，还和学校存在让欺凌产生和发展的土壤有关。

（1）部分学校有意无意间制造了一批学业上的失败者。我国台湾有一项专项研究发现，欺凌行为的发生，学校是有责任的，一个过于重视学业成绩的学校会让某些学生产生挫折感，从而制造了欺凌者。

挫折产生攻击，孩子在学业上屡屡失败，在学习上得不到他想要的成就，他就会在其他方面寻找价值感和存在感，而欺凌行为本身就可以获得成就感，这叫自我肯定性的侵犯，通过侵犯别人来获得自己的价值，这样的欺凌者本身是学业上的失败者。

（2）学校教学内容缺乏吸引力，不好听、不好玩、很无聊。课堂内容无法吸引学生，学生就容易自己找点事儿。澳大利亚的学校，孩子在幼儿园大班的时候就已经跟小学广泛接触了，他们会定期到学校里玩教具，学校的老师、校长会给他们跳舞，孩子会特别喜欢这些老师，跟这些老师在一起感到特别轻松，他们会主动跟爸爸妈妈说："我喜欢小学，我要上小学，我要去学校。"这些学校都深受孩子的喜爱。而我们的学校总是有些呆板，不够吸引孩子的兴趣，无聊的孩子们只好根据自己的喜好去找点事情做，有的就喜欢上了招惹别的同学，为校园欺凌埋下了伏笔和隐患。

（3）学校的生活指导方式缺少一贯制，很多的政策没有得到有效的贯彻执行。

（4）学校的指导制度没有发挥其协助教育的功能，我们学校的墙上、展览室或者办公室都有学校的指导制度，但是，学生们却认为这跟自己没有什么关系，这是成人制定的，也是给成人看的。

（5）教师之间缺少联系，教育态度不一致，处理问题不够及时，没有协调好各方，各行其是。教师的问题，在于缺少团队精神，表面看他们是一个集体，但实际上集体意识相当薄弱。这与教育职业本身的特点有关，也与学校的管理有关，如果遇到事情的话，教师之间很难立即学会合作。

（6）师生之间沟通不足，老师和学生之间好像永远都有一道难以逾越的鸿沟，这是很多学校都有的毛病。北京师范大学教育学部石中英教授从学校的改革方面表达过自己的观点，他认为学生欺凌行为的发生，本身就说明了学校中的人际关系，特别是学生之间的关系的变质，预示着校园人际关系特别是学生之间关系的一种危机。如果要预防欺凌和解决欺凌行为，一项根本性的举措就在于直面校园中的师生关系、生生关系的现实问题，重建校园和谐的人际关系，包括师生和生生。

（7）对于校园暴力处置不当，不够及时。很多时候为了大事化小小事化了，我们都会在私底下解决事情，这样的处理方式，造成了学生相互的耳语，并怀疑老师是否能够真正解决问题，甚至造成姑息欺凌的这种假象，以至于欺凌事件反倒得到了鼓励。

现实生活中，因为解决和防范欺凌的制度落实不到位，教师不能有计划地辅导行为偏差的学生，只能在课堂上批评一下、教育一下，其实这些学生的背后有比较复杂的家庭原因，面对这样的孩子，我们应该对他们进行长期辅导，否则就会造成学生间的"交叉感染"，学习模仿，以致无视校规的存在。

（8）学校与家长沟通不足，联系不足。许多欺凌者的家长和老师沟通不够，他们看不到学校在这方面所做出的努力，也没有及时配合。当学生有了问题的时候，这些家长也没有给予足够的关注和教育，就使问题隐藏了下来。另外，学校没有办法照顾学生的个体差异，经常会有一种不恰当的标记分类，如通过学习成绩把班分成快慢班、好差班，把学生分成三六九等，这样无形当中就制造了他们的差异，就给校园欺凌带来了潜在的风险。

（9）学校无节制地扩大是滋生校园欺凌的沃土。研究发现，学校越大，欺凌事件发生几率就越高。这跟家庭环境相似，孩子越多，父母就越难以管教，孩子之间越是容易发生冲突。如果一所学校无限扩张，而相关的管理制度跟不上的话，就给欺凌带来了潜在的风险。

（10）学生感觉不公开、不公平。孩子越大越要求"公开公平"，他们觉得只有公开公平才能真正保护自己的权利。因此，一旦发生了欺凌事件，学校要及时进行处置，而且处置得要公平透明。如此，学生就觉得"我知道了，在这个问题上，我不能轻易去犯这个错误"。

（11）规模小的班级欺凌相对较少。心理学告诉我们，人们内心的不安全感跟空间有关，在一个空间内，人口越密集，互相的碰撞交叉越多，就越容易发生欺凌和攻击行为。

有些学校优质资源少，一个班级四五十人，甚至上百人，那么多人教师肯定管不过来，冲突自然少不了，这对孩子的身心健康都是非常不利的。

如果我们的学校能够管理到位，教导孩子拥有较强的自控力，遵守学校各项制度，养成良好的习惯，有序地生活、学习，校园欺凌现象自然就会减少。

第 29 章

发动全员参与抵制校园欺凌

很多时候，我们喜欢喊口号，或者将计划书做得分外完美，但是很少真正去落实，这是学校的责任。我们必须想办法将抵制校园欺凌的观念传递给每个人，让每个人都参与到这项活动中来。所有人都应仇视欺凌行为，一旦出现，立即采取措施，杜绝欺凌行为再次发生。

坚持"全员性参与"原则

要想预防并干预校园欺凌，学校必须动员所有人参与进来，群策群力，才能获得最好的效果。

其一，我们要强调以儿童为主的原则。这不是说要我们大人放手什么也不做，而是要发动儿童自组织去发挥力量。

其二，学校要加强校园欺凌和儿童自护的专业知识培训，用知识将孩子武装起来。

其三，学校可以购买服务，借助第三方力量，让专业机构进驻学校解决问题，毕竟学校主要的任务还是教育工作，不像一些民间机构专注于研究欺凌事件与法律政策，第三方机构相对专业,处理起来效率高。

其四,加强维权工作,给学校和政府一条出路。

从上我们可以看出,在学校开展预防和干预欺凌时,让学生参与到教育计划中来是一个重要环节。学校单方面制定了政策就让学生被动地去执行,甚至教师都不参与,效果是非常差的。学生全员参与进来,真正落实到个人,才能确保学生的安全,减少欺凌现象的发生。

为了发挥学生的力量,我们必须让学生知道什么是欺凌。只有让学生充分参与了,充分利用自己的方式给欺凌下定义,他们才能更好地理解字眼背后的真正含义。

首先,我们要告诉孩子我们眼中的欺凌是什么样的,抛砖引玉,进一步鼓励孩子说出自己的想法。

其次,我们鼓励孩子一起来探讨什么是校园欺凌,在孩子眼里他们认为欺凌是什么,是起外号,还是从背后推你一把,瞪你一眼,进一步地,在他们眼里,什么不是欺凌呢?偶尔的碰撞,无意的磕绊,这些一定让孩子自己说。

教师最好是将全班学生分成若干个小组,五六个人一个小组,给他们20分钟时间讨论什么是欺凌,见过的欺凌是什么样的,然后派代表来分享,最后把各个小组的意见集中起来进行宣读,最后就形成了一个定义。

这个定义不仅是欺凌的定义,也是班级的内部规则。当我们用孩子的视角找到欺凌的定义之后,就形成了班级内部规则,它就有了新的意义。

我们的教育系统鼓励教师经常搞班级建设,比如,制度的建设、规则的建设、文化的建设,最终目的是化整为零落实到班级里面去,而这种自己制定内部规则的办法是班级建设中最有效的。一方面,规则是每个孩子都参与制定了的,是他们自己总结、讨论出来的,他们都能充分理解规则。并且,讨论的过程也是他们自我教育、自我约束的过程。另一方面,孩子在讨论过程中给这个规则融入了自己的情感"原来欺凌是这个样子的,原来欺凌的感受是这个样子的,我们不能做,我们也不能用这种方式来对待别人",有了高度的体验和认同后，他们自然就会更好地执行和遵守。

举办"欺凌故事交流会"

在孩子明白了欺凌的定义之后，教师应该乘胜追击，给孩子安排欺凌故事交流会。每个人都在不同程度上遭受过欺凌，可能每个人也在不同程度上欺凌过别人，我们交流的目的是找感受，再一次明确欺凌具体是什么。

教师将全班学生分成若干小组，这次每个小组最多五个人，便于充分探讨和交流。分完组以后，我们请学生自己来描述与欺凌有关的经历，具体分为：我经历过什么，我有什么样的感受。受欺凌的人要谈，欺凌别人的人要谈，目击欺凌的人要谈，参与欺凌的人要谈，制止过欺凌的人也要谈。

每一种角色都要从自己的角度谈谈自己的经历，这个过程当中有两个原则要注意：第一，不能点名。比如，这个小组在班级里谈的时候不能说，"上次张三绊了我一个跟头"，应该说"上次有一位同学故意绊了我"。我们更多的是就现象来说现象，比如说自己欺凌别人了，也不说欺凌谁了。教师一定要注意，绝对不能点名。第二，不能批评。我们的交流会不是在论证谁对谁错，千万不要批评。另外，如果教师意识到在这个小组当中有曾经发生过相互欺凌的人，比如一个受欺凌者、一个欺凌者，那么尽量不要把他们分在一个组，要把他们调开。

当每个人把自己的经历都谈完以后，下一步就是分享自己的感受了，教师可以将学生们的故事汇总，分享心得体验：我在欺凌别人的时候是什么感受；我被别人欺凌的时候是什么样的情绪；我看别人被欺凌的时候，我在想什么；我参与的时候又在做什么或者想什么；还有我制止欺凌的时候，有什么样的心得和感受。教师要将这些问题充分讨论透彻，让孩子从中再进一步提升对欺凌的感受。

制作"防止欺凌规则墙"

我们的目光不能只停留在分享、目击、感受上,我们要进一步提出解决的办法。受欺凌者要拿出以后怎样免受欺凌的方法,而欺凌者要拿出今后怎么克制自己、不欺凌别人的方法,目击者要拿出今后怎样做到不围观、不欣赏的方法,只有把这些方法充分论证出来,我们之前所做的一切才达到了目的,所做的一切才有意义。

到了这一步,我们的工作已经非常成功了,但是还能做得更好,我们可以让学生来制作规则墙,然后再帮助他们落实到行动中,让他们遵守制定的规则,也就是在班级里明确欺凌行为是禁止的,每个人都有抵制校园欺凌的义务。

具体的规则制定方法,可以参照以下几个细则。

第一,规则必须是由学生提出来并且确立的。

第二,规则要简单明了地表达出来,比如,"我们不取笑别人,不给别人起外号",不要用成人啰唆的方式去表达。

第三,规则的表述是易于理解的。比如,如何使新同学感受到他们受欢迎?就用这样的大白话:班级里来新同学了,我们怎么让他感受到集体的温暖,受到整个班级的欢迎呢?越容易理解越好。

第四,规则要详细明确,不怕多,但是一定要详细,要明确。

第五,规则要人人同意,并且接受。我们需要集体举手通过的过程,只要有一个不通过,我们就要讨论这件事情,因为他做不到就会影响这件事情的效率和效度,人人同意并接受,这点很重要。

第六,既然所有人都同意了,接受了,那么这个规则在班级里面就具有了强制力,所有人必须遵照执行。

第七,一旦把规则明确出来了,每个人都要长期坚持去执行,直到下次修改为止。

第八,我们要与家长、各科教师沟通,并得到支持。这些规则制定以后还要跟家长联系，告诉他们我们有这样一个做法，我们已经全体通过，务必让家长同意和了解；还要通知各科教师，我们的班级有这个规则，请大家知晓并遵守。

第九，在规则上签上每个人的名字。因为这个规则是学生制定出来的，签上每个人的名字更有效力，然后贴在大家都看得到的地方，意思就是说我们讨论了、制定了、同意了、签名了、贴出来，这样能时时提醒大家约束自己的行动。

这个规则全校不一定要有统一的模板，各班做各班的就好，重点在于对规则的执行和落实。

如何让转学新同学"软着陆"？

预防校园欺凌有一个重要的环节就是做好新同学的入学准备，那么我们应该怎么做才能帮到他们呢？

最好的方式就是给转学的新同学认认真真举办一个专门的欢迎仪式。

首先，当我们知道有一位同学要转到我们班的时候，教师要事先向同学们介绍新生的背景，他从哪里来，那里是一个什么样的地方，有什么样的风景，什么样的文化，什么样的习俗，什么样的文化背景；然后再介绍这位同学，他有什么样的特殊才华，有什么样的兴趣、能力，同时还可以谈谈他有什么样的需要。总之，要替新同学在班里亮个相，为他的到来做好充分的铺垫。

其次，教师和同学们充分讨论：如果你是新生你有什么感受，如果你从新疆、甘肃来到了太原的一所学校，来到了苏州的一所学校，你会有什么感受。当你面对陌生的面孔，新的同学、新的老师、新的校舍，你有什么感受。如果你是新生那么你想要这个新的班级如何对待你，如果你是个新生，什么会使你在新班级里获得快乐。这就是共情和同理心，就是让同学们通过假设自己是转学生来了解转学来的新同学会有什么想法，有哪些需要。

再次，制作横幅，千万不要在黑板上写"欢迎新同学某某某"，一定要制作一条横幅，横幅是充满仪式感、隆重感的，"热烈欢迎某某某到我班"，或者"热烈欢迎某某某成为我班的同学"，这是一条大的横幅。再小一点的，每个同学要制作一个欢迎卡，在新生进入班级的时候，每个同学宣读自己对新同学的期待和欢迎。

最后，教师要在班级里招募志愿者，这个志愿者专为新生在第一天里提供一对一的陪伴和服务。他负责带着新同学参观学校，参观食堂，介绍学校的文化，介绍学校的老师、校长，还可以陪新同学一起读书，一同吃饭。以后可以每天换一个志愿者，换一个新伙伴，一直把班级里的人都换完，也就是说新同学每天都有一个朋友陪在身边，这样一个月下来，所有的人他都认识了，都有过一对一的接触了，心里的安全感和对团队的熟悉感也就慢慢建立了。

接下来就到了举办欢迎仪式的时候了，除了把大家提前准备的欢迎卡送给他，大家还可以请他来介绍自己原来生活的环境，同时还要表达一下"我到了这个班后，特别希望大家怎么对待我"，以方便大家在和新同学相处的时候知道轻重，不碰触新同学的伤疤和底线。

如果可能的话，还可以邀请新同学的父母一同参加欢迎仪式，让所有的孩子认识他的父母，也让父母了解这个班对自己孩子的接受程度，这样家长不仅彻底放下心来，还能更好地配合教师的工作。

一所北京的学校转来了一个广东的同学。这个同学不管是念课文还是说话，独特的口音总是引得大家哄笑，其实，大多数人的笑声都是善意的，只是觉得广东腔好笑而已，可这个同学却开始紧张起来，等到他再念课文的时候就不好意思了，开始磕磕巴巴的。细心的教师发现之后就做了一件有意义的事情，他把这个同学的爸妈请过来，让他们介绍广东的文化，广东的饮食，广东的学校。同时他还说，"同学们，你们一般会两种语言，汉语还有英语，我们这个同学会三种，广东话、英语还有普通话，尽管普通话不如你们标准"，这样换位思考一下，很多孩子不仅不再笑他的广东腔，而且纷纷要跟他学粤语。教师这样一个及时的立即性的处理，既保护了新生的自尊心，同时也给孩子们一个相互学习、相互交流的机会。

做好新同学的入学准备，绝不是多一张桌子，多一把椅子，来了一个新人这么简单的事情。学校应从多个角度制定欢迎新同学的标准程序，能快速消除新同学的陌生感和恐惧感的学校，就能从很大程度上防止因转学带来的欺凌事件的发生。

第 30 章

如何实施校园安全计划？

实施校园安全计划最重要的发动者是教师。作为学生最尊敬和信赖的人，教师可以采取多种方法、设计多种活动来预防校园欺凌的发生。

让沉默的大多数人站起来

美国校园欺凌专家认为，如果你能让沉默的大多数人站起来，你就能在数量上胜过欺凌者。

当局者迷旁观者清，这个旁观者指的就是校园欺凌发生时围观的人，只要有欺凌的发生，旁边一定有不少的围观者。如同一个巨大的舞台，有表演者也有观众，这无形当中就给表演者，也就是欺凌者，创造了一个很好的表现氛围。

很多研究发现，受欺凌的人都是沉默者，百分之五六十以上根本不报告老师，不报告父母，充其量会让同伴知道。除了受欺凌的人之外，大多数旁观者更是沉默者。他们的身份构成是非常复杂的，一般而言，中间是欺凌者，外边是他的同盟者，再外围就是旁观者，再往外是害怕和担心者，但是也想看看结果。

不管旁观者出于什么动机和目的，都有意无意地给欺凌者提供了支持，他们的围观在无形当中满足了欺凌者的自我成就感、控制感。从这个角度来说，虽然旁观者不是实际上的欺凌者，但却在客观上进一步推动了欺凌事件的发展。所以，学校领导和教师一定要意识到旁观者这个群体对校园欺凌所起的独特作用，要想方设法把沉默的旁观者变成主动积极的反欺凌者。

其实，在旁观者中固然有不少起哄看热闹的人，但一定也有不少心怀正义想阻止事件发生的人。有一组校园欺凌的数据显示，有43%的旁观者试图帮助受欺凌者，他们看不过去了，心里不平衡，很同情很压抑，真的想帮受欺凌的孩子；但是33%的人想了却做不到，因为不敢，因为害怕；只有24%的人认为这根本就不关我的事，纯粹旁观。这组数据告诉我们，绝大多数旁观者有心无力，如果把他们的积极性调动起来，把他们的这种正能量激发出来，就可以大大减少和制止欺凌行为。

教会学生怎么才能不做旁观者

为了调动旁观者的积极性，我们需要给所有学生进行培训，告诉他们怎样不做旁观者，或者怎样做一个积极的关注者。在培训活动中，教师可以让孩子充分讨论并通过角色扮演的方式来提出自己的观点，最后让他们知道自己在阻止欺凌时可以这样做：

第一，拒绝加入欺凌队伍。面对欺凌者的邀请，平静而坚定地说："对不起，我不去。"

第二，拒绝旁观。发现身边有欺凌事件发生的时候，绝不到前面去旁观，不做旁观者。（做角色扮演的时候，教师可以让孩子充分体会站在旁边的感受，另外，要从安全的角度告诉孩子，旁观者本身很容易受到伤害，如果对方打起来了，飞出来的砖头、刀子，都是不长眼睛的，所以任何时候都不要当旁观者）。

第三，如果我们恰巧从旁边经过或者被迫卷进去了，要大声吼道："停止打他！"哪怕隔着很多人，在旁边远远地吼这么一嗓子，对方也会胆战一下。因为他不知道我们是谁，他也不知道我们是几个人。还可以说"老师来了"，"我告诉老师去了"，用这种方法提醒或者吓唬欺凌者，让他们心有余悸手下留情。为了保护自己的安全，即使躲在远处的角落里喊都没有关系，这样都是积极的关注者。

侯耀文先生说过一个相声，叫《一啊三得》，见到抢劫犯打不过人家怎么办，自己就啊的喊，第一给自己壮胆，第二吓唬对方，第三是让周围人知道这儿有事，作为旁观者我们也可以这么做，大吼道"不许打他"。

第四，及时把自己所了解或看到的任何欺凌行为报告给老师、同学、对方家长或者任何能够及时有效地制止欺凌的人，越早越好。别等第二天再去报告，可能会错失处理问题的最佳时间。

第五，我们可以什么都不说，尽可能多地联合其他旁观者，一起站在受欺凌者的后面共同面向欺凌者，这样的举动就足以给对方一个震慑，给受欺凌者极大的精神支持和鼓励。

第六，分散欺凌者的注意力，使其停止欺凌行为。我们可以想一些方法，把欺凌者叫走，"有事呢"，或"别打了，这个地方不行，这个地方离派出所近"，"别打他，你知道他爸爸是谁吗？我们可别招他"，我们说的可能是善意的谎言，目的就是把这件事给混过去，防止欺凌事件进一步恶化。

如果学校能把大多数旁观者的积极性调动起来，对于预防校园欺凌有非常大的促进作用。毕竟孩子们是知情者，是目击者，更是曾经的或者潜在的受欺凌者，看到别人被欺负，他们也会担心有一天这样的事情会落到自己头上来。这就为我们说服旁观者，争取更多的反欺凌者，奠定了非常重要的心理基础。所以，当我们告诉孩子们帮助别人就是保护自己的时候，我们就能争取到更多积极的反欺凌者。

定期分享"我喜欢"活动

每个人都有自己的兴趣和爱好，并且很容易把自己喜欢和感兴趣的当成大家都喜欢的，这叫作"以己之心度人之腹"。由于生活经验和社会经验的匮乏，孩子更容易如此。比如说：一个孩子喜欢吃糖，就很可能会觉得别人也喜欢吃糖，然后就把自己最喜欢的糖送给某个同学。可偏巧那个同学并不喜欢吃甜食，于是就果断拒绝了这份好意，送糖者感到非常委屈，甚至会觉得自己的行为是"拿自己的热脸贴人家的冷屁股"，为对方不给自己面子、不知好歹而生气。就这么个小事儿，就有可能让孩子们从此结下梁子。

尤其是正值青春期的孩子，他们正是张扬个性的时候，常常会为反对而反对，为叛逆而叛逆！他们都希望展现自我的不同，张扬自己的个性，甚至希望一切都按照自己的喜好来，哪怕因此会给别人带来很大的麻烦，他们也在所不惜！这让同学之间更容易产生摩擦，摩擦次数多了就会爆发严重的冲突。

为了避免校园欺凌的出现，学校应该组织同学定期分享一下个人的兴趣喜好和习惯，并且把分享的结果写在一张白纸上，然后贴在教室里面，让大家彼此知道对方最喜欢做的事情是什么，并随时提醒自己，避免做出让同学讨厌的事情。

另外，在诸如此类展示个性的活动中，教师既要肯定孩子的个性，也要告诉他们，不要影响别人。过分张扬个性其实是一种道德缺失。我们做自己喜欢的事情的时候，也要注意是否影响到了别人，别人是不是讨厌这样的事情。

孩子的兴趣爱好会随着阅历和时间的推移而发生变化。因此，每过一段时间，我们就要重新分享一次每个人的喜好，争取不碰触别人的红线，在同学中寻找志同道合的好朋友。

设立"便条箱"和班级维权岗

什么是教师的便条箱？就像检举箱或者商场里的意见箱。班主任最好也要设立一个便条箱，让孩子们把自己发现的欺凌情况写成便条，及时告诉班主任。班主任要形成每天检查便条箱的习惯，以便了解当天班级里的小矛盾和大冲突事件，第二天马上去检查落实、疏导教育、监督执行。

还有一个方法，就是协助孩子们建立班级维权岗，让孩子们自发自觉地维护自己的合法权益，而不是让别人，或者仅仅依靠大人来保护自己。

1990年，我们曾经在通州一所小学里开设了一个"红领巾维权理事会"，让孩子们学会自己管理自己。班主任把一些不是很严重的小摩擦，都交给这个理事会去处理。当有欺凌行为发生的时候，红领巾维权理事会先是自己开个会处理，实在处理不了的事情才会上交班主任，后来这个理事会的模式在全国推广。

这个经验告诉我们：其实，我们没有必要把校园欺凌的事情大包大揽，尤其是在矛盾突起的初级阶段，我们完全可以调动孩子们的自发性，给他们权利，让他们知道这是他们自己的事情，这一点会让孩子们迅速成长。另外，在少先队条例里面也有规定，鼓励孩子们成立自己的协会、社团，如果学校管理到位，引导措施得当的话，类似的学生协会和社团完全可以成为预防和解决校园欺凌事件的同盟军。

我们还可以在班里开辟一个解决矛盾的角落，当两个人有了冲突就来这儿，"你们俩轻声细语地好好交流，别在座位上吵，到这个角落里来"，这个角落被赋予了特殊的心理学意义，当事人站在那里，反倒变平和了。

需要提醒的是，这个解决矛盾的角落跟平常罚站的角落完全不是一个概念，它的目的不是惩罚，也不评价对错，而是让孩子们缓冲情绪、冷静思考，让孩子们自己处理欺凌行为。当然，教师在初始阶段要给予孩子们培训和指导，在过程中要给予监督和陪伴，并且要清楚最后执行的结果和效果，以保证处理结果的公开、公平和公正。

定期变换座位

调整学生的座位，是教师常做的工作之一。合理变换学生的座位，对整个班级的课堂纪律与管理非常有利，同时也可以预防他们长期从一个角度看黑板产生视力问题。从另外一个角度来探讨，定期变换座位对预防校园欺凌也有很多好处。

假如某一天有位教师说："孩子们，今天你们自己选座位，随便选你们喜欢的。"结果会如何？坐在最后面的、角落里的，或者没有同伴孤身一人的，基本上不是欺凌者就是受欺凌者，而坐在中间位置的或者被许多人抢来抢去的位置上的，就是觉得自己在教师心中非常重要并且有人缘的孩子。

这是个有趣的心理测试，虽然不能说完全精准，但至少可以告诉我们：通过变换座位可以从一定程度上预测哪些是潜在的欺凌者或受欺凌者，从而为我们防范校园欺凌的发生争取更大的主动性和更充足的化解时间。当然，通过换座位，教师也可以反思，平时对角落里的同学是不是没关注到，今后如何通过经常换座位的方法保证教育的基本公平，防范因为客观上的不公平而导致欺凌事件的发生。

另外，教师也可以把潜在的受欺凌者和欺凌者都排在前排，重点关注，如果他是欺凌者，在我们眼皮子底下自然会收敛很多，如果他是受欺凌者，我们的重视不仅对他是种保护，而且还可以让他慢慢变得自信起来。

我们甚至可以每周给班级同学换一次座位，目的不仅是保护眼睛，增加公平，也能让孩子们不断熟悉身边的人，在如此高密度的接触和互动中，即使是最内向的孩子，也会遇到知己。没有潜在的受欺凌者，就意味着没有潜在的不公平，也意味着彻底铲除了欺凌者滋生的土壤。

小题大做零容忍

对于校园欺凌，我们必须做到零容忍，永远要小题大做。正是因为很多事情在还是小事的时候没有重视，没有去控制，以至于最后爆发成燎原之势。所以，一旦发生欺凌事件，我们要立即处理，绝不姑息迁就。

孩子的欺凌行为很多始于学前，到初中的时候达到一个顶峰，高中的时候反而减少，这种规律跟孩子的心理发育和社会化程度有关，也跟人自身的不安全感有很大的关系。如果我们能够在幼儿园、小学初期就解决好欺凌事件，那孩子就会很顺利地度过初中高中。

另外，欺凌行为是一种习得的行为，是一种习惯的养成，并不是先天就会的。如果我们及时制止孩子的欺凌行为，及时地对他进行校正，将这个坏习惯改掉，孩子不仅从欺凌习惯中解脱出来，而且还能学到为人处世的好方法。

很多西方国家都把预防校园欺凌的教育作为日常的养成教育，有的国家在开学前会对师生做 40 小时的危机训练，增强他们抵抗欺凌的能力。目的首先是预防假期综合征给教师和孩子带来的开学冲突和摩擦，然后是教会孩子安心度过即将开始的新学期的生活，对未来可能遇到的人际风险做到心中有数，脚下不乱。

总之，面对越来越频繁的校园欺凌，只有校长、教师、校医、门卫、司机、保安、心理教师、义工以及广大的学生团结起来，自愿成为学校防御系统中的一员，并定期接受相关的危机训练，才能规避校园欺凌带给孩子、学校和家庭的风险，还大家一个清净和谐的学习和教学环境。

全员防御，全心共情，全校安全，才是真正的校园安全计划。

第 31 章

受欺凌者的心理辅导

在受到欺凌之后，孩子的心理会受到巨大的创伤，如果不能及时进行心理辅导，会产生心理畸变，容易让孩子走上极端的道路。因此，我们在发现欺凌之后，要马上对受欺凌者进行心理辅导。这种辅导不仅是针对孩子此时此刻，还必须追溯到家庭因素，找到源头，彻底解决，这可能是一个非常漫长的过程。

心理创伤的危机干预

如何对受欺凌者进行心理干预，是很多人都比较关注的问题。受欺凌者的心理干预要根据孩子的心理特征区别对待。一般来说，受欺凌者的心理问题有两种情况：一是之前这个孩子曾经遭受过校园欺凌或者家庭伤害，负面情绪一直都潜伏着，直到借由这次的欺凌事件，突然爆发出来，甚至出现情绪失控、近乎崩溃的状况。二是受欺凌者没有什么过激表现，显得很平静。不管哪种情况，学校都要马上请专业工作人员对受欺凌孩子进行干预，千万不要觉得孩子有问题过一段时间自然就好了，也不要因为孩子当下没有什么过激表现就不当回事，等到真出现问题的时候，恐怕就很难再找到真正的原因了。

对受欺凌者进行有效的心理干预，我们可以遵循下面的步骤：第一，要让孩子信任我们，任何心理辅导都需要对方的配合，如果孩子对我们是一种防御的状态，就很难将辅导顺利进行下去。第二，不要让孩子的负面情绪积压在心里，我们要给他机会，让他发泄出来。第三，我们要尽可能缓解孩子的焦虑、紧张等情绪。第四，我们要引导孩子正视被欺凌这件事，让他不再对这件事充满恐惧。第五，我们要帮助孩子走出心理阴影，教给他面对欺凌时的防御方法。

在顺利消除此次欺凌对孩子伤害的同时，我们还帮助孩子学会了怎样有效地保护自己。我们对孩子所进行的心理辅导，不能为了辅导而辅导，而是让孩子知道怎么做才能预防受到欺凌，当防范不及再遇危机的时候如何正确化解危机、保护好自己的安全，这是我们实施辅导的全部目的。

受欺凌后的黄金辅导时间

心理干预有一个目标叫作立即性照顾，就是要在最短、最快的时间内，重新恢复受欺凌者的功能。这段时间称为黄金时间，具体指的是受欺凌后大约10分钟到2个小时之内的时间。如果能在这段时间对受欺凌者马上进行立即性照顾，让孩子恢复心理平衡，合理释放情绪，将极大程度地削减欺凌所带给孩子的心理创伤和危机。即使对于很严重的屡屡受到欺凌的孩子，这段黄金时间的干预和辅导也非常重要。

现实生活中，孩子遭受欺凌之后，被父母或教师主动送到咨询机构的情况很少，除非已经发生很严重的心理问题了。很多父母觉得只要孩子的学习没下降，就没有必要送孩子去做心理咨询，直到相关的心理问题出现后，他们才带孩子找心理专家，可那个时候已经错过了最佳的辅导时间。到了那个时候，因最初心理障碍引发的各种问题接踵而至，不管心理专家用什么高招，孩子都很难说清楚是什么原因让他如此不堪重负。

从及时性角度来讲，孩子的心理疏导工作应该由学校的心理老师、社会工作者、专业机构的咨询师三者联合完成。学校的心理老师、社会工作者对各个方面的情况掌握得最为充分，他们能第一时间对孩子进行心理干预，而专业机构的咨询师能提供更为专业的辅导，三者联合咨询的效果最好。这就需要学校把心理咨询作为一项系统的工作，保证学校有专业的心理老师，同时有完整的心理危机干预的合作系统。

受欺凌者需要干预的信号

通常来说，在遭受校园欺凌后，受欺凌者可能会出现一些身心反应，或者说危机现象。这些现象一旦发生，就表明他需要心理干预了。

首先是生理方面，受欺凌者可能肠胃不舒服，出现腹泻、食欲下降等现象，甚至根本没有食欲，这是肠胃性反应。还有可能会感觉头疼、身心疲乏，甚至失眠、做噩梦、夜里突然惊醒。再严重的就是感觉呼吸困难，有窒息的感觉，有一种骨鲠在喉、不吐不快的感觉，甚至肌肉酸痛、紧张。

其次是认知方面，受欺凌者注意力无法集中。这是因为受欺凌的画面总是在脑子里闪现，根本由不得自己控制。另外，他的言行举止缺乏自信，什么事都变得犹犹豫豫，不敢做决定了。他还有可能精神开始恍惚，感到无所适从，无所事事，健忘，学习效率低。

再次是情绪方面，受欺凌者容易出现焦躁不安、恐惧、悲观绝望、抑郁寡欢、麻木不仁、沮丧无助、自我压抑等情绪。他的思绪进入了一种无序的、混乱的状态，而且几乎没有办法去思考问题。

最后是行为方面，受欺凌者害怕面对别人，往往会把自己关在一个房间里面，过分敏感和警觉，甚至有可能怀疑周围人对他都不怀好意，这就是很严重的精神疾病了。另外，他容易自责和责怪别人，总是会说"都是你闹的"；他开始暴饮暴食，没有安全感，生活和学习习惯，甚至性格都发生了突然的变化。这些应激反应都说明他的身心已经失衡，说明他需要及时进行干预，严重的时候甚至需要配合药物的治疗。

心理干预的 3 个原则

当出现以上应激反应的时候，我们就需要对孩子进行心理干预了，心理干预是帮助孩子重新恢复到平衡的心理状态的助人过程，非常有必要。

为了实现恢复平衡这样一个重要目标，校园欺凌的心理干预有 3 个原则要遵守。

第一个原则是宣泄情绪。要给受欺凌者充分表达和宣泄情绪的时间和空间，在孩子没有宣泄彻底的时候，不可以用"你哭哭得了，回去吧，别难过了"把他的情绪堵回去。一定要在确认孩子的情绪已经平和的时候，再开始下一步。对于一些因为受欺凌严重而想自残或者自杀的人，咨询师更是要想尽办法让他打消因报复而自伤或伤人的念头。

曾经有个初中的孩子，因为受到欺凌之后没有得到学校和专业工作者及时的陪伴和干预，结果孩子半年不上学，天天把自己关在屋里制造炸药，要报复这个世界！

第二个原则是重建自信。让受欺凌者感受到自己的力量，重新评估自己的价值和能力，知道自己一定有机会证明自己的能力，一定有能力去面对和解决这些问题，而不是让别人去怜悯他、同情他或者欺凌他。

第三个原则是寻找积极意义。在孩子平复心情，重建自信后，最重要的是引导孩子开始反思如何评价这次事件，学会从这段创伤中寻找到积极的启发和意义，使孩子学会换个角度看问题，学会从最阴暗的境遇中发现阳光，并用这份积极的力量面对未来的生活。

总而言之，在心理辅导过程中，咨询师和心理老师一定不能为了咨询而咨询，或者只是走走过场，一定让孩子的情绪得到宣泄，从这件事情当中获得积极的意义，能够面对未来更多的挫折和磨难。

另外，还有一点应该特别注意，除了受欺凌者之外，我们的教师也需要获得关注、陪伴甚至咨询。在校园欺凌中，教师承担着巨大的压力，处理不好不仅不能帮助孩子，还会遭到双方家长的抱怨，甚至社会舆论的压力。面对孩子情绪的宣泄，家长的哭诉甚至责难，教师的内心也可能会失衡。从这个角度看，教师是间接的受害者，在处理孩子危机的事中和事后，学校一定要对教师进行必要的心理干预和保护。

受欺凌者心理辅导的 8 个步骤

1. 建立信任关系

进行心理干预的基础是建立信任关系。受欺凌的孩子最大的特点是不容易相信别人，不能够主动和人建立一种联系，这既是他的个性，也是他受欺凌的原因。因此当他一旦受到欺凌，这种特点就更加明显和放大，所以在受到欺凌之后，哪怕我们想去保护他，想安抚他，他都会产生明显的抵触情绪，甚至可能会攻击我们。因此，与孩子建立起信任关系是非常重要的一步，那么，我们应该怎么做呢？

首先，我们要第一时间告诉孩子，"这不是你的错"。说出这句话就已经能赢得孩子一半的信任了。之前我们讲过，很多教师都认为这些孩子天生就是受害者，他们自己有毛病，我们带着这样一种先入为主的态度是没有办法和孩子建立内在联系的，所以我们要跟孩子说"这不是你的错，你一定很痛苦，一定很委屈，一定很愤怒，所以你可以抱怨，可以发泄，也可以哭，甚至可以骂街都没问题，我听着，我一定不去指责你，我一定相信这是你真实的感受"。此处我们所说的对错和整件事情谁的责任更大没有关系，只是想告诉孩子：被打被骂不是你的错，确实是他欺负人，他不对。

然后，我们要告诉孩子，我们愿意陪伴他，只要他需要我们，我们可以随时陪伴他、倾听他。在这个过程当中，如果我们觉得他有所放松，我们可以适度和他有肢体的接触。比如说如果都是女性，那我们可以搂她的肩膀，可以握住她的手，可以抚摸她的头，甚至可以把手放在她被打痛的脸部、肩部，我们甚至可以去拥抱她。如果对方是异性，我们更应该像他的妈妈那样去接纳他。在这个时候，我们不需要想我们是专业工作者，"我是个专业工作者，我得端着，我得拿着，我得用什么技巧"，当我们这样想的时候，已经失去对方信任的最好时机了，别想那么多，建立信任关系是第一步要做的。

2. 引导宣泄

当我们建立起信任关系，让孩子有安全感的时候，孩子内心的痛苦、愤怒、悲伤就有可能像脱缰的野马，像开闸的洪水喷涌而出。如果孩子能够当着我们的面宣泄，反过来也说明他真的有安全感了，真的信任我们了。那么，怎么引导他们宣泄呢？

我们中国的孩子是比较内向的，不大善于用语言表达，况且这样的孩子本身语言的表达和沟通能力就比较弱，他们更善于用肢体来表达。所以，针对孩子的这些特点，我们可以给他们准备一些玩具、抱枕让他们摔。

如果可以的话，陪这些孩子宣泄的时候，我们可以陪他们一起摔，一起撕没用的书和废纸张，我们表现得比他们更为激动，摔得比他们还厉害，就像我们也是受害者一样。当我们和孩子一起摔的时候，孩子就敢于把负面情绪全都发泄出来。而我们，就成了和孩子同甘共苦的人，信任关系由此开始牢固！

当孩子安静下来后，我们还可以用空椅子技术来引导他宣泄。准备一把空椅子，让孩子坐在椅子的对面，给孩子假设那把椅子就是欺凌他的人，引导孩子向这把椅子表达自己全部的愤怒和委屈，然后还可以让孩子坐到那个椅子上，由教师扮演欺凌者告诉孩子："其实不是你不好，是我想通过欺负你，让我感觉更好。"受欺凌的孩子经常会怀疑自己、攻击自己、贬低自己，这对他的人生影响是非常不利的，我们要将他从自卑中引导出来。教师通过扮演欺凌者来告诉他，"不是你不好，是我想让我自己感觉更好"，用这样一种正向的语言去引导他，让他从自我怀疑中解脱出来。

3. 降低焦虑

在孩子宣泄出来之后，我们要开始迅速降低他们的焦虑感和恐惧感。孩子的焦虑和恐惧会在这个时间达到高峰，被打骂、被欺负、被排斥的场景会不断地在大脑里面闪现，孩子没有办法去控制，越这样他越紧张、越恐惧、越后怕。这个时候，我们可以使用眼球移动法来降低他的焦虑感。眼球移动法就是一边让他回忆当时的事情，一边用眼睛看着我们的手指，在叙述过程中不断地追随我们的手指，慢慢地就会缓解他的焦虑。

还有一种方法就是清单列举法，给孩子一大张纸让他信马由缰地在上面用大笔写、画，颜色可以由孩子自己挑（孩子会挑黑的和红的，这两种颜色代表着强烈的情绪），字写得越大，焦虑情绪就宣泄得越充分。可以让孩子随便写出与这件事有关的所有烦恼，不要禁锢他的思维，随他自己发挥，此时写出来和画出来的东西是非常有能量的，这个过程本身就是一个理性思考的过程。

在孩子写、画的过程中，咨询师一定要在一旁积极倾听，并适度询问，比如，孩子写了一句话，我们就问他："你真的这么想吗？你担心的这件事情一定会发生吗？"不断地问他，我们不下任何结论，就是帮他不断地去反思，去理性思考。

我们还可以在不打断孩子的前提下，用简单的方法不断测试孩子的紧张、焦虑或者愤怒程度。测试的方法是让孩子从 1 到 10 打分，10 分代表最紧张、最愤怒，1 分代表最不紧张、最不愤怒，每过半个小时，我们都可以问他："你的愤怒指数刚才是 7，现在是几？"如果他说的分值越来越低，说明我们的方法有效果了。

这种做法非常有利于让孩子直观感受和觉察自己的情绪，让他获得自我控制感和成就感，这才是最重要的。

4. 重新解读

等孩子的情绪稳定了，我们就可以引导孩子进行理性思考，就是让他重新来理解事实，客观地解读自己所经历的这个事件。

我们知道，情绪会影响认知和行为，而孩子对一件事的情绪又取决于他过去对这件事的态度和评价，孩子的认知往往是绝对化的，他喜欢认定非理性的东西，比如，受欺凌后，他往往会认为"这就是我的不好，就因为我不好，所以人家才欺负我"，"我没有一个好朋友，我不想上学了"。在他很情绪化的时候，更容易这样绝对化。所以，我们要通过具体的描述和引导让他看到这件事情还有许多可能和答案。

比如，如果孩子说：我不上学了，因为学校没意思，没有一个好朋友，也没有一个关心我的人。那么，我们就可以引导孩子回忆一下曾经感动过他的一件事情，同学做了什么说了什么，老师做了什么说了什么，这样就把孩子的注意力放到积极的事情上，哪怕只是一个点或者一件小事情，我们也要把它转移和放大，只要它是积极的和善意的。

经过一点点回忆、一次次提醒和引导，孩子就会慢慢觉得"我那个想法太绝对了，不是所有人都不喜欢我，我还有一个好朋友，而且我曾经被感动过，曾经被帮助过"。用这种方式，我们就可以让孩子慢慢地把自己过去扭曲的认知校正过来，就能进入一个理性的认知阶段了。

5. 自我救助

当孩子有了理性的认知，有了客观分析能力和思维能力的时候，我们接下来就要教给他一些方法，帮助他建立自己的支持系统。支持系统有两个：一个就是当自己面临危机的时候哪些人可以帮助我，哪些东西可以及时有效地安慰我。二是我自己可以通过什么样的方式去宣泄我的情绪。当我难过的时候、恐惧的时候、心理老师不在身边的时候，或者我不方便去求助他们的时候，我自己如何作为一个重要资源，来支持自己。

这个阶段，我们可以有很多的方式训练孩子。比如，我们可以让孩子伸出十个手指头来分别代表资源的大小。问问孩子谁是他最大的资源？谁是第二个能帮助到他的人？以此类推，依次写在对应的手指头上。排完顺序之后，孩子马上就会发现有这么多人可以帮助到他。他的无力感和无助感当时就会减少，心情就又不一样了。

除了亲朋好友给予的支持外，每个人在焦虑无助的时候还可能会依靠自己的安抚品来缓解压力。孩子们更是如此。有的孩子用抱抱熊，有的用小镜子，有的用毛巾被，有的依靠吃冰激凌、吃西瓜、吃巧克力……我们要询问孩子他的安抚品是什么，提醒他遇到危险的时候立即使用这些物品让自己镇定。

还有的孩子依靠艺术、科学等方面的特长和兴趣来宣泄自己的情绪，调整自己的心态，比如听音乐、看电影、跳舞、绘画、爬山，甚至自己打一套拳。

无论用什么方式方法，最重要的是让孩子知道这样的安抚品和安抚方式不丢人，每个人都需要；还要让孩子明白一个好汉三个帮的道理，建立自己强大的支持系统，让自己有能力去掌控自己的情绪，应对各种危机。

6. 感觉良好

接下来，我们要做的就是培养孩子良好的自我感觉。受欺凌孩子的自我感觉往往是扭曲的，他们很不能够接受自己，我们要帮助他们找到自己的优势，并把那些让自己感觉良好的东西都罗列出来。

我们可以让孩子写出"别人最喜欢我的十件事"，比如说父母喜欢我什么，老师喜欢我什么，同学们喜欢我什么……不管孩子写多少都让他尽情去写，重要的不是写多少，而是写的过程中所积累的自信心和自我价值感，这就是潜意识的力量。

还有一个方法叫作积极自我想象法，也可以叫自我观像，青少年到了青春期，心理上就出现了两个自我，分别叫作"主观的我"和"客观的我"。我们可以让孩子想象有一个人在观察自己，看自己的表情、微笑、服装等是什么样子，如果他想象不出来，可以拿一个小镜子，教他从镜子里去看，去寻找自己身上特别有意思的表情。比如：眼睛亮、睫毛长、眉毛重、服装干净、姿态放松……引导孩子不断想象下去，为其寻找自尊、自信奠定了一个很好的基础。

然后，我们还可以引导孩子继续想象他开始与人交往了。受欺凌者的安全感还没有完全建立之前，出去与人建立直接的沟通和联系是非常困难的，他可能会很紧张。因此，我们可以让他在咨询室里面想象如何与人交往。比如：我们可以通过冥想让他想象先见到一个老大妈（孩子见到老人都比较放松，见到年轻的大人就紧张，所以一定要让他先想象老人），我们不断向他提问题——"你跟大妈多远的距离？你表情是什么样的？你的手放在哪里？"用这些问题引导他去想象与人交往的情景。以此类推，我们可以让孩子冥想见到一个同学、一个亲友，引导他观察对方的表情、衣着、言谈等，越详细越好。这种冥想能起到脱敏的效果，当他慢慢地觉得自己可以与他人建立一种很好的联系的时候，条件允许的话，我们可以带孩子出去与人交往。

7. 强化应对能力

现在孩子的安全感已经基本建立，情绪也比较平和了，接下来我们要做的就是强化孩子的应对能力，这个应对能力并不是泛泛的人际交往能力，而是如果再发生类似的欺凌时怎么办。

我们可以跟孩子共同来设计许多生活中的情景，问问他万一这个情景发生了，应该怎样应对。在设计这些情景的时候，咨询师千万要记住：一定要给不同的情景设计难度等级，并按照难度等级的分布，从最简单的情景开始训练。所谓的难度等级指的是根据孩子心理的承受能力和情景对孩子心理的刺激程度而划分的难度级别。

我们可以把难度级别划分为三个等级。第一个等级是自己"伤害"自己，许多人都会经历的丢脸场景，比如"万一你在商场里面不小心弄了自己一身水，衣服湿透了，怎么办？"、"万一在大庭广众之下跌了一跤，有人笑，怎么办？"这样的问题比较轻松，既可以让孩子不感到为难，又可以让孩子集中注意力想象如何解决才合适，关注什么才重要。

第二个等级是被别人拒绝或者路遇不平的事件，比如"万一你向别人借东西、问路，被别人拒绝了怎么办？"关键是问他的感受，是自责还是恐惧，还是说没关系。接下来还可以问"万一你看到别人被欺凌怎么办？"这时候，我们开始碰触到欺凌这个话题了，但是需要让受欺凌者先从旁观者这个身份过渡一下，目的仍然是保护孩子的心灵，避免把孩子吓回去，以防使咨询和辅导前功尽弃。

第三个等级是最难的等级，从这里开始，我们要带着孩子直面他被人羞辱和被欺凌的整个过程。我们可以问："有人叫你外号怎么办？有人叫你四眼狗，叫你秃子，叫你蝙蝠，叫你大傻子，叫你单细胞，有人打你一拳、踢你一脚，你怎么办？"由于有前面一层层的铺垫，到了这个等级的时候，我们就可以引导孩子重新思考怎样避免这些事件的发生，我要为此负什么责任。我有多少种办法应对这样的事件。一边思考、分析，一边用角色扮演的方法来进行学习和演练，以加深孩子的印象，强化他积极的念头和行为。

不过，随着刺激强度的逐步加深，我们一定要密切关注孩子的紧张程度并随时进行测试，测试方法同上面所列举的一样。需要注意的是，如果孩子的紧张度越来越高，就要立即叫停这样的场景训练，然后进行放松，继续回到前面的自我救助部分。我们要马上按照孩子前面所列出来的放松方法，对孩子进行放松训练，之后再测试一下他的焦虑程度，再放松，再检查，直至孩子彻底脱敏，再开始新的场景训练。

接下来，我们要对孩子进行"我语言"的训练。所谓"我语言"的训练就是教会孩子用"我"来表达。这个"我"的表达方式非常重要，面对对方的欺凌，不管是有意的还是无意的，孩子都需要在第一时间准确、果断地表达出自己的想法和意见。很多时候，欺凌屡屡发生，就在于这些孩子不知道怎么表达自己的不舒服，不知道怎么去拒绝对方，不知道怎么去喝止对方。他们一方面认为是自己的错，另一方面又否认是自己的错，根本不知道怎么去表达。

作为咨询师，我们要特别教会孩子说三句重要的话，第一句是用"我"来说出感受，第二句是用"你"来说出我的感受产生的原因，第三句再用"我要你"来提出自己的建议和方法。

比如说，"我很愤怒，因为你故意绊倒了我，我要你道歉"，先是用"我"表达自己的愤怒，表达自己的情绪和内在的感受，然后告诉对方我愤怒是因为你故意绊倒了我，是你造成了对我的伤害，所以，我要你道歉。这个表达的训练不仅是语言上的，还有肢体上的，包括说话时的眼神、语气、节奏、声音大小。我们要告诉孩子：如果肢体表达和语言表达不同步，比如嘴巴很不自然，动作很不自信、很自卑，也不能起到让对方感觉理屈词穷并且有些害怕的作用。

这个训练可以结合各种情景反复进行。咨询师可以先给孩子进行肢体和语言的示范，把"我很难过，我很委屈，我很害怕，因为你怎么怎么样，我需要你怎么怎么样"这几句话反复给孩子示范，并让孩子在不同的场景下倒背如流，灵活运用。直到我们认为他真的能够准确、果断地表达自己真实的想法为止。

另外，我们还要传授给孩子一些自我保护的技能。具体做法是别带钱，别露富，别去没人去的犄角旮旯，别旁观，远离欺凌者，别到操场上去，等等。在欺凌发生时要做到大声呵斥对方，大声寻求同伴的支持，巧妙借助一些外力或者周边环境来保护自己的身体不受到进一步的伤害。在被欺凌之后要及时报告老师，报告父母，绝对不做沉默的受害羔羊，同时要及时宣泄自己的情绪，找心理老师进行辅导等等。

同样，这三个方面的教育也不是我们口头说几遍就完了，需要让孩子进行一一的演练和训练。即使是欺凌发生过程中的应对，也可以在屋里演练好，咨询师可以扮演欺凌者步步紧逼孩子："我打你了，你怎么办？你往哪里躲？你往哪里跑？你要喊，怎么喊？在什么情况下喊？"经过这样的体验式培训和辅导，孩子才能在反复练习和操作这些技能后，在关键时刻正确使用。

8. 人际交往训练

最后，我们要做的是使用团体辅导的方式对受欺凌者进行人际交往训练，这一步是防患于未然的关键举措，需要用数月的时间来训练。

在孩子整个情绪状态已经基本上脱离了危险的状态下，我们就可以做这种人际交往的训练了,每个训练周期至少做十次以上,每月至少训练一次。这种人际交往训练绝不仅仅是受欺凌的孩子必须学会的防身术,更是所有孩子都普遍缺乏却非常需要的生存和共处技能。因此,我们需要通过团体辅导的方式,对孩子进行人际交往的训练。这种训练可以采取下面两种团体辅导的方式进行。

第一种是同质性小组训练。所谓同质性的小组就是指有相同特点和需要的人所组成的小组,比如,学校可以找七八个受欺凌的孩子成立一个同质性小组。运用前面所说的一些方法对孩子进行有步骤的训练,内容包括怎样先化解情绪,怎样寻找支持系统,怎样与人交往,怎样用眼神和声音与人沟通,表达清楚自己的意思,等等。相关的游戏和活动非常多,教师可以根据学生年龄大小和喜好进行选择。

第二种是混合性小组训练。顾名思义,混合性小组就是随机安排和选择的小组。因为我们的目的是训练孩子的人际交往能力,所以可以通过混合性小组扩大孩子的交往面,以此锻炼孩子和不同的陌生人建立友谊并保持自我边界的能力。这种小组的训练主题一般会围绕团队建立、团队规则、团队友谊、团队与自我、沟通与表达、责任与义务等来进行。比如,有一个团体游戏叫"有缘相识",非常适合刚刚建立团队的时候用。具体做法是:每个人在纸条上写下自己的名字,放到中间让大家去抽(万一抽到的是自己,就再放回去),被抽到的两个人就坐在一起互相做自我介绍,说说自己的姓名,为什么叫这个名字,家里什么情况,有什么爱好,有什么好玩的事情,最不喜欢干什么,等等。每人3分钟。然后把纸条放回去再换再抽,一方面倾诉,一方面倾听,来回重复直到转满一圈为止。这样一来,孩子的凝聚力,彼此的安全感,兼容度、宽容度都大大提升了。

其实,孩子们心与心之间的距离并不遥远,重要的是我们要给他们创造机会,创造空间,让他们在碰撞中学会积极主动地与人沟通与人为善。孩子们的可塑性非常强,他们渴望交流,渴望接受,渴望走到一起,但是因为我们的学校教育,我们的课堂,我们的家庭都缺少这方面的示范和教育,所以,孩子们在人际关系方面走了许多弯路,经历了许多风险。因此,我们需要借鉴和使用更多的专业团体辅导的方法，运用主题班会、德育课等方式，给孩子们补上人际交往训练这一门奇缺的课程。

需要特别提醒的是，在训练过程中我们要注意两点：一是要做到反复训练，绝对不是说明白了就行，要一直做到孩子们可以熟练掌握为止，重复就是力量；二是一定要做好后期跟踪和回访工作。

在咨询和辅导的过程中，如果有孩子出现了严重的精神症状，如抑郁、自闭、自杀倾向，那就一定要把他送到精神医院接受医生的诊疗和药物治疗。

第 32 章

受欺凌者的家庭辅导

研究表明，欺凌者的家庭往往缺乏爱和温暖，当欺凌者表现出攻击行为时，父母缺乏一致的教育，或者父母的教养方式多是"以暴制暴"，或者父亲与母亲之间的交往也经常充斥着敌意与暴力。同样，被欺凌者的家庭也存在缺乏民主气氛、父母之间地位不平等、孩子经常被无端指责等现象。

之前网上流传一段视频，反映的是山西一所中学发生的一起严重的欺凌事件。就在中学生的宿舍里，两个女生轮流抽一个女生嘴巴。只见那个被欺凌的女生拿着一把扫把站在门后边，一会儿过来一个穿灰衣服的女生，一个嘴巴就扇过去，边扇边问："你觉得我长得怎么样？"接下来又上来一个女生，也是拳打脚踢。后来她们打累了也不停手，给手上抹了些什么后又继续打。而被欺凌的女孩始终低着头，任由巴掌一下下地打在脸上，一句话都不说。

这场凌辱究竟是谁造成的？仅仅是因为两个欺凌者吗？为什么欺凌者能够在几百个人当中一眼就找到谁是可以被欺凌的对象？一个主要原因就是这个孩子在家庭里本身是一个受欺凌者，她全部的肢体语言都在暗示对方："我已经被欺负惯了，我很害怕但是没有办法，所以，无所谓了，你来吧。"所以，咨询师必须让父母参与到辅导中来，让他们知道自己哪里错了，如何建立家庭支持系统，怎样才能帮助和保护孩子。

在给家庭做辅导的时候，一般会经历以下几个步骤。

建立积极信任关系

咨询师做家庭辅导是有一定技巧的，不能上来就指责父母，这样只会激起他们的逆反心理，从而不配合工作。要知道，咨询师的目的就是要帮助父母找到家庭教育的失误，同时协助家庭建立良好的亲子关系，为了达成目标，咨询师必须得到父母的信任以及家庭的参与、配合和支持。

荷兰有位生物科学博士曾在文章中写道：荷兰的每个学校，都有针对孩子被欺凌的应对方案，方案包括对欺凌程度的分级评估、详细的预警通报规定、具体的处理流程。一旦孩子遭受到欺凌，孩子和家长就应向校方报告，启动欺凌处理方案，对受欺凌的孩子进行保护。此外，校方也会给家长推荐儿童行为心理学家和处理欺凌问题的专家，供家长和孩子咨询，找到具体办法，治疗孩子的创伤，并帮孩子摆脱被欺凌的状态。

因我国的文化传统和人们对心理辅导的观念不同，所以，当父母愿意配合咨询师的工作时，咨询师要对父母的支持和信任给予及时的称赞和感谢，同时要把孩子复原的功劳归于父母的积极配合。这个时候咨询师可千万不要说，"看，我们经过这么长时间的努力，好了吧"，一定要将最大的功劳还给父母，让他们有力量坚持下去，和咨询师建立起一种积极而稳定的合作关系。

观察家庭成员互动模式

著名法官尚秀云曾深有感触地说："我判处的失足少年到现在有 1190 多个

了，发现不良的家庭环境和教育的失当是孩子失足的重要原因，这些孩子要么来自失和、溺爱、打骂或放任型的家庭，要么就是父母品行不好。"

俗话说，父母是孩子的第一任老师，父母的一言一行都会对孩子产生深远的影响。不良的家庭环境和教养方式最容易导致校园欺凌的出现，比如，动不动就打骂孩子的父母，孩子也会有暴力倾向。如果是独生子女，父母往往过于溺爱和放纵孩子，那孩子就非常自我，很自私，没有同情心，容易成为欺凌者。而父母都很专制，孩子长期处于封闭压抑的环境中，就容易成为受欺凌者。所以说，什么样的家庭环境，造就什么样的孩子。

因此，当父母愿意相信咨询师，配合咨询师的时候，当他们形成家庭小组氛围的时候，咨询师要观察家庭成员的互动模式，从他们一进培训场地开始，他们选的位置，他们坐的距离，他们与其他人的互动模式、对培训的反应等等，都是需要密切观察的。有经验的咨询师通过这些就已经揣摩出来这个家庭是什么样的一种关系，这个家庭亲子关系的质量高不高，而且还能看到孩子最信赖的家人和支持者是谁。一般来说，往往离孩子最近的，总去观察孩子表情的，很积极参与的那个人就是孩子最信赖的人。

有的家庭，母亲在安抚孩子，父亲则在一旁玩手机；有的家庭，父母各自玩手机，让孩子一个人发呆；有的父母不断地看时间，对待孩子的态度很敷衍。种种家庭情况，咨询师都要做到心里有数，这样在进行下面的步骤时，就能知道什么方式最好。

制定家庭辅导的规则

家长和孩子不一样，他们的思想已经成熟，有自己的想法。咨询师必须制定家庭辅导的规则，不然的话，他们可能今天来，明天不来；或者他们就往这里一坐，你一问孩子话，他们赶紧替孩子说，严重影响辅导的工作。因此，咨询师要制定规则，营造一种平等的、积极的，同时也是很安全的家庭团体辅导的氛围。

如果在辅导过程中，出现了没有执行规则的情况，咨询师要充当判官和指导者，严格执行惩罚规则，让违规者接受大家商量好的惩罚，如此几个回合后，基本就能收住家长不安的心，让家长慢慢进入学习者的角色中，接下来的游戏体验和各种活动就会进行得很顺利。

另外，家庭辅导还有一个大的规则，就是所有人都不能故意美化自己，避重就轻，只要想分享，就必须真实地呈现出家庭里的实际情况，暴露出家庭的喜怒哀乐。在这点上，咨询师和辅导者可以用适当的自我暴露技巧以及充分的共情来影响家长，以免辅导和培训因为家长的套路和顾忌太深而达不到帮助孩子的效果。当然，绝对保密原则也是辅导者必须遵守的。

寻找家庭内欺凌现象

欺凌的实质就是不平等，是以强凌弱，欺凌的一方通过欺凌行为来获得成就感和价值感，这种情况在家庭里并不少见。很多家长都会不自觉地指责孩子、批评孩子、压抑孩子，甚至和孩子邀功讨巧。他们在内心深处不能接受孩子身心的一些特征，不理解孩子身心发展的规律，于是就天天看孩子这里不好，那里不好。其实，当父母不断地给孩子挑毛病的时候，认为自己是孩子的恩主的时候，就已经变成孩子的欺凌者了，所以，孩子到了学校就自然适应一个受害者的角色了。

固然如此，咨询师也不能在辅导的时候直接指责父母，而是应该慢慢地通过孩子的一些心声和困惑，帮助父母分析自己在家里是不是做了一些违背初衷的事情以及为什么会这样。

当父母发现了自己这些问题的时候，他们会感到惭愧，这时候，咨询师要做好共情和陪伴。比如说，我们曾给父母做过这样的体验：让父母坐在下面，我们去指责他们，让他们体验一下孩子的感受。体验还没进行到一半，许多父母就失声痛哭或者情绪激动,有的回忆起了自己童年的经历,有的想到了自己对孩子的指责和羞辱,有的甚至这样说"我从来没这样感受过,但是我知道我的眼神已经足以杀死我的孩子了"。这样深刻的互动常常能达到非常深刻的培训效果,但是给父母带来的心理风险也很大,此时,辅导员和咨询师的真诚和控制场面的能力就显得尤为重要。

当然,还有很多其他的方法也非常适合于家庭团体辅导,比如说把家庭比成一个海洋馆,里面有各种各样的动物,让孩子和父母都画画自己家庭成员所代表的水族动物。然后辅导员就在每个家庭的海洋馆里面找出各种不平衡的东西,如小金鱼、海豚、海狮、鲨鱼、鲸之间的关系,找到这些关系了,我们就能知道家里的欺凌者是谁了。这样的一种绘画方式所反映出的家庭之间的关系,常常让他们心服口服。

此后,我们就可以通过成员之间的互动进一步找到他们之间不平衡的沟通模式、生活模式、工作模式和教育模式,然后引导父母用积极健康正向的互动模式,来替代现在这种不平衡的、不健康的互动模式。

美国家庭治疗大师萨提亚曾提出,每个人的生命中都有一个自尊的罐子,关键是你的这个罐子里装的是什么,装了多少。我们生下来就像一个空的罐子一样,如果父母给罐子里装了自尊、爱护、理解、平等,那这个罐子里面就是积极的正能量,孩子的生命就是非常正向的;如果父母给罐子里装的都是"你是笨蛋,你根本就没有什么值得尊重的,你的话都是废话,你一点都不懂事",那这个罐子里面就是消极的负能量。

低自尊者不是与生俱来的,而是后天习得的,低自尊者否定自己的情绪感受,也体验不到自己的存在。他们以失败者自居,常常怀疑自己的价值,甚至觉得自己就应该受鄙视,而这一切都受父母一言一行、一举一动所传达出来的信息的影响。"我是不值得爱的孩子",正是父母让孩子做出了这样的自我评价。

萨提亚说过这样一句话:"自我价值的培养是需要一种氛围的,在那里,个人的特点得到赏识,人们从不吝惜对别人的爱,犯下的错误是用来学习的,人与人之间可以畅快地交流,你不需要中规中矩,人们言行一致,有责任感,彼此之间以诚相待，在这种氛围的家庭里成长起来的孩子，是自信的、是可爱的、是健康的。"这句话恰恰是今天幸福家庭和不幸家庭以及他们子女教育现状的真实写照。

其实，很多父母在童年时期就是受欺凌的孩子，是自卑的孩子，或者本身就是欺凌者。现在他们仍然带着这样的一种烙印继续在孩子身上复制着他过去的经历，这类父母所经营的家庭的心理功能是绝缘的，彼此在家庭里得不到信任，得不到支持，也得不到理解和接受。

正常的家庭一般拥有以下三个心理功能：第一，满足家庭成员归属与安全的需要，在这个家里可以哭可以笑，彼此完全能够被对方接受，这是安全的地方。第二，提供家庭成员的互相支持，彼此能够理解，能够帮助，能够感受，能够抱团取暖。第三，家庭成员相互取长补短，不把对方的特点当成缺点，而是当成他的一个特征，想方设法去发掘这个特点的积极意义，然后扬长补短，去补台而非拆台。

如果我们的家庭辅导能够把这样的功能建立起来的话，那这个家庭就是一个健康、完整的家庭，它不仅不会制造欺凌者和受欺凌者，而且孩子一旦受到欺凌，就可以在家庭中得到有效的支持和复原。爱是孩子们回家的路，如果没有爱和接受，孩子们受了多大的委屈，也不会回家去寻求这种支持，因为家庭给不了他需要的爱和温暖。

在家庭辅导结束的时候，我们一定要引导每个家庭共同制定一个自尊宣言，让每一个人写出自己自尊的宣言，接受自己，让别人也能够接受和理解自己，这也是萨提亚的一种方法。萨提亚曾经写过这样一个自尊宣言，可能会对大家有所帮助：

我就是我。

在这个世界上再没有第二个我，我和某些人可能会有些许相似之处，但却没有一个人能和我完全相同。我的一切都真真实实地属于我，因为都是我自己的选择。

我拥有自己的一切，我的身体和我的一切行为，我的头脑和我的一切想法，我的眼睛和我所看到的一切，我的嘴巴和我说出的每一个字句，我所有的感受，喜怒哀乐、失望和激动。

　　我所做的一切，对自己或他人，友善或粗鲁，对或错，都出于我。我拥有我自己的幻想、梦想、希望和恐惧，我的成功和胜利是因为我，我的失败和错误也出于我，因为我拥有自己的全部，我可以如此亲密地了解我自己，我要学会和自己相处，善待自己，珍视自己拥有的一切。我知道，我在一些方面让我困惑，另一些则使自己不解，只要我善待爱惜自己，我就有勇气和希望解决困惑和进一步认识自我，不管别人如何看我，不管我彼时说什么做什么，感觉到了什么，一切都真真实实地属于此时的我。

　　如果以后我回想自己的表现、言行、思想和感受，发现其中一部分已经不再适宜，我会鼓起勇气抛去这个不适宜的部分，保存适当的创造，用新的替代那些要抛弃的部分。我要能够看、听、感受、说、做，我要能够生存，能够融入群体，能够有所作为，让我所处的世界，我周围的人和事因我的存在而有条不紊，我拥有自己，因此我可以自我管理，我就是我，自得其乐。

　　我们要通过这样一种具有仪式感的东西来引导家庭，引导孩子真正拥有自尊。成人是帮助孩子树立自尊的领路人，是他们的老师和榜样，然而许多父母自己从未走出成长过程中的自卑阴影，又怎么能教育好孩子呢？幸运的是，我们任何时候都可以重新塑造自我价值。

　　如果每对父母都成为有尊严的人，每个家庭都能用爱心、仁慈和真诚对待自己的家人和周围的人，那么，校园欺凌还会有吗？

第 33 章
对欺凌者的心理辅导

为了防止欺凌者继续危害他人和自己,防止他们陷入违法犯罪的泥潭而无力自拔,我们必须对欺凌者展开同步的心理辅导和危机干预。虽然这种辅导和干预的过程与对受欺凌者及其家庭的辅导非常相似,手段也基本相同,但是,由于欺凌者和受欺凌者的行为动机和性质完全不同,所以,对他们辅导的细节差异很大。因此,我们仍然需要对这种辅导的过程进行具体的解析。

心理辅导的 7 个步骤

1. 获得欺凌者的信任

不管欺凌者有多么充分的欺凌别人的理由,他的内心深处都明白这样的行为并不被人接受,所以,他是带着十足的防范甚至挑衅的心理来面对咨询的。如何能让欺凌者迅速冷静下来,从而逐步建立起对咨询师的信任关系?这时候,一个最关键的技巧就是替他说话。咨询师可以真诚地对他说"我想你一定有你的理由,虽然你把对方打了,但你一定有不得已的理由,对吗?我很想听一听",或者说"可能我们看到的和实际情况不一样,我真的想知道到底发生了什么",这样特别客观、特别中立的话,不仅会给欺凌者一个心理上的缓冲,而且会激发他倾诉和替自己解释的欲望,从而打开他的话匣子。

2. 积极寻找这件事情的合理因素,与受欺凌者充分共情

当欺凌者说完事情的经过和他的理由后,我们仍然不能做类似于"对与错"的绝对化评判,而是要用鸡蛋里挑骨头的精神从这件非常糟糕的事情里找出尽可能多的合理因素,尽量是他个人力量所控制不了的客观因素。比如说,他的出发点并不是诚心要欺负人,而是忍无可忍;或者他被别人欺负了,一气之下找了个替罪羊;或者天气太热,搞的人心烦意乱;等等。这就是我多年使用的一种积极治疗法。

任何事情总有好的或者不好不坏的一面,在关键的时候,如果我们能从欺凌者打骂别人的行为中看到他该出手时就出手的果断,他为哥们两肋插刀的侠义,他渴望被欣赏被关注的需求,以及证明自己有能力或者维护自己的权利的动机等等,就能再一次减轻他的心理压力,让他从内心深处找到一种被理解和被支持的共鸣,找到另一个积极看待自己行为的思维方式和兴奋点,从而让他慢慢平静下来。

3. 集中处理和安抚欺凌者的情绪

在欺凌事件发生的时候,情绪最激动或者最不稳定的人是欺凌者,这可能源于他多年的压抑终于通过欺凌别人而得到爆发和释放。同时,在欺凌别人的过程中,他也获得了一种强烈的复仇感、成就感和兴奋感,这些感受都会导致他更加躁动,还有,在大家围观和阻止这件事情的过程中,一定会对欺凌者造成更多的刺激,从而把他的情绪彻底激发起来,因此,在辅导欺凌者这件事情上,安抚和处理情绪是重中之重。

在完成前面两步的同时,我们可以请他坐下来,倒一杯水请他慢慢喝,给他一个最喜欢的东西抱着,或者递给他一些纸让他撕一撕,还可以播放些

舒缓的音乐和他一起听，一起闭上眼睛深呼吸，这些技巧都可以让他渐渐缓和下来。安抚情绪的过程中，千万别忘了要用简单的技术不断测试一下孩子每个时刻的情绪强弱程度，以判断他的愤怒指数是不是在降低，我们可不可以进行下一步。

如果不能很好地安抚情绪，就会出现这样的结果：孩子一句话也听不进去！因为，按照脑科学的原理，他整个的想法和心情都还在大脑里面的情绪脑那儿待着呢，根本没有进入理性大脑那个层面上去，相当于你在左边的屋子说话，而他在很远的右边的屋子里待着，他听不了也听不进去，他在不断做出筛选和判断："这话对我不利，我不听，他又在教训我，凭什么？他也认为我不对，算了，懒得理他……"，如此一来，咨询和辅导就没有办法进行下去了。

4. 再次真诚地肯定欺凌者欺凌行为的某些合理性，赢得孩子彻底的信任

在情绪彻底稳定下来后，我们可以再带着孩子回到刚才他所叙述的整个过程当中，继续重复或者再次挖掘他行为背后的某些合理性。比如"发现你忍了很久了，本来你可以更早的时候就实施你的行为，你一直忍，其实还有很多人你可以去欺凌，你之所以选择他，是因为你认为他可能影响到更多的人了"。如此种种，我们继续于无声处听惊雷，在这样貌似错误和黑白颠倒的过程中，帮孩子明白他的行为不是一无是处的，他不是一个天生就会欺负别人的坏孩子，这点肯定，对孩子此时的辅导和今后的人生，都太重要了。

5. 引导孩子评估这件事情的代价

我们要问问孩子，现在这个结果是他想要的吗？让对方鼻青脸肿，让对方害怕得不敢上学，让对方觉得自己一钱不值，这是他要的结果吗？为了证明自己的勇敢和有价值，他付出的是什么代价？这件事情的结果会如何？这个代价是他能承受的吗？就算能承受，值得吗？成本是不是太高了？

就这样，我们围绕着"值得吗？"这样一个问题，带着孩子一环扣一环地重新思考，重新评估自己的冲动伤人行为。让孩子逐步产生懊悔和后怕的心

理，即使他嘴上不说，我们也能从他的肢体语言中捕捉到。

6. 角色扮演教技巧

为了让孩子进一步体验自己暴力行为的结果，我们需要带着孩子做角色扮演，还是用空椅子的技术，让孩子重新回到那个环境当中去，看看在同样的情景中，他还能不能想出其他更多的好方法来解决问题。如果进展顺利，我们就可以继续涉及更多的日常生活情景，让孩子在这些生动和现实的情景中学会处理人际矛盾的好方法。另外，我们还可以通过角色扮演的方法教会孩子控制自己愤怒情绪的方法和技巧，让孩子在遇到事件情景的时候情绪不再失控，能心平气和地解决问题。

7. 帮助孩子调整思维模式

我们说人是惯性的动物，在人类所有行为背后都有一贯的思维模式，欺凌者在这个问题上屡屡犯错也是源于他们习惯于用一种非理性思维去思考问题、解决问题。许多时候，他们觉得问题只有一种解决方式，只有一个答案，陷入了非黑即白、非对即错、非好即坏的僵硬思维中。我们必须拓展他们的思维模式，让他们知道没有绝对的好与坏，也没有一成不变的答案。思维的训练方式有许多，最好的方法就是让孩子解决最困扰他的生活难题，我们带着他一起分析，一起拓展，一起解决。

后续要进行深度辅导

后续我们要做的就是深度辅导了，要透过孩子的认知模式、行为模式，带着他回到童年的成长经历当中，找到童年生活对他产生影响的那些关键事件，帮助孩子一一破解。经过回忆，我们很可能发现，许多欺凌别人的人小时候真的是屡屡被欺的受欺凌者。因为当时没有人关注他们的心理感受，没有人理解他们的那份矛盾和痛苦，没有人帮助他们寻找合适的解决问题的方式，日积月累，最终就发展成为欺凌者。所以，我们一定要对孩子童年重大经历所造成的心理创伤进行清洗、包扎，重新赋予它积极的意义。

在对欺凌者进行辅导的时候，如果他们的父母能够介入，和孩子一同参与家庭辅导和治疗，那就再好不过了。具体的方法请参见受欺凌者的家庭辅导。